马漂——著

本书为华侨大学高层次人才科研启动费项目
"社会时空视野下网状传播模式创新研究"资助成果

蜕变

中国文化分层的网络时空
娱乐传播视野下

 厦门大学出版社 国家一级出版社
XIAMEN UNIVERSITY PRESS 全国百佳图书出版单位

图书在版编目(CIP)数据

蜕变:娱乐传播视野下中国文化分层的网络时空/马溧著.—厦门:厦门大学出版社,2021.6
ISBN 978-7-5615-8245-9

Ⅰ.①蜕… Ⅱ.①马… Ⅲ.①互联网络—影响—现代文化—研究—中国 Ⅳ.①G12

中国版本图书馆 CIP 数据核字(2021)第 101753 号

出 版 人	郑文礼
责任编辑	刘 璐
封面设计	蔡炜荣
技术编辑	朱 楷

出版发行	厦门大学出版社
社　　址	厦门市软件园二期望海路 39 号
邮政编码	361008
总　　机	0592-2181111　0592-2181406(传真)
营销中心	0592-2184458　0592-2181365
网　　址	http://www.xmupress.com
邮　　箱	xmup@xmupress.com
印　　刷	厦门集大印刷有限公司

开本	720 mm×1 000 mm　1/16
印张	15.25
字数	257 千字
版次	2021 年 6 月第 1 版
印次	2021 年 6 月第 1 次印刷
定价	69.00 元

本书如有印装质量问题请直接寄承印厂调换

厦门大学出版社
微信二维码

厦门大学出版社
微博二维码

序言：网络社会关系空间的有益探索

黄芝晓*

本书作者马深复旦大学硕士毕业后，在上海当了三年高校教师，又攻读复旦大学博士学位。毕业后，她在华侨大学执教至今。她结合教学实践、社会观察和理论思考，选择网络娱乐文化生成与传播作为研究对象，是一个既有现实意义又有学术思考的课题。

20世纪90年代开始的媒体演变，初期以人们不易察觉的速度进行，以至于不少媒体人（包括管媒体的人）并没有对这种历史性的演变予以应有的重视，改革传统媒体的思路，往往视线只定在改进信息传达的具体手段这一层面，例如：报纸扩版、由黑白转为彩色、兴办都市报等；电视则开办综艺类、谈话类节目，或者用现场直播的厨艺节目来"接地气"。甚至到我写这段文字的时候，还有报人把整版或"通版"报道"造声势"作为强化宣传、吸引读者的重要经验来总结。这不能不说是一种遗憾，然而也是媒体演变过程中观念跟不上现实发展的必然。进入数字时代的传播现实是：许多人特别是年轻人基本不看主流媒体，他们的信息更多地来自网络媒体。"不是我不明白，这世界变化快。"崔健的歌唱出了我们这个快速发展时代的现实，使我想起美国传播学家约瑟夫·斯特劳巴哈和罗伯特·拉罗斯在《今日媒介：信息时代的传播媒介》一文中的一句话："融合的现象改变了许多关于大众传媒的传统概念。……不仅技术变化了，而且我们对传播过程的理解也变化了。"

---

* 黄芝晓，浙江慈溪人，高级编辑、教授、博士生导师，复旦大学本科教育名师。1968年毕业于复旦大学新闻学系，在陕西省镇巴县当农民，1970年起任镇巴县委、汉中地委宣传部干部。1979年调至福建日报社，历任驻地记者、编辑、总编辑助理、报社编委委员兼总编室主任，1989年6月至2000年12月任副总编辑。1992年评聘为高级编辑，1997年享受国务院"有突出贡献专家"特殊津贴。2000年12月作为杰出人才被复旦大学引进，曾任复旦大学新闻学院院长、复旦大学校务委员会委员、学术委员会委员，《新闻大学》杂志主编，中国新闻教育学会副会长，上海市新闻学会副会长。

我曾在基层做过十年宣传干部，也有二十年以上省委机关报实务经历。平心而论，党的十一届三中全会以来，宣传工作者伴随着全国改革开放的步伐，也不断总结经验教训，思考如何取得最佳传播效果，但总难尽如人意。于是问题来了：我们在改革过程中忽略了什么？"这世界变化快"，就传播来说，到底"快"在哪里？我们对问题重点与方向的思考，是否发生了认识与现实的错位？

马涤的课题以"娱乐文化"作为研究对象，运用时空社会学的分析方法，探索在由互联网技术再造而生成的网状传播新模式中媒体与受众的关系变化，剖析人、娱乐传播、社会时空三者互动如何产生新的行为模式、信息知识和社会关系，从而提出"垂直文化分层结构、扁平文化区隔结构，向网状文化关系结构"的蜕变，这样一种中国文化结构的深层次变革。这一网络社会关系空间的变化，正是后工业时代媒体改革深化的核心问题。

党的十九大明确指出："中国特色社会主义进入新时代，我国社会主要矛盾已经转化为人民日益增长的美好生活需要和不平衡不充分的发展之间的矛盾。"人民对美好生活的多方面要求必然会通过媒体提出，而全媒体与传统媒体相比，最具颠覆性的就是传播移动化、互动化、平台化、共享化。现在，不但年轻一代已经习惯于在网上交流自己对社会事物的感受、认识，老一代人也在逐步适应这样的传播现实。这样的社会传播演变，正在证明尼葛洛庞帝在《数字化生存》中提出的"互联网网络用户构成的社区将成为日常生活的主流，其人口结构将越来越接近世界本身的人口结构……网络真正的价值正越来越和信息无关，而和社会有关"。因此，在融媒体传播环境中，如何认识和适应网络社会的关系空间变化，影响甚至决定着媒体的传播力、影响力、引导力。

关系空间，是社会主体之间关系构成的世界。作者在研究这一空间与传播的关系时，选择娱乐文化为对象，有着现实与理论的考虑。由于种种主客观原因，在目前的网络传播中，娱乐文化提供了关系空间各要素表现最为充分的场景。作者通过探讨网络娱乐空间这一个由网民、政府、传播机构(娱乐公司)、资本、文化、符号异质性行动者构成的关系型聚合体不断被整合、重构的过程，研究传播机制在网络时代的演变，就具有较强的典型意义。比如，作者提出的一个很具现实操作意义的理论概念：在互联网时代，真正有价值的是"弱关系"。不同背景属性的"弱关系"，具有疏远性、短暂性和灵活性特点，这样的个体在交流中，可以接收到其在同质化的"强关系"圈(如固定的聊天群)里无法获取的不同信息。从这个角度说,"弱关系"带来的信息价值要高于"强关系"。媒体人认真研究这样的网络社会关系空间,尤其是"弱关系"的信息互动,有利于提高信息传递的有效引导。比如,加强网络空间的舆论引导,就是一个十分重要而复杂的课题。大数据加算法再加网络传播这种"猜你喜欢"式的网络汇聚,可以使原本无序的网民形成网络社会的"强关系"空间,讨论他们共同感兴趣的话题,但又容易形成"信息茧房"。怎么做到"猜你喜欢"和"要你喜欢"的辩证统一,从而实现正确网络舆论的有效引导?"弱关系"研究是一个值得尝试的领域。

在结束这篇序言时,我想再一次强调:其实这本书讲的不仅是娱乐文化,而是通过这一具有典型意义的研究对象探讨社会信息的有效传递,因为归根结底是人与人之间的关系形成了社会及社会问题。而在网络社会,信息的传递由于技术的进步,已经由平面传播、垂直传播、立体传播演进到了网状传播,每一个社会主体都可以成为信息传播的节点,每一个节点的信息能量、链接力都将直接影响到传播范围与影响力。因此,媒体人思考改善信息内容、改进传递手段的同时,还要更多地思考信息接收者的关系空间,以求提高传递效益。我以为,这就是本书的理论意义与现实意义之所在,也是我今天向读者推荐本书的原因。

2020年12月
于上海

目 录

绪论：中国文化分层的网络时空转型 　　　　　　　　　001
 第一节　网络娱乐：深刻影响现实生活的新议题　　　005
 第二节　分层蜕变：融入互联网基因的文化新结构　　008
 第三节　网络时空：构建社会形态的新框架　　　　　013
 第四节　人·传播·社会时空：研究文化结构的新方式　016

第一部分　人·传播·社会时空：演义中国娱乐文化

第一章　人的娱乐需求趋向追求自由解放　　　　　024
 第一节　人性本能：追求娱乐天赋权利　　　　　024
 第二节　文化基因：追求和合世界的娱乐"惯习"　031
 第三节　娱乐观念：追求幸福的快乐原则　　　　037

第二章　传播介质的娱乐文化"镜像"　　　　　　042
 第一节　技术主导的娱乐传播模式　　　　　　　042
 第二节　建筑空间介质的娱乐传播　　　　　　　048
 第三节　娱乐文化符号的"镜像"传播　　　　　052

第三章　娱乐文化的社会时空形塑　　　　　　　　056
 第一节　古代社会时空的娱乐文化特征　　　　　057
 第二节　近代社会时空的娱乐文化特征　　　　　059
 第三节　改革开放社会时空的娱乐文化特征　　　062
 第四节　网络社会时空的娱乐文化特征　　　　　065
 第五节　变与不变：娱乐文化的社会时空解读　　068

第一部分小结　　　　　　　　　　　　　　　　　073

第二部分　网络娱乐创造社会空间再生产

第四章　网络娱乐的行为空间　　082
第一节　娱乐行为从物理空间走向虚拟空间　　082
第二节　网络娱乐空间的行为刻画　　085
第三节　网络娱乐空间的"消费者黑箱"行为　　092

第五章　网络娱乐的信息空间　　097
第一节　信息空间建构娱乐认知共同体　　098
第二节　信息空间建构娱乐交流互文性　　104
第三节　信息空间建构娱乐知识流动之网　　109

第六章　网络娱乐的关系空间　　113
第一节　网络娱乐关系空间的结构形态　　114
第二节　网络娱乐关系空间的强关系运行轨迹　　117
第三节　行动者网络的弱关系运作轨迹　　120

第二部分小结　　128

第三部分　时空再结构化的网状文化趋向

第七章　千禧一代的"多面性"催生网状文化结构　　133
第一节　千禧一代不同职业群体网络娱乐消费特征　　134
第二节　基于拓展TPB模型的网络文化消费影响因素探究　　146
第三节　千禧一代不同群体的社会行动图谱　　161

第八章　网状传播颠覆文化分层　　178
第一节　网状传播：文化分层蜕变的动力源　　178
第二节　网状文化关系结构：文化结构发展新趋向　　182

第九章　网状文化空间的新娱乐时空形态　191
第一节　网状文化空间的宇宙式传播图景　191
第二节　网状文化空间的行为规则　198

第三部分小结　204

结语：网状传播是社会变革转型的推动力　206

参考文献　211

后　记　230

绪论：中国文化分层的网络时空转型

在移动互联网时代，所有的社会资源，都以最快速度被整合到网络上，尤其是娱乐文化资源。由互联网技术再造生成的网状化娱乐传播新模式，不仅促成了娱乐产业与互联网的高度融合，而且引发了中国文化结构深层次的变革。

正如恩格斯所言："人不仅为生存而斗争，而且为享受、为增加自己的享受而斗争……准备为取得高级的享受而斗争。"[①]娱乐是人类生活的必需品，追求娱乐是人的天性。当今人的业余生活已被娱乐包裹，但许多人并未意识到网络娱乐的"魔性"，已经影响到我们的生存环境、生活习惯和文化气息，甚至对更深层次的文化结构变迁产生复杂影响。新的网状文化关系结构正不以人的意志为转移地出现在"交往世界"的"中央"。

"90后"每月上网使用时长超过一万分钟[②]，放学、下班后的时间被称为"线上狂欢"。即使是天天见面的同学和同事，也乐于在网络上互动；每天必刷娱乐搞笑、明星综艺、游戏动漫类短视频，多样化的网络娱乐行为填满了他们碎片化的时间。

8.88亿网络视频用户，6.38亿网络音乐用户，5.62亿网络直播用户，5.39亿网络游戏用户，4.67亿网络文学用户[③]聚合在互联网娱乐平台共享乐趣，也编织着关系网络，生产和再生产着文化结构。

---

① 马克思,恩格斯.马克思恩格斯全集:第34卷[M].北京:人民出版社,1964:163.
② Quest Mobile研究院.2020年中90后人群洞察报告[EB/OL].[2020-09-11].http://www.199it.com/archives/1111583.html.
③ 中国网信网.第46次中国互联网络发展状况统计报告[EB/OL].[2020-09-29].http://www.cac.gov.cn/2020-09/29/c_1602939918747816.htm.

"你知道'阿姨洗铁路'是什么意思吗?这是千禧一代表达'我爱你'的方式。"①这样的火星文是千禧一代表达和沟通的方式,他们用自己的符号建构风格,对抗传统文化,获取群体狂欢的共鸣。

当娱乐的意义超越个体愉悦之感,成为一种社会现象、一种生活方式时,我们理应加以重视,去发现网络娱乐"日常生活"表象背后的普遍原因和社会趋势。一个网络娱乐平台就是一个"节点",聚集着一群趣味相投的人,并每天保留下他们的行为轨迹。这些娱乐生活的行为路径,正是他们参与网络社会时空生产的印迹。他们在网络时空里塑造和确立着崭新的社会行为和社会关系,形塑着虚拟真实的社会时空结构和文化结构。

这种"形塑"进一步凸显出作为人与人、人与社会关系桥梁的"传播模式"的重要性。在差异化时空模型下,科技的进步赋能于不同的传播介质,人们获取信息的方式也不尽相同。媒介成为推动社会转型的功能性和象征性中心。尤其在网络娱乐时空里,传播模式的进化颠覆了传受关系和权利格局,给不同区域的娱乐文化带来了扩大影响力的机遇,并使不同娱乐文化在同一传播平台上得以交流与融合。传播模式在不同的社会时空中建构起差异的沟通之网、意义之网乃至关系之网,从而呈现出对文化分层的构建和解读,也截然不同。

纵观历史长河,人类主要经历了四种娱乐传播模式:

1.平行娱乐传播模式。远古时期,文明社会还没有形成,人以部落群居。娱乐的传播方式是平行模式,即口口相传,或是面对面的肢体交流。这种传播模式受制于语言是否相同、区域是否阻隔。由于部落社会变化速度相对较慢,传播依赖经验积累下的口耳相传,信息量少。此时文化没有分层,只有共享。

2.垂直娱乐传播模式。在农业社会占主导地位的中国传统时代,印刷技术的进步,使传播方式发生重大变化,主流信息的垂直传播模式代替了平行传播模式。这时空间表现出一种稳定性较强的特征,尤其是上层阶级倾向于强调和固守自己的特殊性,此时文化表现为以阶级、阶层为划分标准的垂直分层。

3.立体娱乐传播模式。20世纪70年代电讯技术的发展,新的传播介质,

---

① 汪冰.弹幕:90后00后永不落幕的狂欢[N].中国青年报,2016-01-19.

特别是电视的普及,使得依赖时空获取信息的技术逻辑进一步弱化,跨时空限制的信息横向传播成为现实。正是在这一社会时空结构下,20世纪80年代,布迪厄将文化因素引入分层世界,用"区隔"来划分不同社会阶级的文化口味;20世纪90年代,在布迪厄的启发下,德国社会学界发出新的声音,主张用"社会生活圈""生活风格""生命历程"这样扁平文化结构的概念取代传统垂直分层的思考。于是,横向传播模式成为扁平文化空间传播的主要形式。但由于印刷技术带来的垂直传播模式仍有很强的生命力,当它与电子技术产生的横向传播模式并存时,一个新的立体传播模式出现,带动了娱乐文化产业的空前繁荣。

4.网状娱乐传播模式。随着互联网兴起,"脱域机制"成为网络社会娱乐信息获取方式的重要特征,社会关系摆脱时空此时此地限制,实现时间与空间虚化[①]。越来越多的个体、设备连接在一起,形成巨大的网状传播时空。此时,互联网引发的传播革命,正史无前例地改变社会的基本形态,冲击着传统文化分层的堤坝;平等、自由、开放的内在逻辑已经内化到互联网的技术设计之中,并生成"网状文化空间"。

从以上四种娱乐传播模式在不同历史时期的进化和主导,可以得出这样一个结论:任何时空结构都有相适应的娱乐信息传播模式。

研究娱乐传播模式,是离不开对社会时空结构的研究,因为它们是相伴而生的。时空结构作为文化分层的基础结构,参与了社会的生产和再生产。各种既定结构在新的时空条件下发生重组,形成新的关系形式。那么,在移动互联网时空视角下,面对着传统与现代,东方与西方文化前所未有的大冲撞、大融合,改革开放的中国文化将走向何处?网络社会中的娱乐传播与文化建构将出现何种形态和存在方式?

本书立足于互联网带来的社会时空重构,重视个体的差异性,探讨个体价值在网络娱乐文化的时空中,是怎样拼盘出全新的社会关系网?特别是中国千禧一代是如何在与移动互联网技术的互动中,形成对传统文化分层破坏与重构的趋势。

为此,强调三点:

第一,社会时间不同于自然时间,它强调一种共享的时间意识与价值

[①] 王建民.从"道听途说"到"转载搜索"——信息获取方式变迁的时空社会学分析[J]. 江淮论坛,2011(05):20-24,85.

观,个体会根据共享价值观确定现在和未来的行动方向。不同群体具有差异化的社会时间层级。那么,将社会时间作为工具,一方面能够对"千禧一代"的时间观做出深入解析。另一方面,能够对娱乐、娱乐产品、娱乐传播的时代变化做出梳理。

第二,社会空间的关系状态是不断交流和实践性的。正如列斐弗尔所说,空间里弥漫着社会关系;它不仅被社会关系支持,也生产社会关系和被社会关系所生产[1]。聚焦网络娱乐空间,可以通过社会空间生产机制,分析空间结构对文化分层的影响。

第三,社会时空的转换是研究社会变迁的重要视角和方法,其强调社会行动与社会时间和社会空间之间的联系和影响。由此,认为传播是重要的社会行动;"传播编织着关系网络,建构了连接之网、沟通之网、意义之网"[2]。因此,本研究以传播为理论连接点,通过网络娱乐的消费、传播和再生产结构化,展现网络娱乐时空的立体景观。

当今网络娱乐文化发展态势,是中国文化迅速发展、变迁的缩影。网络娱乐作为现代社会文化的重要组成部分,其扮演的先进角色,带来的社会影响力,是值得我们去研究和分析的。

梳理娱乐文化研究的学术脉络,法兰克福学派主要从经济、产业视角审视娱乐文化;伯明翰学派则强调文化的主体地位并和社会不同阶层联系起来;传播学者则强调娱乐与大众传媒的关系。对于娱乐文化批判研究,我们最熟悉的莫过于波兹曼《娱乐至死》一书,他发出悲观的预言:那就是人类将沉湎于那些使他们丧失思考能力的技术——比如电视——直至死亡[3]。这一预言足以显示娱乐文化对人类生活的影响。但时间证明利用新技术为传播载体的网络娱乐场域,本身并不是制造文化的"垃圾"场;"千禧一代"作为符号传播新生霸主,他们不仅享受网络娱乐文化,而且创造娱乐文化的新世界。

网络带来的虚拟真实,改变的不仅是人类的生活方式,也改变着人类的社会关系内涵。网状传播正影响着文化结构发展方向。本书希望能够结合中国文化语境,指出传统文化分层理论和20世纪八九十年代文化"区隔"理

---

[1] Henri Lefebvre. The Production of Space[M]. Oxford UK&Cambridge USA:Basil Blackwell Ltd,1991.

[2] 胡吉.直面转型中国探索城市传播——"传播与中国·复旦论坛"(2012)会议综述[J].新闻大学,2013(02):142-147.

[3] 尼尔·波兹曼.娱乐至死[M].章艳,译.桂林:广西师范大学出版社,2004:185-194.

论,在互联网时代正出现蜕变的态势。因此,在互联网社会时空,探索其产生与发展的内在规律,或许能为大力推进文化强国建设的中国提供一个新的思考角度。

第一节　网络娱乐：深刻影响现实生活的新议题

"1928年,英国经济学家凯恩斯说:人类将面临一个真正永恒的问题——如何利用工作以外的自由与闲暇,过快乐、智慧与美好的生活。"①在追求美好生活的体验中,"娱乐"在任何时代都扮演着重要的角色;娱乐很重要,很正常,并不低俗,是一种不受拘束的欢愉(Richard Dyer,2002②)。

对娱乐的需求源自人的天性,但最初的娱乐,是以人"自身"为媒介。通过直接参与群体娱乐的方式进行,其参与度和范围都很小③。当娱乐与互联网相拥抱,娱乐的内涵和传播广度都被重新阐释并赋予新的可能。网络娱乐区别于传统娱乐,它是个体依赖网络和移动终端工具自我愉悦的过程。同时,网络娱乐又是社会行为。网络娱乐的参与对象具有广泛性、陌生性的特质,彼此依靠实时性、互动性的沟通实现交往。除此之外,网络娱乐还是经济行为,当下已经形成巨大的网络娱乐产业链,成为文化产业与网络经济的重要分支。根据艾瑞咨询《2020年中国网络经济年度洞察报告》发布的数据显示:2019年中国网络经济营收规模达到53774.2亿元,同比增速为21.3%。其中,文化娱乐占比达15.5%,仅次于消费生活和互联网金融④。从市场规模已达8341.1亿元的数据可以看出,网络娱乐已然成为深刻影响现实生活的新议题。

其实,从古至今娱乐一直是社会生活的重要主题,也是哲学家和学者甚感兴趣的议题。当下,随互联网崛起而形塑的网络娱乐生活新形态,令很多不同学科背景、学科领域的学者,从不同角度展开调查和研究。纵观国内外研究现状,微观层面个体研究居多,产业经济研究(网络娱乐产业发展、网络

---

① 李成琳.休闲一种本性的养生[J].城市技术监督,1999(02):59.
② Richard Dyer. Only Entertainment[M].New York：Routledge,2002:1-10.
③ 孙宝国.娱乐·娱乐化·娱乐文化辨析[J].声屏世界,2009(10):11-13.
④ 艾瑞咨询.2020年中国网络经济年度洞察报告[R].北京:艾瑞咨询集团,2020.

娱乐营销等)次之,社会层面则研究较少。互联网发展到现阶段,学者们更多将注意力集中于个人的网络娱乐体验分析,而少有对娱乐在网络社会中的形态、意义等新生的结构性问题进行研究。具体表现在两个方面:

第一,个体行为研究:内在动因关注多,外在因素研究少。

国外研究者倾向于用量化和实验性研究的方式围绕网络娱乐体验对个体的影响展开,尤其注重"情感"因素影响。Hall A和Zwarun L（2012）用量化研究观察在线观看有挑战性的娱乐节目后的反应[①]。Boyle E A，Connolly T M，Hainey T，Boyle J M（2012）从生理性体验、玩游戏动机、时间花费和对生活满意度的影响等角度评述网络游戏对个体影响[②]。Swanson D J（2012）在网络广播的个案研究中,发现群体乐于分享喜欢的节目,也倾向于收听固定节目[③]。Johanna Hall（2020）则关注玩家创造力问题,采用半结构式访谈和叙事性调查,对玩家在数字游戏中如何看待创造力这一问题进行研究[④]。国内也不乏这方面研究,一批学者注重对青少年网络娱乐方式进行调查,尤其关注网络游戏对个体发展的影响（王览,2004[⑤];陈侠,2007[⑥];刘新庚,2012[⑦];邹霞,2017[⑧]）。

正如Reinecke L，Vorderer P，Knop K（2014）所言,"内在动机研究得到

---

① Alice Hall，Lara Zwarun. Challenging Entertainment：Enjoyment，Transportation，and Need for Cognition in Relation to Fictional Films Viewed Online[J]. Mass Communication and Society，2012，15（3）：384-406.

② Elizabeth A Boyle，Thomas M Connolly，Thomas Hainey，James M Boyle. Engagement in digital entertainment games：A systematic review[J]. Computers in Human Behavior，2012，28（3）：771-780.

③ Douglas J Swanson. Tuning in and hanging out：A preliminary study of college students' use of podcasts for information，entertainment，and socializing[J]. The Social Science Journal，2012，49（2）：183-190.

④ Johanna Hall，Ursula Stickler，Christothea Herodotou，Ioanna Iacovides. Player conceptualizations of creativity in digital entertainment games[J]. Convergence：The International Journal of Research into New Media Technologies，2020，26(5-6)：1226-1247.

⑤ 王览.成都高校大学生网上娱乐消费调查[J].中国青年研究,2004(07):99-109.

⑥ 陈侠,黄希庭.中国大学生网络成瘾倾向问卷的初步研究[J].心理科学,2007(03):672-675.

⑦ 刘新庚,黄小明,李超民.论大学生网瘾心理过程机理及心理行为矫治方法[J].湖南大学学报(社会科学版),2012,26(02):111-116.

⑧ 邹霞,谢金文.互联网使用对在校大学生麻醉功能的影响研究——基于对上海4所高校学生的调查分析[J].新闻界,2017(08):67-74.

广泛的关注,但外在动机,如社会压力带来想要使用网络媒介获取娱乐的情况则不得而知"①。Bartsch(2012)曾尝试性在更宽广的个人社会和认知需求层面上,将情绪的社会分享纳入探讨娱乐在追求满足感和终极幸福感中的角色②。Deng Y(2013)基于娱乐基础和社区基础的双重模型,收集两年内2302名用户在网络游戏社区中的数据,认为娱乐因素和社区互动因素共同驱动着玩家对游戏的持续参与度③。由此看出,学者们主张研究网络娱乐消费行为,仅从个体层面研究是不够的,社会因素同样是非常重要的驱动力。

第二,社会层面研究:关注网络娱乐对人际关系影响,但少有从社会结构角度深入剖析。

对于娱乐与网络娱乐的认知,国内外学者均已超越过去把娱乐仅当作享乐主义的手段,而是更多地看到"娱乐"所具有的社会价值和影响力。赞成网络娱乐作为一种现实存在,扎根在大众的广大需求之中,并且深深影响着人们的思想观念和生活方式,数字化娱乐同样也以前所未有的力度向我们生活的方方面面渗透。如网络影响青少年生活方式(聂伟,2014④)、青年政治认同(卢家银,2015⑤)、人际交往关系(吴娟,2018⑥)等。

在网络娱乐对社会关系的影响上,一方面,学者着力探讨网络娱乐的互联网社交行为对个体社会关系的负面影响,尤其是强调网络游戏和互联网使用会危害青少年的社交关系。Festl R,Quandt T(2013)超越以往仅从心理学角度出发,从社会结构角度讨论社会关系中的网络欺凌现象⑦。恽如伟

---

① Leonard Reinecke, Peter Vorderer, Katharina Knop. Entertainment 2.0? The Role of Intrinsic and Extrinsic Need Satisfaction for the Enjoyment of Facebook Use[J]. Journal of Communication, 2014, 64(3): 417-438.

② Anne Bartsch. As Time Goes By: What Changes and What Remains the Same in Entertainment Experience Over the Life Span? [J]. Journal of Communication, 2012, 62(4): 588-608.

③ Deng Yun, Hou Jinghui, Ma Xiao, Cai Shuqin. A dual model of entertainment-based and community-based mechanisms to explore continued participation in online entertainment communities. [J]. Cyberpsychology, behavior and social networking, 2013, 16(5): 378-384.

④ 聂伟.网络影响下的青少年生活方式研究[J].当代青年研究,2014(04):96-99.

⑤ 卢家银,段莉.互联网对中国青年政治态度的影响研究[J].中国青年研究,2015(03):56-62.

⑥ 吴娟,石琬若,梁越,杨东芳.青少年网络娱乐行为与人际交往的关系研究——以对晋冀鲁部分地区中小学生的调查为例[J].中国电化教育,2018(08):18-25.

⑦ Ruth Festl, Thorsten Quandt. Social Relations and Cyberbullying: The Influence of Individual and Structural Attributes on Victimization and Perpetration via the Internet[J]. Human Communication Research, 2013, 39(1): 101-126.

等(2008)以实证调查的方式,考察青少年健康数字娱乐状况,指出对于网络游戏的评价,不仅仅应该参考经济指标,而应该更多地关注青少年的健康发展,尤其是网络成瘾问题[①]。

另一方面,也有一部分学者倡导互联网是青少年缓解社会压力、促进社会交往的平台,看到互联网对青少年社会交往的积极影响。比如粉丝文化就是最典型的一个侧面。Shefrin(2004)以星球大战、指环王的网络粉丝俱乐部为例,讨论了粉丝俱乐部不仅带来了新的生产、市场和消费模式改变,更重要的是这种体验对现实社会带来影响[②]。

互联网的实质是连接一切,这种连接概括为三个"tion":connection(连接)、interaction(交互)、relationship(关系)。现在大部分学者研究范畴还停留在前两个层面,还少有从"关系",尤其是"网络关系"的视角,探讨网络娱乐传播对社会关系的影响。因此,本研究在此找到突破口,希望能从社会层面上,嫁接起宏观与微观研究桥梁。在关系视野下,借助社会时空研究方法,反观文化结构的变化时,"文化分层"就豁然进入了我们的视野。

第二节 分层蜕变:融入互联网基因的文化新结构

如何看待文化与社会结构的关系?在传统学术流派里,社会人类学主张社会结构是解释文化现象的基础;文化人类学则强调文化是社会结构和社会关系中的主导原则。二者的争论一直延续至今。"但是,从实际出发,我们应该接受克罗伯与帕森斯(1958)的建议,不要再去争吵究竟是从社会的角度去理解文化好,还是从文化的角度去理解社会好……问题已不再是哪一个有多重要,而在于二者如何发挥作用,如何交织在一起。"[③]

---

① 恽如伟,史慧敏,王旭杰,等.青少年健康数字娱乐状况研究——2007网络游戏调查研究报告[J].开放教育研究,2008(01):102-108.

② Elana Shefrin. Lord of the Rings, Star Wars, and participatory fandom: mapping new congruencies between the internet and media entertainment culture[J]. Critical Studies in Media Communication, 2004, 21(3): 261-281.

③ 萧俊明.文化与社会结构——文化概念解读之二(上)[J].国外社会科学,1999(04):20-24.

社会分层是社会结构的核心议题。几乎每个重要的社会学家都从自身的研究视角阐释了社会分层现象,布迪厄、甘斯、雷梦特一批学者从文化的视角研究了社会分层问题。他们倡导一种观点:"文化是一种区分阶级的象征性体系。"①

其中,最经典的代表就是布迪厄。他将文化因素带入了分层世界,用"场域——惯习——文化资本"三位一体的概念,对西方20世纪八九十年代的社会分层世界进行了研究,影响深远。

当然,文化分层的概念并不是一成不变的,它随着社会时空的改变,承袭出不同的解读和发展态势。布迪厄的文化分层理念更接近于垂直结构,而德国社会学家在20世纪90年代对文化分层的思考可以用扁平文化区隔结构加以描述。那么,当社会时空变迁至以"数字化"为结构时间的互联网时代,当场域转化至转型期的中国,聚焦千禧一代的惯习,文化分层透析的基础"文化资本"占有的多寡所隐含的意义也已发生巨变时,网状文化关系结构更能表述融入互联网基因后的文化新结构。

一、垂直文化分层结构

布迪厄文化分层思想与马克思、韦伯的分层思想一脉相承,他们是从政治经济和社会学途径来理解分层世界。马克思以"经济因素"为标准,提出了阶级的思想,认为阶级是占有同样经济地位的群体。韦伯则进一步提出社会多元分层体系的思想,将财富收入、权力、声望作为社会分层的基本纬度。就分层的纬度,李强在《社会分层十讲》一书中,进一步提出了十个区分标准:"即生产资料、财产或收入、市场资源、职业或就业、政治权力、文化、社会关系、主观声望、公民权力、人力资源等。"②

文化资源就是其中重要的划分标准,布迪厄承袭马克思和韦伯的学术脉络,将文化因素引入分层世界,把研究重点放在文化、生活方式差异所展现的阶级差异,也自然形成了垂直文化分层的思想。认为阶层之间的判别越来越突出的以文化特征或文化取向来定夺。不再将文化视为外部社会结构及社会变迁的简单反

---

① 姚俭建,高红艳.关系性思维模式与社会分层研究——关于布迪厄阶级理论的方法论解读[J].上海交通大学学报(哲学社会科学版),2008(04):56-61.

② 李强.社会分层十讲[M].北京:社会科学出版社,2008:11-24.

映,认为文化有自己内部的组织及运作动力。其主张阶层的分化是一个双向性的作用过程。代表不同阶级符号的文化实践和文化屏障促进了阶层的划分,反过来,阶层的分化使得这种文化屏障越来越清晰。华康德(Wacquant L D)就曾使用"结构产生惯习,惯习决定实践,实践生产结构"这样的公式化语言来归纳布迪厄学说的特征。帕森斯(Parsons)则更进一步指出,文化规定了一个人或某个群体的社会角色,就直接或间接地规定了他(他们)处在哪一个阶层。齐美尔(Georg Simmel)的"时尚消费理论",认为时尚是有等级性的,每一种时尚在本质上都是社会阶层的时尚。

中国自古以来就是一个讲究等级层次的社会,分层的观念乐于也易于被接受。按照传统的垂直分层观念,文化分层对经济分层起到了固化的作用。富人阶级形成了"贵族文化""绅士文化",穷人阶级形成"短衣帮"文化。

在中国,文化分层有着久远的历史。文献梳理发现中国学者研究都没有离开马克思、韦伯阶级分层思想,其文化分层的建构都是依赖于既定而又变动的社会分层结构。比较有代表性的有钟敬文的文化三层次说,庞朴的文化结构层次说,张东荪的社会文化层说。

在《民俗文化学:梗概与兴起》一书中,钟敬文提出:"中国传统文化有三个干流:首先是上层社会文化,即封建地主阶级所享有的文化;其次是中层社会文化,主要是商业市民所有的文化;最后是底层社会的文化,即广大农民所创造和传承的文化。"[①]在新时期,纪江明(2010)认为中国城市居民:"可划分为五个消费文化阶层——上层、中上层、中层、中下层、下层,他们在衣、食、住、行、休闲娱乐上表现出不同的文化特征。"[②]

二、扁平文化区隔结构

基于布迪厄的思维模式,20世纪90年代社会时空的变化引发了社会学家们的新思考。学者们逐渐以社会生活圈、生活组合、生命历程、生活风格这样的符号来表述文化分层,取代过去从阶级、阶层进行划分,开启了扁平化文化分层的思考。

---

① 钟敬文.民俗文化学:梗概与兴起[M].北京:中华书局,1996:3.
② 纪江明.消费文化的社会意义及消费文化阶层结构的形成[J].四川行政学院学报,2010(04):96-99.

赫伯特·甘斯(1977)[①]认为：文化只有品味之分，而无高低优劣之别，不同的审美观和价值观具有不同的品味，以此证明行动者在社会中所处的位置和等级。故形成不同的"品味群体"。

Burch(1969)[②]提出了"个人社区"(Personal Community)的假说引导了许多有关休闲娱乐的社会学研究。他指出人们都居住于相当稳定的个人社区，且这个社区包含了多重邻近和较远的家人、朋友和同事的小圈圈。在每个小圈圈中，人们分享彼此的兴趣，在游憩形式上个人也由此而社会化。同时，他提出的"社会圈假说"(Social Circles Hypothesis)概念为研究提供了一个新视野，开始关注从生命周期、文化社会化的过程来考察文化分层。

Kolter(1998)[③]提出了"生活形态"的概念，是指"个人在真实世界中，以其活动、兴趣及意见来表达出生活在此世界中的模式；生活形态代表其与周遭环境互动之个人整体，在某一方面反映出超越社会阶级，或在另一方面超越人格的特质"[④]。

Lippit(1987)[⑤]在研究中国改革开放后带来的经济重组时，指出经济发展就是一个阶级精确化的过程。随着经济改革的持续发展，阶级结构无法避免被重新建构。在一个已经日趋"多元化""个性化"的社会生活中，文化生产打破了社会阶层之间的界限。"文化成就的不是阶层上的区隔加重，而是多元化趋势集合，不再将生活方式与阶层联系起来。"[⑥]

三、网状文化关系结构

纵观国内外研究，对文化分层的看法经历了从垂直分层到扁平区隔。

---

① Herbert J Gans. Popular Culture and High Culture: An Analysis and Evaluation of Taste [M]. New York: Basic Books, 1977: 1-30.

② Burch W. The social circles of leisure: Competing explanations [J].Journal of Leisure Research,1969,1(2)：125-147.

③ Kolter P.Marketing Management: analysis, planning, implementation, and control [M]. London: Prentice Hall, 1998: 9.

④ 姚涛.基于延伸的计划行为理论的网络游戏持续使用研究[D].杭州：浙江大学,2006：72.

⑤ Lippit Victor D. "book-review"Towards Capitalist Restoration? Chinese Socialism After Mao [J]. The Journal of Asian Studies,1987,46(4).

⑥ 杨修菊,杜洪芳.文化成就区隔——布迪厄阶层理论述评[J].池州师专学报,2007(04)：67-70,85.

那么，互联网时代，社会分层的基础结构，在新的时空条件下，在前所未有的大汇集、大冲撞、大融合中，又是如何发生重组，形成新的关系形式？随之而来的文化分层又发生了什么样的变化？

互联网时代，学者们仍然在关注文化分层的新形态，尤其是媒介形态变化对文化结构的巨大影响。付玉辉（2012）主张：互联网传播在人类社会领域逐渐形成了一种蝴蝶效应，已对人类社会结构变迁产生深刻影响[1]。李霞（2016）认为，社会性媒体的崛起重构了大众文化的"趣味"，"拉平"了社会科层制，新的社会分层正在形成当中[2]。周锦、熊佳丽（2018）基于江苏省大学生的问卷调查，得出结论：互联网打破了传统的文化消费边界，改变了大学生文化消费行为和习惯。同时，影响新型文化结构的生成[3]。鞠高雅、林一（2018）则以互联网舞蹈视频消费行为为例，证实"文化杂食主义"的存在，并强调对互联网文化市场的分析，需要将基于互联网平台的新型文化和消费分层模式纳入考虑[4]。可以看出，学者们普遍赞同转型期中国的文化分层并不是简单的"区隔"，呈现出一种明显的"区而不隔"的态势。

布迪厄主张用文化资本作为一个重要面相来区隔社会阶层的不同文化品味，并且以身体化、客体化、制度化三种存在形态标志差异。在新社会时空下，当文化能力习得实现"普及化"和"多元化"、文化产品突破限制达成"共享化"、文化制度逐渐"宽容化"时，文化分层展现出怎样的蜕变态势？

同时，布迪厄在分层中引入了社会空间的概念，正是在社会空间中，各个社会阶级展现出地位分异的异常复杂的社会关系（李强，2011）[5]。当然，布迪厄提出"文化区隔"概念基于的社会时空并不是互联网时代。那么，在中国文化分层的网络时空里，资源与权力发生了怎样深刻的变化？又是如何影响社会再结构化？这些问题都值得本研究深入推敲。

---

[1] 付玉辉.2011年中国新媒体传播研究综述[J].国际新闻界,2012,34(01):24-28.

[2] 李霞.社会心理学视域下web2.0的互动方式与社会分层研究[J].中国图书评论,2016(12):98-104.

[3] 周锦,熊佳丽."互联网+"下大学生文化消费行为模式分析——基于江苏省大学生的问卷调查[J].文化产业研究,2018(02):40-52.

[4] 鞠高雅,林一."文化杂食主义"视角下的网络舞蹈视频与"互联网+"时代的文化分层[J].北京舞蹈学院学报,2018(04):71-77.

[5] 李强.社会分层十讲[M].北京:社会科学文献出版社,2011:281-285.

第三节 网络时空：构建社会形态的新框架

要研究互联网时代文化分层的蜕变，就需要对网络社会的构建有深层次的把握。当前网络社会新框架是什么样的形态，又是如何建构的？

一、网络社会理论

尼葛洛庞帝网络虚拟社会（Cyber Society）这一新空间概念的提出，标志着建立在互联网技术上的电脑网络空间（Cyber Space）和信息传播技术所形成的数字化空间存在已经成为现代社会的主要特征，而作为现实社会空间的一种新型社会结构形态的网络社会（Network society）已经成为与人们日常生活息息相关的社会现实[①]。巴瑞·威尔曼（1988）提出社会网络概念，强调其是基于社会关系构成的关系网。卡斯特（1997）基于信息时代变革，强调个体（组织）以"节点"形式存在，"网络"成为人类社会最根本的社会组织形态，并影响集体认同建构。"根据卡斯特网络社会理论，信息时代是围绕网络逐渐构成的，网络既是一种新的社会形态，也是一种新的社会模式。"[②]

网络被定义为："在一群特定的人中间一组特定的联结（Mitchell，1969[③]）。""网络概念，是全球时代的一个重要隐喻"，"因特网，意味着是一个高雅的、无等级之分的根茎状全球结构模型（厄里，2009）"[④]。"麦克尼尔（2011）认为在人类历史上处于中心位置的，是各种相互交往的网络。"[⑤]狄耶克（Janvan Dijk）认为，所谓网络社会指媒介网络对社会关系的组织构建逐渐

---

① 尼葛洛庞帝.数字化生存[M].胡泳，范海燕，译.海口：海南出版社，1997：1-25.
② 马溧.基于网络社会概念的网络自制节目反思[J].新闻传播，2015（19）：4-5.
③ J C Mitchell.Social Networks in Urban Situaitons[M].Manchester：Manchester University Press，1969：2.
④ 约翰·厄里.全球复杂性[M].李冠福，译.朱红文，校.北京：北京师范大学出版社，2009：79-80.
⑤ 约翰·麦克尼尔，威廉·麦克尼尔.人类之网：鸟瞰世界历史[M].王晋新，等译.北京：北京大学出版社，2011：1-2.

代替或补充了传统社会网络关系中面对面传播而形成的社会网络①。

国内学者同样关注网络社会理论,认为新媒体作为社会资源,延伸了社会关系网络(李红艳,2011②),为情绪的社会化传播创造技术条件(隋岩,2012③),线性、互动、循环传播模式受到挑战(陈力丹,2015④),新媒介社会化网络及传播模式受到学者重视(彭兰,2015⑤)。学者们主张要关注技术背后人的社会关系(赵欢春,2017⑥),要重视弥漫的、广泛渗透的社会化网络传播模式(谭天,2018⑦)。

对网络时空的界定,国内外学者们从不同的角度做了阐释。为了探究网络虚拟社会将呈现怎样全新的文化交流结构,"人"产生怎样新的惯习,并在实践中依靠行动力生产出新的时空形态。本研究将采用时空社会学的框架。

二、社会时空学理论

随着多元消费文化的兴起、城市化的急剧扩张、资本的全球化扩张,社会时空问题已经成为当代社会理论所关注的焦点。"时空不仅是自身纯内生变量,而且是现代社会生产和生活的构成性要素,是建构社会理论的核心范畴,也是人们理解社会结构和历史变迁的关键所在及重要视角和方法。"⑧

(一)社会时间:个体根据与其共享价值观的群体确定现在和未来的行动方向

时间分为社会时间和时钟时间。时钟时间可以简单理解为自然时间流逝的标刻。社会时间所涉及的是对社会生活主体性的概念化,涉及的是社会

---

① Janvan Dijk. The network society: social aspects of new media [M]. London: Sage. 2006: 20-42.

② 李红艳.手机:信息交流中社会关系的建构——新生代农民工手机行为研究[J].中国青年研究,2011(05):60-64,47.

③ 隋岩,李燕.论群体传播时代个人情绪的社会化传播[J].现代传播(中国传媒大学学报),2012,34(12):10-15.

④ 陈力丹.社会关系与人际传播[J].东南传播,2015(11):32-35.

⑤ 彭兰.从依赖"传媒"到依赖"人媒"——社会化媒体时代的营销变革[J].杭州师范大学学报(社会科学版),2015,37(05):105-110.

⑥ 赵欢春.论网络意识形态话语权的当代挑战[J].河海大学学报(哲学社会科学版),2017,19(01):14-18,88.

⑦ 谭天.构建社会化传播理论的思考[J].浙江传媒学院学报,2018,25(02):42-46,148.

⑧ 景天魁.时空社会学:一门前景无限的新兴学科[J].人文杂志,2013(07):99-106.

过程。社会时间的特征是非连续性和多样性,如果把社会时间作为一个中介性概念来分析社会变革,时间就是一种社会因素,一种因果联系,或是一种量的测量和质的测度。

质性时间的概念对现代工业国家非常重要。社会时间被认为是质的,而非完全是量的。这些性质特征来自群体所共有的信念和习惯。迪尔凯姆(1947)[①]强调时间作为一种集体现象,是集体意识的产物。为此,当某一社会的所有成员都有意识地共享一种时间时,这种时间就是一种社会性的思想范畴,是社会各种价值观的整合。那么,个体现在和未来的行动方向,就要服从于与其共享价值观的群体。

(二)社会空间:具有关系属性,创造空间的方式将影响社会生活的结构化

"当代的空间理论家们无一例外地主张社会空间,是由一种基于物理存在的社会性构成,它不仅存在着一种人的观念性,更体现着一种现实性的社会关系特征。它是不同个体之间、个体和事物之间、群体和群体之间的一切社会关系的总和。"[②]为此,当从社会关系视角理解空间概念时,这种关系在不同社会历史阶段呈现出差异性,进而分化出多样化的社会空间。

"正如爱德华·W.索雅提到空间性把社会生活置于一个活跃的竞技场中——有目的性的人类能动性与有倾向性的社会规定性在这个竞技场中进行不良竞争——从而影响日常活动,具体呈现社会变迁,并且使时间的过程和历史的创造留下了印迹。"[③]由此可见,空间性是一种社会产物,它在关系动态中,创造了新的空间方式,进而影响和改变了现实社会生活的结构。

(三)社会时空结构化:社会关系状态影响下的时空结构化

吉登斯认为所有的社会生活都发生在在场与不在场时间的消逝与空间的渐变过程中的交叉点,并由这些交叉点构成。厄里则从不同纬度对市民社会空间结构化做出了总结,在此列出几个要点:第一,地方社群取代商品关系建立了市民社会内部关系。这样一种社群结构化的结果是创造出某种"共融性",一个人所在的社区具有一种情感的意义。第二,阶级体验的异质性程度。考克斯认为,大众教育和大众媒体削弱了这种阶级异质性。西布鲁克认

---

① 迪尔凯姆.社会学方法的准则[M].狄明玉,译.北京:商务印书馆,1995:8-11.
② 郑震.时空社会学的基本问题——迈向当代中国社会的研究路径[J].人文杂志,2015(07):116-124.
③ 范成杰,龚继红.空间重组与农村代际关系变迁——基于华北李村农民"上楼"的分析[J].青年研究,2015(02):85-93,96.

为,各个阶级加强了它们之间的同质化。许多年轻人的意识的形成,不是因为工作、地点和亲密关系,而是因为一种同质的购物、图像和广告文化,这是一种自由选择的相同性。第三,市民社会垂直组织化的程度。当许多社会粉群和其他社会实践并不是阶级特有的,并且产生出较为自主的组织和代表形式时,市民社会可以说是水平组织起来的[①]。也就是说,厄里同样赞成在时空结构化过程中,市民社会结构发生了变迁,垂直组织逐渐向扁平组织转变。

我国的时空特性更加复杂,再结构化过程也呈现出中国特色。在对中国社会时间研究上,正如卡尔·曼海姆所说,只有当我们试图根据群体的希望、渴望和目的去理解它的时间观念时才能够清楚地把握群体最深层次的心智结构。因此,本研究需要从社会时间的视角来看待娱乐文化的变迁过程,比如循环时间,在许多社会中,主流的时间意象是自然事件和社会事件的重复性,任何事物都处在存在、死亡和再生的循环中。这在娱乐产品生产消费中表现明显。另外,我们需要对研究对象"千禧一代"的时间观进行深入分析,弄清他们的心智结构。

空间性问题,同样是我国社会和经济发展首要关注的问题。空间概念从地区空间到流动空间再到行动者空间,逐渐打破了物理的地理限制,表现为一种实践性社会关系的总和。那么,互联网时代,基于网络的社会空间呈现出怎样的社会关系状态,这些关系状态又是如何进一步影响到空间的结构化?本书将以网络娱乐场域作为突破口,进行辨析。

第四节 人·传播·社会时空:研究文化结构的新方式

中国的文化产业、娱乐产业结构正发生着剧烈变化。互联网与娱乐行业的深度融合,带来的不仅仅是资本的扩张,更诞生出生活在虚拟现实里网状文化的社会"人"。他们作为传播的主体随心所欲地聚集和迁徙,影响着文化与社会走向。

[①] 德雷克·格利高里,约翰·厄里.社会关系与空间结构[M].谢礼圣,吕增奎,译.北京:北京师范大学出版社,2011:42-47.

一、研究问题

核心问题是以网络娱乐为时空,探析互联网时代中国文化分层的蜕变。具体以中国"千禧一代"为观测对象,以社会时空分析为工具,探讨以传播模式进化为主线建立起来的"网状化"社会关系网络,及其带来的互联网时代网络时空生产的再结构化和文化分层的进化。具体主要问题包括:

第一,理论上,以社会时空为分析方法,按照社会时间、社会空间、社会时空再结构化的逻辑顺序展开研究。厘清人、娱乐传播与社会时空之间的逻辑关系。

第二,从社会时间的"历时性和共时性"视角,探讨娱乐文化的物质文化系统和非物质文化系统,总结出中国娱乐文化变迁内在动力。

第三,从网络社会空间理念出发,以娱乐传播为主线,分析娱乐空间生产(行为空间、信息空间、关系空间)问题,研究娱乐传播如何编织沟通之网、意义之网、关系之网,进一步探讨网络空间生产的内在逻辑。

第四,在空间生产基础上,研究互联网时代如何形塑时空再结构化,对文化结构带来怎样的冲击,又如何促进文化分层的进化。

二、研究视角

在研究视角上,本研究强调以下四点:

第一,强调"互联网+人",是分析移动互联网文化的起点和归宿点。在研究中,强调个体人的能动性和创造性。聚焦与互联网共同成长起来的"千禧一代",关注中国未来发展的中坚力量,对中国社会结构将产生的持续影响。

第二,在时空社会学的理论框架下,做交叉学科研究,将社会学与传播学结合,讨论网络社会时空下的娱乐场域。在此,社会时间,不同于自然时间,是一种社会产物,会影响到个体的价值观和行动方向。社会空间,不同于物理空间,是一种实践性的关系状态,体现着人与人、人与空间的关系。

第三,强调娱乐传播是重要的社会行动,具有自身的生产力。娱乐传播模式的进化过程折射着文化结构变革的方向。

第四,关注社会时空再结构化。社会结构是不断变化的,文化分层是很重要的一个观测点。文化分层的概念在网络社会时空里发生了新的改变。

为此,研究视角将重点放在以下四个方面:

1. 关注"千禧一代"中国未来发展的中坚力量

作为与互联网同时成长的群体,千禧一代实际上是"被赋权的一代人"。他们不认为是技术造就了人的超强能力,而是人的创新赋予了技术的超强能力。他们的娱乐消费不仅代表了个人行为,更是实践未来的理想。关注"千禧一代",就是关注中国未来,就是关注科技与社会互动发展的新标尺。

2. 网络社会时空的新建构

现有对网络娱乐文化研究,主要从个体和产业层面切入,探讨网络娱乐文化对个体影响以及网络娱乐产业的整体宏观经济。本研究以社会时空分析为框架,以社会时空生产与再结构化为突破口,研究以网络娱乐传播为核心形成的社会时空,进而反观个体娱乐消费社会行为、文化结构变革及宏观产业发展,连接起微观研究和宏观研究的桥梁。

3. 娱乐传播当下最活跃的社会行动

文化强、国家强。无边界的移动互联网时代,网络文化强,才是真正文化强国。"十四五"规划建议要发展积极向上的网络文化,要注重网络直播、网络视听、网络游戏、网络文学等新型网络文化元素中的舆论规范引导。毫无疑问,只有充分厘清这些网络文化消费者的特质,并且理顺运行机制,才能真正做到有效地进行舆论引导。因此,网络娱乐传播是研究当下中国社会、文化变迁的重要纬度之一,有较强的现实意义。

同时,正如英国传播学者蒂姆·奥沙利文指出:"分层的重要性在于它建构了群体与个体的关系,对传播研究来说,这些关系都属于基本性的,并形成一个首屈一指的焦点。"[①]娱乐传播的意义已远不止是传播信息,而是一个沟通平台。

4. 网络社会时空对文化分层理论的再阐释

中国学者对文化分层的研究基本立足点,大多是从马克思和韦伯的政治经济和社会学途径来理解;或以布迪厄、20世纪90年代德国社会学家们新的概念或思维方式,如强调品味文化、生活圈等,来取代阶级、阶层等传统的理论作为思考依据进行解释,较少从网络社会时空领域对文化分层进行研究。

---

① 约翰·费斯克,等.关键概念:传播与文化研究辞典[M].李彬,译.北京:新华出版社,2004:275.

事实上，互联网带来的传播变革已造就全新的网络社会时空，新的网络文化"分层"已经分娩。是一种不以社会地位高低、财富和教育多寡为标准，也不单纯以"物以类聚，人以群分"的品味关系区隔，而是以其网状式的文化分层结构形态存在，使网络"社会人"在获取与享受网络文化上，演化出更加复杂的关系网络。

但我们也要看到，互联网上获取与享受的平等，从某种意义上来说也是相对的。比如网络游戏里，有资本的人可以买到更好的装备，雇佣人打级，就可以在游戏里当会长、当管理者，去"踩躏"普通玩家。又如在网络娱乐文化中，媒介素养或者文化素养的高低造就意见领袖和追随者。但这种集聚分层与传统阶级分层有本质上的区别。所以，在网络娱乐时空里的主体，不再是被传统阶级分层的群体，也不是赫伯特·甘斯在《大众文化与高雅文化：品味分析和评估》一书中，以五种阶级为基础的品味公众。[①]在互联网世界里，"准民俗下层文化"操手们在网络娱乐文化场域，都可以直接通过鼠标获取并享受"高雅文化"。他们用行动颠覆了赫伯特·甘斯认为的论点。

网络娱乐时空的虚拟现实，使垂直文化分层、"区隔式"的扁平文化结构开始向"网状结构"文化进化。本研究将结合网络娱乐时空中符号传播与时空生产与再结构化的变革，力求在理论上予以阐释。

---

① Herbert J Gans. Popular Cultureand High Cutlture: An Analysis and Evaluation of Taste [M].New York: Basic Books,1977: 1-30.

第一部分

人·传播·社会时空：演义中国娱乐文化

时间在言说。她说的内容比文字简单。她带来的信息则响亮而清晰。与语言相比，时间更难被有意操纵，因此也更不容易被扭曲。故而，在言语撒谎之处，时间可以大声喊出真相。[1]

——E.T.豪尔

---

[1] 爱德华·霍尔.无声的语言[M].何道宽,译.北京:北京大学出版社,2010:6-12.

如果想探究在网络社会时空下，人、娱乐传播、社会时空如何在互动中拼盘出全新的社会关系并预测未来，就需要从历史事物中寻找"惯习"的轨迹。

1936年的初夏，作家茅盾在当时发行量最大的《大公报》上，刊登一则征稿启事，倡议全国社会各阶层的人士以5月21日为主题，记述这一天内他/她周围所发生的事情。这一倡议得到积极响应，后来有人将刊登的60篇角度各异的上海来稿加以采编，连缀成一篇题为"1936年上海一日生活记录"的散文。80余年后的今天，我们依然可以穿越回到1936年的5月21日，去窥视当时上海各阶层民众的日常生活。从《一九三六年五月二十一日，上海》中选取其中关于娱乐生活的片段，发现：在那个动荡年代的普通一天里，我们依然能看到许多娱乐生活的影子。

苏州河畔，新闸桥酱园弄口的旷场上，江湖艺人在观众围成的圈子中央卖艺；

护士宿舍里，影迷陈小姐和张小姐在讨论上巴黎大戏院还是国泰大戏院；

天一影片公司忙着筹备开拍《王先生奇侠传》和《浮云》；

卖晚报的小孩喊着：Evening Times！Evening Times；

乐园茶楼，长方形的广厅里充塞污浊的空气，200多人挤坐在几十张桌子四周听歌，台上每隔10分钟换一个脂粉满颊，妩媚浅笑的歌女。①

2016年，中国进入一个完全不同的时代。网易人间频道发起"中国的一日"80周年大型征稿活动，号召网友共同记录2016年5月21日在中国确切的某一地点发生的任意事件。透过网民记录的文字、图片和影像资料，我们看到了完全不同的娱乐世界。

---

① 施康强.一九三六年五月二十一日，上海[J].读书，1994（02）：41-46.

地铁里、火车上、公交车站前,人们不约而同地掏出手机,在屏幕上点点划划,或是玩手机游戏,或是浏览新闻,抑或是阅读网络小说、观看视频。

在大学宿舍里,男生一起玩网络游戏;女生围坐一起,观看网络娱乐节目。

快递营业点里,工作人员在没有顾客时,拿出手机玩着游戏消磨时间。

工地里,进城务工人员小陈在间歇时候阅读起自己喜爱的网络小说。

在时间长河里,截取同样的"5月21日"社会时间频谱。那个报纸、唱片、黄包车时代所呈现的聚象,已被微信、云音乐、高铁取代。当透视这两个不同年代的文化场景,即刻能体会到移动互联网时代不仅仅改变着物质文化,而且改变着非物质文化。当手机成为日常生活实践,人、文化基因、社会观念都已在这全新的社会时空里,发生剧烈变迁,呈现出截然不同的生活场景和文化气息。娱乐,作为一种艺术化的生活形态,不仅在人们的日常生活中扮演着不可或缺的角色,而且由于娱乐与商业的紧密结合,娱乐与人息息相关,让娱乐成为文化变革的先导力量,成为社会文化的探照灯。娱乐在千年发展中,日益形成自身文化体系,甚至成为探究文化结构的一面透镜。

按照詹姆斯·M.汉斯林的观点,文化可以分为非物质文化和物质文化两方面。非物质文化指的是一个群体的思维方式和做法;物质文化则指类似首饰、艺术品、建筑、武器、机器,甚至吃饭用的器皿、发型、穿着这类东西。追寻中国娱乐文化变迁,同样也可以从非物质文化和物质文化两个视角入手。因此,在第一部分中,将通过梳理人、传播、社会时空的互动,探究人的娱乐天性是如何坚守的,又是如何与时俱进?以技术、建筑、符号为代表的物质文化是如何促进娱乐文化的传播发展的?在娱乐文化特性变迁的基础上,以中国文化基因为代表的非物质文化又是如何形成与丰富的?同时,从社会时空的视野,去探究各时代人们的娱乐观念和时空观念是怎样形成的?这些观念对人的社会关系构建又产生怎样影响?这一切都需要从历史长河里捕捉人的娱乐天性的形成规律及追求方向。

第一章 人的娱乐需求趋向追求自由解放

娱乐是人的天赋权利,它超越时空,是人类生活的永恒追求,是一种普遍的文化行为。这种文化行为持续千年的动力不仅来自祖先经验的美学沉淀,更是为确保不同时代社会运行而建构出来的集体准则,以赋予服务人类有意义生活的需要。那么,从这个角度看,当我们去探究人在不同社会时空里的频谱特点时,发现了一个"顽强"的趋向:人的娱乐天性本质需求指向追求自由解放。这种解放不仅仅是满足生理愉悦需求,更是个体为实现自我价值而进行的高层次需求满足。

第一节 人性本能:追求娱乐天赋权利

在《说文解字》中,对"娱"字的解释是:"娱,乐也,从女声。"[①]在古代,"娱乐"的概念,已经与今天的使用很相似,即"娱怀取乐""欢娱行乐"之意[②]。娱乐向来是人性的本质追求,是人的天性需要。

一、愉悦需求体现人的本能

人生下来不是为了繁重工作和接受磨难的,而是为了追求幸福感知。因此,人对愉悦的需求天性,促使他们对欢愉的权利与渴望一直延绵不绝。

---

① 许慎.说文解字[M].南京:江苏古籍出版社,2001:262.
② 辞海[M].上海:上海辞书出版社,1990:1243.

在生产力相对落后的古代社会,人们在劳作之余,本能地渴望从娱乐中舒展身心,获取对"美和幸福"的感知和愉悦。

在等级森严的古代社会,对于帝王以及权贵们来说,娱乐的条件机会无处不在;而对于劳苦大众来说,虽然"稼穑之艰难",但余暇还是浸润在乐舞的欢快之中:在劳动时歌舞,为节日、宴请、爱情欢唱。

踏歌就是其中一种起源于人类生产活动的古老艺术形式,并在唐代时风行一时,遍及宫廷和民间。官府会在上元等节日举行大规模的踏歌活动,张祜那首《正月十五夜灯》道出了全民狂欢的景象:"千门开锁万灯明,正月中旬动帝京。三百内人连袖舞,一时天上著词声。"人们欣赏乐舞,教习乐舞,民间此风之盛,不亚于宫廷。唐代诗人顾况的"夜宿桃花村,踏歌接天晓",反映的正是乡野村民彻夜踏歌的情景。可以说,在唐代,踏歌风靡于不同区域、不同民族、不同社会阶层。

此外,还有许多游艺风靡于官民间,既有拔河、放风筝、闹花灯、放烟火等民俗节令游戏,又有斗牛、斗狗、斗鸡、斗蟋蟀等斗赛游艺,还有各种投壶、猜谜、童趣游戏,等等。追求愉悦是社会各阶层人的本性体现。

时至宋代以后,随着娱乐逐渐从上层社会过渡到大众娱乐,"娱乐天性"更是得到最大程度的张扬。比如,明代戏曲注重娱人的效果。明末清初戏曲家李渔提倡写剧本就要"乐人"。他在《风筝误》剧中写道:"传奇原为消愁设,费尽杖头歌一阕;何事将钱买哭声,反令变喜成悲咽?""认为戏曲就是要让观众消愁取乐,称'一夫不笑是吾忧',他将观众的欢愉置于首位,反映了当时重要的戏曲观念和大众文化的伦理。"[①]

民国时期,城市市民对公共娱乐文化的需求明显增强。1896年6月29日上海《申报》广告版刊登"徐园告白",提及"本园于二十日起夜至十二点钟止,内设文虎、清曲、童串、戏法、西洋影戏以供游人赏玩"(见图1-1)[②]。自此,随着电影第一次在上海徐园茶楼"又一村"开始放映,"看电影"便成为都市生活不可或缺的组成部分。1897年,一名中国观众还将自己在上海天华茶园观影后的感想刊载在《游戏报》里写道:"人生真梦幻泡影耳,皆可做如是观。"在电影创造的空间里,愉悦需求得到释放。

---

① 李红雨.一本书读懂中国古代休闲娱乐[M].北京:中华书局,2014:301.
② 上海年华.徐园"又一村"放映"西洋影戏",这是电影在中国首次出现[EB/OL].[2020-11-08].http://memory.library.sh.cn/node/67878.

图 1-1 《申报》广告版刊登 "徐园告白"

随着电视机普及,中国电视娱乐兴起,《渴望》(1990)、《编辑部的故事》(1991)、《我爱我家》(1994)等电视剧创下中国电视收视巅峰。《快乐大本营》(1997)等一批综艺节目将"游戏"元素扩大,追求最纯粹的"快乐"感官。在"沙发土豆"的娱乐空间里,追求愉悦成为调节生活的必要手段。

时至互联网时空,"数字化生存"成为一种生活方式,深刻浓缩着中国千禧一代的生活轨迹。记者乔安娜·斯特恩于 2015 年 8 月 21 日在美国《华尔街日报》网络版发表了一篇文章 Why We're Jealous of Chinese Smartphone (《我们为什么嫉妒中国的智能手机》),里面说道:"中国(年轻)人通过智能手机过上了丰富多彩的生活,这让我们艳羡不已。"①

千禧一代的互动几乎都是通过屏幕实现的,同时非常强调每一次互动带来的愉悦感。根据马斯洛需求层次理论,社交需求是继生理需求、安全需求后的第三层次情感和归属需求。个体需要在人与人的交际往来中传递信息、交流思想。在日常生活,乃至朋友聚会、家庭聚餐时,我们越发留意到千禧一代观看手机的频率在不断提高,他们一方面生怕错过有价值的信息,另一方面又渴望在交流中寻找快感,减少焦虑。根据 Dscount 研究公司对 94 组 Android 用户进行调查后发现:"重度智能手机使用者每天触摸手机的次数超

---

① 环球人物网.华尔街日报:我们为什么嫉妒中国的智能手机[EB/OL].[2015-08-25]. http://www.hqrw.com.cn/2015/0820/34245.shtml.

过5000次,普通智能手机用户也达到2617次。"① 此时,娱乐已不是缓解生活压力的手段,而成为生活最终目的,也就是第一需要。

二、休沐制度顺应娱乐本质

据《汉律》记载:"吏员五日一休沐"。从汉代开始就有了休沐制度,在休沐日,人们可以自由支配自己的活动,可以在短暂的娱乐中获得身心放松。这也就是孔子所说的:"百日之劳,一日之乐……一张一弛,文武之道也。"尤其到了唐宋时期,丰富的节假日体系和公休制度,让官吏们有更多富余的时间进行休闲娱乐。宋人庞元英在《文昌杂录》中写道:"宋代一年有七十六天的节假日,如果加上全年三十六天的休沐日,共为一百一十二天;此外,还有皇帝、皇太后的生日,皇帝、皇后们的忌日等;宋代公休假日,超过全年三分之一;宽松的公休制度,大大促进了休闲娱乐活动的发展。"② 元明清几代,由于国家所需治理事物趋于复杂,官吏的公休制度趋于严格,逐渐减少。

陆游那首《休日有感》就记述着公休日的生活:"少年从宦地,休日喜无涯。坐上强留客,街头旋买花。"在节庆假日间,苏东坡泛舟江上,"诵明月之诗,歌窈窕之章"。休沐日不仅大大促进了官员的娱乐文化,更是老百姓共同狂欢图乐的日子。尤其是遇到春节、元宵、清明、端午、中元、中秋、重阳等节日,观灯、赏月、登高、守岁及各种文化娱乐竞赛成为人们追逐的精神享受。更为重要的是,宽松的休沐制度促进了古代娱乐文化的发展。

1872年6月13日,上海《申报》发表社论称:"西洋各国的星期日休息制度,于人生有益,中国应该仿行。"此时,盛行于西方的"星期"观念逐渐影响中国的休沐制度。在维新变革运动的推动下,从福州船政学堂开始,"每七天休息一天"的循环休假制度逐渐普及到各行各业。这一以"星期"为单位的时间观念,逐渐被国人接受,让国人的日常生活规律化,也让娱乐时间常态化。

改革开放后,由于物质条件和精神需求的不断提升,国人对休沐制度的

---

① DoNews.研究发现重度手机用户每天触摸设备超过5000次[EB/OL].[2016-07-09]. https://www.donews.com/it/201607/2933659.shtm.

② 汉青的马甲.宋代的公共节假日[EB/OL].[2015-03-26].http://www.360doc.com/content/15/0326/23/2369606_458341219.shtml.

积极意义有了更深刻的体会。休假不仅是为了简单地恢复劳动力,而是能够在多元化的娱乐中获得身心放松,乃至提升自我价值。此时,中国休沐制度的类型也更加丰富,包括循环休假制度、年假休假制度、公休日休假制度、产假等特别休假制度等。可以说,休假制度顺应娱乐本质,让国人有更多时间投入休闲娱乐。

网络时空里,在千禧一代心里,时间除了钟表带来的线性时间在影响生活外,有一种媒介化时间也悄然地发生化学反应。所谓媒介化时间,简单说,就是我们使用媒介的习惯将我们的日常生活分隔为不同时间段。"对绝大多数人来说,在绝大多数时间里,行为个体与媒介化时间之间已经形成了一种惯例化的默契。"[①]

比如,许多千禧一代习惯早上一起床,打开微信刷朋友圈,打开微博刷热搜,这不得不相应地提早起床时间以免影响正常的工作、学习生活;对于有时间规定的手机游戏,有的十五分钟或五分钟,都逼迫着我们去调整相应的日程。另一种突出的媒介化时间现象就是"抖音"直播类的网络直播、三五熟人相约在网络游戏上共同打Boss。这些固定的媒介化时间成了生活的一部分,毫无疑问,这些已经对日常生活产生影响。同时,这种媒介化时间还表现为娱乐时间碎片化。移动通信设备的普及,让我们可以在工作与劳动间隙,随时拿出手机享受娱乐。这进一步模糊了工作与娱乐的时间区隔。

三、品味分层并非娱乐天性取向

乐舞分为雅乐和俗乐,在上古时期是有区别的。雅乐通常是被用作帝王典仪和礼制性的乐舞;而俗乐更贴近食色生活、平常人心。但是,娱乐喜好和品味通常与阶级分层是错位的,并非上流阶层就只推崇雅乐,对俗乐敬而远之。战国齐宣王就称:"寡人非能好先王之乐也,直好世俗之乐耳。"

来自民间的楚歌楚舞,更是在汉代上层统治者中广泛流行。高祖刘邦喜好民间的楚声、楚舞,便把俗乐舞用于宫廷祭祀。刘邦的还乡之作《大风歌》、项羽的绝命之作《垓下歌》,这两部作品都是著名的楚歌代表。雅乐程式中规中矩,有文艺天子之称的唐玄宗极力支持宫廷俗乐。开元二年(714),

---

① 张梦晗.重塑惯例:媒介化时间对新媒体社会的建构[J].浙江传媒学院学报,2016(01):8-14,149.

他设外教坊,"以教俗乐"。明代皇帝朱元璋更是对俗文化亲近有加。《明史》记载,朱元璋"进膳、迎膳灯曲,皆用乐府、小令、杂剧为娱戏"。

产生于宋代的瓦肆勾栏,原本主要是为下层市民阶级服务的,但其丰富异常的精彩表演也吸引了士大夫等上流人士。"士人便服,日至瓦市观优",士人们想看热闹,又不愿意暴露身份,就穿着便服前往。

"状元筹"作为科举文化衍生的一种博戏,最早可追溯到北宋宣和年间。按照《杭州府志》记载:"绯绿兼行,赢输计筹,闺阁中为消闲之戏,曰:状元筹牌。自宣和以来为戏久矣。"可见,这一休闲娱乐最早是闺阁里的雅玩。随后在明清至民国时期,其简单的游戏规则让各年龄群体都能参与其中,成为社会各阶层共享的娱乐博弈用具。即使状元筹的材质有等级之分,有的用兽骨、金属、象牙精致雕刻,有的只是竹木所制,但其所具有的消闲乐趣功能,使其在全国流行并在各阶层共通。

改革开放后,追寻音乐真人秀节目发展轨迹,同样能印证"品味分层并非娱乐天性取向"这一观点。《青歌赛》《超级女声》《中国好声音》《我是歌手》《创造101》是20世纪80年代以来火爆节目的代表。其中,《青歌赛》代表精英文化主导,《超级女声》是草根文化发力,《中国好声音》是精英与草根文化融合,《我是歌手》则是融入大众文化的精英文化回归,《创造101》是互联网时代精英主导的全民造星模式。可见,每一档节目指向的受众定位是具有差异性的,或者说是存在品味分层的。但是,从收视指标看,对娱乐天性的共同追求打破所谓的品味分层。比如,《超级女声》这档定位草根的选秀节目,同样吸引了精英群体关注。根据央视索福瑞媒介研究公司公布的2005年《超级女声》节目收视数据,其总决赛收视率高达11.65%,观众以高学历白领和学生居多。

品味分层在互联网时代变得更加复杂,文化杂食主义成为重要趋向。由于文化资源获取的便利性,一方面,过去泾渭分明的文化单食主义者开始打破分层界限成为文化杂食主义者,尤其在娱乐需求方面表现显著;另一方面,不同社会阶层群体的网络娱乐需求表现出趋同化倾向,趋向对娱乐爆点的共同关注。网络世界就像一个万花筒,让个体原本单一的生活体验,变得多重而充满魅力。在更深层次影响上,网络透明、去中心化、无门槛的交流模式链接起原本不同阶层的群体,使其能够了解到不同社会阶层人群的生活,进而重塑自我的世界观、价值观和人生观。而在现实生活中我们可能和不同阶层群体很少有交集。这对千禧一代而言,是巨大的心灵冲击与思想重塑。

四、娱乐天性对官方话语权的"抗拒"

人性场包括：官场、市场和情场。中国的主流社会基本以官场为活动中心，中国人的价值观即是两千年在大官场社会互动的历史产物。"儒家的三纲八目：明德、新民、止于至善、格物、致知、诚意、正心、修身、齐家、治国、平天下。"①其基本核心，就是维持社会群体力量的统一。反映在娱乐活动上，主流就是普天同庆，和合思想。

正如诺伯特·埃利亚斯所言："时间犹如一些部落在仪式中使用的面具。钟表和日历的面具误导我们去认为，它们表达着时间——无须我们的介入而自主运行的、也不会因为我们的干涉而停留。我们相信，我们必须接受这些面具的指导，但事实上它们呈现的不过是一些运行秩序，而这些运行秩序则是人为塑造的用以协调我们行动方向的象征物。"②

比如，围绕各种时令节气形成的庆典活动。对于民众而言，时令节气是社会精英设计出来的社会时间，庆典活动是官方设计出来的社会空间，希望营造普天同庆的盛世气氛和天下太平的社会安定局面。

皇权或政府拥有强大的支配力量，依靠葛兰西所提出的"文化霸权"，强行其他阶层（团体）接受它的"意识形态"。正如福柯所言："哪里有权力，哪里就有反抗。"人的能动性并不是简单地被动接受统治，而是天然地存在"抗拒"行为。

娱乐是人的天性追求，个体总是希望在最自由、最轻松、最自我的时空里享受娱乐。当出于意识形态、文化传承、经济利益等因素，对娱乐资源进行"官有化"解释与形塑后，必然弱化娱乐天性的本意，激发起"抗拒"行为。可以说，一定程度上，娱乐具有打破官方话语权的能力，倾向于破坏隐含着的社会秩序。

"抗拒"从字面上理解是抵抗与拒绝。这种抗拒包括"抗拒性解读"与"抗拒性重建"。"抗拒性解读"是霍尔在"编码与解码"理论中提出的。在编码和解码中，不具有直接的"同一性"，很大程度上取决于传播者和接受者之间关

---

① 周后燕.朱熹对《大学》的改造[J].科学经济社会，2014,32(02):11-15,44.
② 赫尔嘉·诺沃特尼.时间：现代与后现代经验[M].金梦兰，张网成，译.北京：北京师范大学出版社，2012:1-2.

系与地位的结构性差异程度。当传播者和接受者结构性差异程度巨大时,容易产生"抗拒性解读"。以明代元宵节灯会为例,元宵灯会往往会放纵人对感官享乐的诉求,明朝官方就利用灯来展现太平气象的意义,倾向于奢靡享乐。而在当时社会时空条件下,广大民众在终日为衣食奔波的困境中必然对这种现象表示不满。《沪邑元宵灯火》里那句"一灯之制,经岁始成,虽费百金不惜",显然是对官方粉饰太平话语权的抗拒性解读。

在自由成长环境下,千禧一代不太敬畏权威,更强调自我感知,展示本色自我。在这一点上,最直观地表现在网络流行语的催生与传播,以及弹幕网站的流行。从2006年起,我们都会看到网络十大流行语的评选。比如2020年的网络热词(飒;后浪;神兽;双循环;打工人;内卷;凡尔赛文学),在千禧一代的自创和传播中诞生,代表着年轻群体对生活的调侃和一种内在的发泄欲望和娱乐天性。哔哩哔哩弹幕视频网的火爆,更是千禧一代乐于展示自我、表达观点、不畏惧权威的印证。在抗日剧《亮剑》的第一集,共出现7991条弹幕,网友或表达观影感受,或谈论与剧集无关的内容。同时,"主导的"并不是决定性的,"抗拒性重建"同样存在。比如,各种亚文化就是对主流文化的抗拒性重建,进而实现了"反抗与收编"的复杂过程。

总之,当从历史脉络去关注人类的娱乐生活会发现娱乐是人的天性,是天赋权利。人类总是在不断平衡劳作与娱乐的关系,当物质生活越改善,精神需求越大时,追求"愉悦感"的本能越被激发。当然,娱乐依赖于休闲时间。古而有之的休沐制度就是顺应娱乐本质需求,满足人类身心协调发展。同时,娱乐天性的追逐总在试图冲破阶层分化、品味分层、权利话语的束缚,去追求真正的自由解放。移动互联网时代,千禧一代的娱乐天性被进一步解放,他们向往更高层次的"愉悦"体验,他们拥有更自由的娱乐时空,他们成为能够品味不同文化的杂食主义者,他们用自己的行动力去建构自己的话语体系。

第二节 文化基因:追求和合世界的娱乐"惯习"

在研究文化分层现象时,布迪厄提出了一个非常具有学术创意的概念——"惯习"。惯习并不是简单、被动的习惯,而是一种体现在人身上的历史（Embodied History），是主观与客观的统一。

进入文明社会，人的娱乐天性表现出的不仅仅是生理的本能需求，而且有着历史惯习的沉淀。因为我们每个人身体内都存有文化基因。正如理察·道金（Richard Dawkin）在他的著作《自私基因》中所描述的"文化基因"那样，文化如同细胞，它根植于每一个个体体内，在个体成长过程中渐进式地组成一整组文化基因，并跟随时空延伸与扩展。这组文化基因，就是每一个个体文化观念的建构蓝图。

由于文化基因具有稳定性和可变性，能够在时间和空间上得以传播。因而在移动互联网时代，传统的文化基因不仅没有衰弱，而且得到很好的传承，并呈现出纯粹的保全和多元融汇的态势，造就了追求和合世界的娱乐"惯习"。

一、和合理念浸润下的中国文化基因

中国的文化基因，来源于中华传统文化，文化基因又丰富、传承了传统文化内涵。传统文化最突出的哲学理念，就是"和合"。"和合思想"显示着中国人的心理图像与文化品格，并积淀为文化遗传基因，影响着一代又一代中国人的思想意识和行动方向。孔、孟、老、庄、荀、韩等人以及反映了他们思想的经典，如四书五经、《老子》、《庄子》、《荀子》、《韩非子》等，都对中国文化产生了深远影响。

按照学者黎鸣的说法："文化是人性的外衣。"[①]文化的发源地是人性。"人性本善"，主张克己、礼让、孝悌、忠恕，这也正是中国古代圣人的主张。"和合"是传统文化之精髓，是中国文化价值之核心。"和合"理念最早在《国语·郑语》中记载："商契能和合五教，以保于百姓者也。"也就是说，商契能够和合父义、母慈、兄友、弟恭、子孝等"五教"，让老百姓们安身立命。从中可以看出，"和合"被看成是一种处世方法和思维方式，强调的是达到家庭血亲不同群体间的和谐秩序。和合理念深刻浸润在以"家文化"为核心的中国文化基因里。

"和合"也逐渐成为一种生存哲学，深深融入中国人的生活里，用来处理与自然、人际、社会、心灵间多种因素在冲突融合中如何实现并存发展的问

---

① 黎鸣.问人性——东西文化500年的比较：下册[M].上海：三联书店，2011：551.

题。整体上来说,和合文化倡导的是共存价值观,讲究的是天人、社会和自我的和合,追求的是"天人合一"。张立文学者进一步将和合归纳为"五和",即和生、和处、和立、和达、和爱五大原理,化解人与自然、人与社会、人际关系、人的心灵以及不同文明之间的冲突。

同时,和合文化提倡"和而不同",它主张多元性文化的普世主义,又坚持区域性文化的相对主义。"和而不同"的共存价值观,有效地促进了不同文化的共生共荣,特别是娱乐文化。从古至今,中国娱乐文化就是包容并蓄的共生共荣文化,各阶层、各群体、各地域都有自己可享用的娱乐文化方式,又如涓涓细流汇集于中华民族主体文化长河中。

二、"和合"文化基因渗透娱乐观念

文化基因的渗透是隐蔽而充满力量的。即使在互联网时代,在代际流传的传统文化因子,依然以"惯习"的形式沉淀在他们的意识精髓中,并影响着千禧一代娱乐文化的行动。这是无法回避的。

娱乐讲究感官愉悦,达到"自我和合"。《广雅·尤韵》提及:"休,美也,善也。"娱乐休闲被看成是美好、善意的事情。人类总是希望借助娱乐活动,调整自我生存状态,达到生理和心理的放松。唐代王勃在《滕王阁诗》中,更是用一句"闲云潭影日悠悠,物换星移几度秋"道出在娱乐中达到自我心灵"和合"的重要性。

娱乐最早并不是为了娱乐别人的,更多是发现自我内心的情感。比如,明代不同群体的娱乐生活就各具特色,演化出五花八门的休闲娱乐行为。明代文人在市民社会世俗之风和上流阶层奢侈之习的浸染下,喜好陶然之乐,追求感官愉悦,达到"自我和合"。这就是他们标榜的"清玩"。在社会风尚开放的明代,也改变过去女性足不出户的境况,享受起缤纷多彩的娱乐生活。古代女性的身影,常常出现在蹴鞠、荡秋千、弈棋、游戏、品茗的活动场所。"蹴鞠当场二月天,仙风吹下两婵娟。汗沾粉面花含露,尘拂娥眉柳带烟。翠袖低垂笼玉笋,红裙斜曳露金莲。几回蹴罢娇无力,恨煞长安美少年",钱福的《蹴鞠》记录着女性蹴鞠的场景。

第二,娱乐倡导快乐分享,实现"社会和合"。在君权时代,平日里,黎民百姓并不像社会上流阶层那样有充足的时间坦然自由地享受欢娱的乐趣。然而,到节日、庆典之时,大众百姓往往能够打破限制,肆意欢闹,欢纵娱乐。而这个阶层限制的打破,倡导普天同庆,则稳固着"和合"的文化基因。

以宋都上元节为例,上元节又称元宵节,一入正月,满城"灯火日盛",各式各样的花灯悬挂于街市。元宵节还有一大游观内容,就是各路民间舞队的表演。这些队伍有表演曲艺演唱,有表演逗乐的,有表演异域歌舞的,有耍刀弄枪的,等等。这些表演吸引了市民们的眼光。南宋词人姜白石有这样的诗句:"灯已阑珊月色寒,舞儿往往夜深还。只因不尽婆娑意,更向街心弄影看。"同时,元宵夜皇上也会驾临御街观灯,与民同乐。元宵之夜载满了人们对欢乐生活的享受与追求。

在各朝代打破社会阶层体系的共同欢纵节日还有许多案例可引证,如先秦时期的民间祭祀欢会,隋代上元夜,唐代的"民酺""天下酺",等级、地位、身份、性别界限被消除,人们共享欢乐的娱乐时光。到清代,中国岁时文化走向鼎盛,每月都有不同的岁时风俗和娱乐行为。

时至20世纪六七十年代,乡村露天电影院成为集体式的娱乐狂欢。正如郁冬那首《露天电影院》里歌词的表达:"我家楼下的空地是一个电影院,……如今的孩子们已不懂得从前,那时候的人们陶醉过的世界。"夜空为顶,夜色为栏。当广播里传出"放电影啦,放电影啦"的声音时,大家搬着小板凳,从四面八方聚集到操场上。放映的电影也大多是《智取威虎山》《沙家浜》《白毛女》等主旋律电影片。在文化贫瘠的年代,这一公共空间就成为娱乐文化传播的主要场域,给人们带来了平日生活里难得的欢愉。当发电机的轰鸣声响起,一束强光投射到白色幕布上时,平等的共享时刻也拉开帷幕,达成社会和合。

第三,"和合"思维模式影响着娱乐形式的多元融合。多元素的综合,向来是中国娱乐活动的主张。古代的百戏就是综合性的大型演艺活动。李尤在《平乐观赋》描述出庞杂的演出种类:"戏车高橦""吞刀吐火""燕跃鸟峙""踊跃旋舞""飞丸跳剑""侏儒巨人"等。延伸至今的各种综艺晚会,比如,春节联欢晚会也是唱歌、杂技、相声、舞蹈等各种种类一应俱全,通过多元融合理念呈现"家国"情怀和建构集体记忆。

同时,中国当代文化的包容性极强,除了基于中国传统文化发展的娱乐项目外,外国文化也极力渗透中国娱乐文化。比如综艺节目海外版权引进所呈现的"娱乐麦当劳化"现象。基于版权所带来的高效性、可预测性、可计量性和可控制性等优势,国内媒体为了满足大众文化需求,提高文化产品供给效率,减少不确定性,近些年大量引进海外版权,包括《中国好声音》《奔跑吧兄弟》《我是歌手》《花样姐姐》《蒙面歌王》等一系列节目。这些电视模式透过专业的框架设计和人性共通点巧妙把握，实现了模式的全球流通。由于中国文化的强大包容性和主体性，这些外来文化，往往不是被照单全收，而是经过改造后融汇入中国文化，成为"西学中用"。节目在本土化过程中，会用中国特有的叙事模式和中华传统文化观念去充盈节目中的人物、故事、互动等。

移动互联网时代，娱乐文化更是呈现出多元融合态势，文化创新性增强。比如，选秀类节目从《超级女声》《我型我秀》这种素人造梦模式，向偶像养成类转型，出现《明日之子》《创造101》《偶像练习生》等一批网络自制综艺节目，强调粉丝与偶像、传者与受者的多元融合。

三、不同时代生活方式影响娱乐天性

按照布迪厄的说法，惯习逐渐系统化，在实践过程中形成了生活方式。娱乐文化是社会发展、社会整体形态、人们生活态度的综合呈现。在时间和空间的传播中，我们也可以感受到文化基因在历史长河中的变与不变，这跟当时人的生活态度有着密切联系，并且以生活方式的形态呈现出来。

动乱年代的魏晋，是中国历史长河中一个思想十分活跃的年代。人们在《世说新语》中，可以全面窥视到魏晋人士的形象：特立独行，性情洒脱，寻求自我内心的自由和解放。文人们有着丰富多彩的娱乐休闲生活，谈玄、读书、饮酒、写作、弹琴、绘画，是娱乐的主要方式。在这一时代，玄学激发了文化创造，文学、绘画、书法、音乐、舞蹈都实现了长足的进步。诞生了陶渊明、谢灵运等大诗人，中国诗坛真正出现了山水田园诗；应运而生了千古绝唱的《广陵散》；涌现出了对后世产生重要影响的画家顾恺之、陆探微等。

盛唐时期，经济繁荣，国力强盛。富裕的生活助推了社会上下的娱乐需求，使得唐人在追求美好生活、张扬人生欢乐中，创造出丰盈而色彩鲜明的娱乐文化。杜甫在《忆昔》诗中这样描述："忆昔开元全盛日，小邑犹藏万家室。稻米流脂粟米白，公私仓廪俱丰实。"

与唐代略有差异的是，明代人追求的则是现实的人生和当下的欢快。在明代世情小说《金瓶梅》的诗句中就能有所体会："紫陌春光好，红楼醉管弦。人生能有几？不乐是徒然。"拥有眼前的享乐愉悦也上升为一种追求"天人合一"的生活理念。因此，明代受热捧的娱乐文化多是娱乐性极强的大众文化。

在互联网沃土上成长起来的千禧一代，在追求娱乐"愉悦"的生活方式上，与其他"世代"具有迥然不同的态度。20世纪90年代之前，人们的娱乐无非是去音乐茶座坐一坐、去歌厅舞厅玩一玩、去影院看一看电影。20世纪90年代中期，政府开始有意识地推动文化产业发展，千禧一代在日益丰富的文化生活中度过了童年、少年时代。可以说，千禧一代是娱乐主义深种的一代。他们是看电视真人秀长大的一代。"在《自恋文化》一书中，克里斯托弗·拉希写道，媒体描画出大众追求名望的自恋梦，加剧了这种渴求，鼓励普通人将自己视同明星，憎恨芸芸众生，使得他们越来越难以接受日常生活的平庸。"① 因此，千禧一代在享受娱乐时，更加强调"自由选择权"，希望更加自主地去选择娱乐内容和渠道方式。

时至今日，千禧一代已经可以不受约束地在网络视频、网络游戏、网络文学、网络直播等带来的娱乐世界里遨游。根据Globalwelindex针对千禧一代2015年网络行为的调查报告显示，"千禧一代的娱乐渠道也越来越转向数字平台，每天收看在线电视时长超过一个小时，五分之四的千禧一代上个月看过视频片段，三分之二的受访者玩过在线游戏，63%受访者收听过流音乐"②。网络游戏、网络视频中的虚拟形象甚至已超越现实明星的影响力。全球最大奢侈品牌路易·威登2016年早春"Series 4"广告当中，新代言人不是安吉丽娜朱莉和麦当娜，而是网络游戏《最终幻想》的虚拟角色雷霆（Lightning）。初音未来演唱会，使用的是全息投影技术，演唱者不是真人，而是二次元虚拟偶像。让人惊喜的是，每次演唱会的举办都十分火爆，吸引众多粉丝捧场。初音未来演唱会并非个案，还有万人规模的bilibili Macro Link二次元演唱会、二次元春晚等也印证了互联网时代千禧一代喜好的变革方向。

另外，需要强调的是，千禧一代更加强调娱乐的"愉悦"功能。就如戴尔在《只有娱乐》（*Only Entertainment*）中所树立的那种"纯粹、根本的愉悦"观念。这种愉悦没有疑虑，是一种不受拘束的欢愉，这种愉悦与意识形态的责任无关，依旧存在绝对的快乐主义。从最日常的生活来看，我们发现千禧一

---

① Joel Stein Monday. 千禧一代，"自恋狂"还是"新人王"？[J]. 疯狂英语：阅读版，2013（8）：10-13.

② 199IT.GWI："千禧一代：网络行为调查报告[EB/OL]. [2015-03-03]. http://www.duozhishidai.com/article-58897-1.html.

代的父辈会在家里摆放结婚照片、军装照片,而千禧一代在住所里放满宠物照片及明星照片。这一小小的变化,告诉我们千禧一代更强调自我感受,也更注重幸福感,而这种幸福感正是来源于对自我生活的掌控权和娱乐带来的愉悦感。

虽然,千禧一代在有意识地打破传统文化的话语体系,但他们不是在抛弃,而是在扬弃,在不断丰富文化基因的内涵。比如,和合文化强调以孝道为基础的仁义道德,至今许多文化产品都是围绕着"孝"这个主题展开。在百度视频中,以"孝道"为词搜索共搜索到16291条视频,在内容上包括:以围绕孝道的微电影、电影、演讲、宣传片、童谣、纪实故事等。这些内容以多元化的艺术表达手法以及"心本"导向的娱乐创作与营销理念,不断丰富传统文化基因内涵。

总之,"和合"理念是中华民族的文化追求。在和合理念浸润下的中华文化基因对几千年娱乐文化产生持续性影响,并作为一种生活方式以"惯习"的形式沉淀。中华民族追求的娱乐文化是多元包容、与时俱进、知行合一的。

第三节 娱乐观念:追求幸福的快乐原则

提到娱乐观念,我们首先要明确的是:快乐原则。快乐原则又称追求幸福的原则,这是人的基本生命原则,是为了获得原欲满足而必须拥有的原则。娱乐观念也随时空变迁得以不断深化,呈现出对娱乐的差异化认知。

一、古代娱乐观念:娱乐是工作的附庸

享受娱乐、追求快乐是人性使然。西方学者边沁对此做出的表达是:人的本性是避苦求乐,快乐即是善。追寻这个观点的深层次根源来源于西方对于人性的认知。西方文化源自古希腊(苏格拉底"善即知识"的哲学传统观点贯穿始终)与古希伯来(主要是宗教信仰传统,主张原罪说),西方古代哲人认为人性本恶,需要通过追求知识、信仰上帝来"外求向善"。

不同于西方学者的认知,中国古代圣人认为人性本善。如孟子所言:人

性之善也,犹水之就下也,人无有不善,水无有不下。为维持这份"善",个人要不断地修炼自身,排除各种恶的侵袭。主张道德修养,内求向善。"娱乐"是否为"恶"? 这一认知在中国娱乐发展过程中也是动态变化的,影响到对享乐的态度,以及娱乐观念的变化。

受"人性本善"观念的影响,古代圣贤主张善即仁,"仁者爱人",提倡一种博爱精神。这种博爱尤其注重长辈之礼、官场之礼。周敦颐在《通书》说:"礼,理也;乐,和也。阴阳礼而后和。君君臣臣父父子子兄兄弟弟夫夫妇妇——万物各得其理后和,故礼先而乐后。"人本性的追求是受到压抑的,一切以"礼"为先。在这种观念下,在物质相对匮乏的古代,人们的首要任务是维持家庭生计,需要用心进行劳作,对享乐有了人为及环境制造的"拒绝"。娱乐曾一度被认为是不务正业,也就有了"玩物丧志"的说法。当然,娱乐即使在物质相对匮乏的年代,也是不可或缺的存在。它的存在并不是独立的,而是依附于劳作或者是各种时令节气下延伸出来的庆典活动。在这些娱乐中,也贯穿着古代圣贤所倡导的传统文化。娱乐总是强调全体家庭成员的亲身参与,确认着儒家传统文化所倡导的"家国秩序、长幼辈分的礼节秩序"[①]。娱乐观念在很长一段时间里,被认为是劳作的附属,追求快乐并不是出于人本性的向往,而是被曲解为达到"社会和合"的手段。比如,起源于汉代的"叶子戏"(被称为最早的古代扑克牌雏形),它的发明就是为了缓解将士们的思乡之愁,以舒缓身心赢取战争胜利。起源于春秋战国、盛行于唐代的"投壶"游戏也是为了愉悦宾客而发明。宋吕大临在《礼记传》中记载:"投壶,射之细也。燕饮有射以乐宾,以习容而讲艺也。"为此,投壶不仅是一个娱乐游戏,更重要的是"礼仪"的手段。

二、近现代娱乐观念:消费市场驱动下的娱乐享用

宋代以后,随着商业发展,市民阶层壮大,娱乐开始由少数上层人享有的文化标签变成大众化产品。到20世纪二三十年代,在中国现代化转型中,娱乐开始尝试与市场联姻。在长时间的现代化转型中,物质生产水平提高,大众思想自由度提升,对享乐的态度也发生转变,开始追求、享用娱乐,释放出人性欲求。正如孟德尔颂所说的:市场成为娱乐的新标准。

---

① 马薇薇.开埠前上海娱乐仪式化的文化思考[J].宁夏社会科学,2015(06):168-173.

晚清后,随着西方文化的渗透,原本被西方人标榜为精英文化的西式生活和娱乐方式,在经济利益的驱动下,开始进入普通民众的消费空间,比如跳舞、跑马、看电影。对西式娱乐的认知,不同身份群体表达出差异性的观念倾向。但这次中国娱乐文化的转型,西式娱乐文化的渗透和冲击,发挥着重要作用。一方面,传统社会强调保护一种合理的秩序,即一个明确的等级制度。隶属精英阶层的官僚士绅为了维护传统秩序和自我地位,对西式文化表现出强烈的排斥感,称之为"奇技淫巧"。这种观点是受政治、文化束缚的产物,忽略了娱乐本身愉悦身心、宣泄情感的功能。另一方面,普通大众因处于传统文化的边缘地带,思想束缚少,被西式娱乐激发出强烈的好奇心。在这一好奇心的驱使下,大众逐渐接受西式娱乐,并且开始享用娱乐。

改革开放后,随着社会自由时间的增加,教育的普及和提高,娱乐市场的多样化发展,人们开始正视娱乐的积极功能:丰富的娱乐生活,不仅让人减轻日常生活压力和负担,解放情绪,而且娱乐满足了人性需求,为明天更好地工作提供正能量。

三、互联网时代娱乐观念:追求自我价值

古代,娱乐是宣传教化的重要工具,是为了满足政治目的。大众也习惯了处于被动地位,遵从社会精英的教化。在这种单向度的传播中,娱乐观念是契合于传统社会伦理教化的时空特质。互联网时代单向传播被双向互动传播取代,传受关系也发生了改变。

在互动传播的剧烈刺激下,巴赫金提出的狂欢节文化最大限度地被放大。巴赫金的狂欢理论认为,人都过着两种生活,一种是日常的、严肃的,另一种是狂欢式的、自由自在的。这种狂欢的发生需要特定的时间和空间,使人们摆脱现实进入到一个自由梦幻的非现实世界。在移动互联网中,无时间的时间和流动的空间,让这种狂欢达到一种极致。人们的娱乐观念发生了新的质变:工作是为了更好地娱乐或者工作本身就是娱乐。

举个简单例子,网络游戏在中国刚出现时,被家长们视为洪水猛兽,认为它极度影响了青少年正常的学习生活。而当"江西南昌一位12岁少年每次LOL在线直播时,观众平均为五六万人,每月收入高达3万元,最高有过14万"的消息一出现,便在社会上引起新的反思。对此,有网友认为其不好好学习、玩物丧志。其母亲反驳了这个观点:"刚开始的时候,我们也像很多父

母一样担心会影响学习,不是很同意,我们那时还是希望他读好书。但是小新有这个爱好,而且后来我们也慢慢发现他确实有这方面的天赋,所以就顺其自然,开始支持他。"①

正如威尔伯·施拉姆(Wilbur Schramm)曾深刻指出的,大众传播媒介的娱乐功能,并不仅限于我们传统观念中的娱乐效果:带来欢乐、轻松、刺激与排遣无聊。对于娱乐,人们也逐渐认识到它的影响力绝不仅限于个人层面,而对社会发展有持续的影响力。

千禧一代是中国未来发展的最宝贵资源。"正如高盛集团在一份报告中所说,中国的'千禧一代'可能是当今地球上最重要的一个人口群体。"②中国大约有4.15亿"千禧一代",正在成为或即将成为推动社会变革的重要力量。虽然还无法断言千禧一代是否能真正推动社会变革,但不可否认的是他们的力量已经渗透入市场。许多品牌、传媒机构近几年都将营销目标锁定在千禧一代,认为他们是今后最具消费力和影响力的群体。越来越多正在掌握话语权的人,认为千禧一代正在逐步接手这个将由他们制定游戏规则的世界。

中国千禧一代与国外同龄人所处的成长环境不同,他们是在中国转型期成长的一代,是被中国经济变革深刻形塑的一代。他们向上影响到他们的父母和祖父母辈,向下影响到今后几代人的生活。美国NBC著名主播汤姆·布罗考认为他们是"最伟大的一代"。与父辈不同,千禧一代更具批判精神,不再唯唯诺诺。随着千禧一代逐渐进入成年期,其生活模式、社会态度都将推动社会的变革。当然,千禧一代也面临着转型中国带来的问题和成长困惑。

千禧一代对娱乐需求已经不仅仅局限于个人感官的愉悦,而是上升为对自我存在价值的追求。这样的改变,进一步释放出对自我诉求的表达,呈现出对主流文化或官方文化的"抗拒性解读"。当这种解读上升为重建行动时,千禧一代的变革能量将爆发出强大的破坏力和建设力。

总之,娱乐观念随着时代变化,也在悄然发生改变。从"人性本善"传统观念引导下,受限于物质生产条件,把娱乐作为工作的附庸开始;到消费市

---

① 腾讯游戏.LOL小学生玩家好优秀12岁少年直播LOL月入上万[EB/OL].[2015-11-23].http://www.techweb.com.cn/onlinegamenews/2015-11-23/2230763_1.shtml.
② 中国贸易新闻网.中国"千禧一代"影响海外并购模式[EB/OL].[2016-07-26].http://www.ccpit.org/Contents/Channel_4126/2016/0726/675288/content_675288.htm.

场引导下释放出娱乐需求的天性,让享受娱乐成为共识;再到互联网时代完全释放出千禧一代的娱乐需求,走向自我价值提升。对于娱乐的认知越发接近于娱乐天性的本质追求——幸福快乐原则。经济越是发达,社会越是文明,人的本性欲求就越被更充分地释放。

第二章　传播介质的娱乐文化"镜像"

技术、建筑、符号是物质文化的浓缩,也是各个历史阶段"介质"的再现。每一种技术,都在诉说着独有的传播模式,以及人与人的交往关系。技术的发展乃至颠覆串联起娱乐文化的变革走势。同样,每一座经典的建筑,都是社会时空精髓的凝结。它用最质朴、直观的形象语言,灵动的文化标识,传播着时代的文化气息,记载着最深刻的文化内涵和镜像。

第一节　技术主导的娱乐传播模式

技术是一个群体物质文化的中心部分。技术不仅作为物质文化的核心,而且构建了一个群体非物质文化的框架。按照加拿大大众传播学者麦克卢汉的观念:媒介即讯息,媒介即隐喻。当一个群体的技术发生变革,那么这个群体中人们的思维方式以及他们如何与别人交流也同样会发生改变。可以说,技术改变生产、改变意识形态、改变消费观念、改变行为方式,也改变社会互动。

克劳斯·布鲁恩·延森在《媒介融合:网络传播、大众传播和人际传播的三重纬度》中划分了三重纬度的传播物质条件。第一纬度的媒介特征是人的身体和工具。人的身体是一个多功能的物理平台,它可以实现包括演讲、唱歌、舞蹈、戏剧表演、绘画和艺术创造等在内的活动。这一纬度的媒介不仅将世界具象化现实,而且赋予人与人彼此交流与传播的能力[①]。

[①] 克劳斯·布鲁恩·延森.媒介融合:网络传播、大众传播和人际传播的三重纬度[M].刘君,译.上海:复旦大学出版社,2015:63-86.

第二纬度的媒介属于一对多的媒介机构与传播实践,是指门类众多的模拟技术,包括印刷书籍、报纸、电影、广播和电视等。"这一纬度的媒介特征:第一,它实现了对于特定文本的复制、存储和呈现;第二,它拓展了信息在时空中扩散与获取的潜能,并不再受限于参与者在场与否和数量多寡。"①

第三纬度的媒介主要指代元技术,是以数字信息与传播技术为核心的元媒介。元媒介作为一种传播模式,其整合了一对一、一对多以及多对多的传播形态。其特征的表达方式,不仅整合了文本、图像和声音,而且能吸纳大众传播与面对面交流平台的所有体裁。

对于娱乐文化而言,其传播的物质载体同样体现在这三个纬度的变化上。为了更详细地区分,下面将从身体工具传播、印刷传播、电讯传播(广播、电影、电视)、数字媒介(互联网、移动互联网)传播来探究娱乐传播模式的进化。

一、身体和工具生产:平行娱乐传播模式

最早的娱乐活动起源于原始人的生产劳动和社会实践,是借助于人的身体、书写工具、乐器等进行表达,人们在歌唱、舞蹈中感受着娱乐的魅力。这种娱乐传播模式要求人的在场感受,并以群体活动为主,区域性明显。

在原始洞穴留存下的图腾歌舞中,今天的人们还可以看到古人如何用肢体模仿各种动物,用手中的生活用具热情挥舞,在群体狂欢中庆祝劳动的丰收或进行宗教祭奠仪式。比如在内蒙古阴山地区新石器时代岩画上,图腾里刻画着原始人的"狩猎舞":人带着羽毛,装扮成山羊、狐狸的动物形象,用肢体动作表达对大自然的尊敬与敬畏,以及希望达到人与自然和谐相处的愿景。同样,在春秋战国时期的"巫术"舞蹈,也是用舞蹈动作与神灵沟通,以祈求神灵福佐或是渴求驱除不祥。敦煌石窟壁画留存下《西凉乐舞》的韵律神采(见图2-1)。壁画中具有西域特色的肢体动作与服饰特征展示出古代中原与西域文化的交流与交融。

音乐,是人类的第二语言。在古代,诗歌是音乐和文学的集合体,也就是说诗词与音乐旋律是不区分的。《史记·孔子世家》中记载:"诗经三百五篇,孔子皆弦歌之。"《诗经》收录了西周至春秋时期的305篇诗歌,这些诗歌由百

---

① 克劳斯·布鲁恩·延森,刘君,赵慧.三重维度的媒介:传播的三级流动[J].东南学术,2015(01):196-203,248.

姓在生活、劳动中口头传唱，而上层人士则以古琴伴奏，浅吟低唱，流传成章。在不同的朝代都会有新的曲种曲风出现：唐代宫廷宴享的"燕乐"、以杂剧和散曲为主要文艺形式的元曲、明清时期的说唱音乐（南方的弹词，北方的鼓词），等等。比如，"燕乐"也称"宴乐"，是用词来配乐的音乐形式，在隋唐至宋代逐渐受到欢迎。苏东坡《水调歌头》中"明月几时有，把酒问青天"的唱句就被广泛传唱。

图2-1 敦煌石窟壁画呈现的舞蹈①

① 搜狐网.历史上的今天——1900年6月22日,举世闻名的敦煌莫高窟藏经洞被发现[EB/OL].[2018-06-22].https://www.sohu.com/a/236739083_100028727.

戏剧的起源是与狩猎文化、巫术文化密切相关的，比如先秦的俳优演出、傩戏说，就能找到戏剧的影子。称为中国早期戏剧的汉朝角抵戏的戏剧特性，也是通过语言、动作、舞蹈、音乐等形式进行叙事。汉代的乐舞也融合进杂技、幻术、角抵、俳优等元素进行多元的文化呈现。到明清时期，各民族根据自己历史发展背景、宗教文化特征、生活风俗习惯产生了丰富多彩的民间舞，也一直流传至今。这些都是在不同的社会时空下，人们用自己的身体、乐器，通过娱乐方式与人面对面传播来表达对生活的感悟。可以说，这种平行传播模式，是以身体和工具为载体生成的。传递信息的方式，是将人推向人。

二、印刷技术生成：垂直娱乐传播模式

大约5000年前，人类摆脱原始阶段，结绳符号出现、文字发明。随后，印

刷传播的产生和流传"打破了少数人对知识的垄断和在传播上的特权",实现了娱乐文化一对多的传播。

"按照美国社会学家查尔斯·库利在《社会组织》(1909)一书中的观点:报纸、书籍和杂志作为新的大众媒介,它不仅消除人们相互隔绝的障碍,影响到社区相互作用的方式,而且推进了社会的组织和功能的重大变化,甚至永久地改变了那些使用者的精神面貌和心理结构。"① 人类不仅塑造了印刷技术,印刷技术也反过来塑造了人,形成垂直娱乐传播模式下特有的思维模式。

《左传》也将"立言不朽"与"立德不朽""立功不朽"并称为人生"三不朽"。文人都有著述传播的意愿。在中国,最早的书籍复制是通过人工手抄方式进行的,随后汉代出现拓片技术,到唐代雕版印刷技术推广,再到宋代活字印刷技术发明,印刷技术开始普及。很多思想活跃的人开始从事商业刻书活动,出现编辑、刊刻、销售印本图书的作坊。② 直到古登堡印刷技术传入中国,则开启了大众出版时代。在娱乐文化的呈现上,印刷传播一方面让娱乐知识,尤其是艺术财富得以传承;另一方面,墨香的文字体验,让小说、画册、娱乐类周刊等一度成为人们茶余饭后的重要娱乐形式。而且,这一形式区别于以"身体和工具"为纽带的娱乐传播,更加满足个人的阅读感官。

以阅读印刷品小说为例。最早创造"小说"一词的是《庄子·杂篇·外物》:"饰小说以干县令,其于大达亦远矣。""胡怀琛在《中国小说概论》中说:'小'是不重要的意思,'说'字和'悦'字是不分的,所以有时候'说'字就等于'悦'字;小说从字面意思看,小说即小悦。"③ 随后在报纸、图书出版等印刷形式的催生下,阅读小说成为大众重要的娱乐休闲方式,并流传至今。

印刷技术给人的信息传播带来了巨大的革命,它冲破了区域、语言的束缚,使掌握信息的人实现了一对多的传播。垂直传播模式,是印刷技术生成的。垂直传播不像平行传播那样,是将人推向人,而是以物质的"原子"形态将信息推向人。

---

① 吴志荣.人类信息交流的变革和社会文明的变迁[J].上海师范大学学报(哲学社会科学版),2009(06):67-75.
② 褚金勇.作为变革动因的印刷机:中国近代文人著述出版的观念转型[J].出版发行研究,2019(08):98-103.
③ 姜传领,陈洪.古代小说的娱乐功能考论[J].明清小说研究,2009(03):24-36.

三、电讯技术生成：立体娱乐传播模式

罗杰斯曾说，电讯技术产生的传播方式，是在没有识字需要的情况下，为人类提供了超越识字障碍，跳入大众传播的一个方法。以电讯传播为传播方式的广播和电视，彻底打破了时间空间对信息传递的限制，使信息瞬息万里。①

电讯传播的出现，让娱乐文化向"大众娱乐文化"迈进。比如，20世纪八九十年代，录音机成为音乐传播的重要载体，音乐作品通过"磁带"形式传递给听众，勾连起有共同声音喜好的音乐共同体。年轻人穿着喇叭裤，手里拎着录音机，一路走，一路放歌，传出邓丽君、费玉清、李谷一等歌手的声音。除了录音机，更重要的大众传播工具就是收音机。广播，利用无线电技术，实现了以声音为中枢的信息传播。从1923年中国第一座广播电台建立，声音便以一种最原始、最亲密的编码符号出现，依赖廉价、便捷、传播迅速、移动收听等优点，让广播成为跨越年龄的娱乐必需品。比如，当评书以广播方式流传时，单田芳老先生那句"且听下回分解"成为听众美好的记忆。

电视借助文字、影像、声音、镜头等多种符号进行传播，刺激着受众的听觉、视觉神经，丰富了娱乐传播的途径，带来了娱乐的大众化与商业化。中国国家统计局2006年2月公布的数据显示，中国城乡有5亿台收音机，近12亿广播听众；3.7亿台电视机，近13亿电视观众。《丑女无敌》（2008）、《潜伏》（2009）、《雪豹》（2010）、《乡村爱情故事》（2011）、《甄嬛传》（2012）、陆贞传奇（2013）、战长沙（2014）、《琅琊榜》（2015）等优秀的影视作品促成了有效立体传播。

电影作为影像与娱乐完美结合并带有京剧艺术范式的娱乐形态，从外国传入后，便得到迅速发展。从1906年开始，北京前门外大栅栏的大观楼就有电影院，每晚总是客满。放映电影的地方还有西单市场内的文明茶园、东安市场的吉祥戏园等，随后电影院开始遍布中国大江南北。②改革开放后首部爱情电影《庐山恋》在"庐山电影院"放映四十余年，超过上万场，创造了

---

① 邵培仁.论人类传播史上的五次革命[J].中国广播电视学刊,1996(07):5-8.
② 刘江华,张晋锋.百年电影娱乐眼[M].合肥:安徽教育出版社,2006:13.

"世界上在同一影院连续放映时间最长的电影"的吉尼斯世界纪录。

立体娱乐传播模式,是电讯技术生成的。立体传播不像垂直传播那样,以物质"原子"的形态将信息推向人,而是以"比特"的形态将信息推向人。

四、数字化技术生成:网状娱乐传播模式

以往,传播者积极地将信息传递给受众,受众则被动地阅读、收听和观看,不管这些信息他们喜欢或不喜欢,只能单向接受。然而,在数字传播中,人不再是被动地接受,而是根据自己的爱好和需求主动地去寻找信息、追逐信息。简单来说,数字化改变了大众传播媒介的本质,由传媒"推"送"比特"信息给受众到由受众主动"拉"出想要的"比特"信息。同时,数字化时代的超文本链接,能够让受众畅游在不同的感官世界里,享受着所有大众媒介具备的符号特质。

比如,从传统广播到"播客"。"播客"是网络化技术革命下,对传统广播的传播理念革新。"播客",一方面能使每个人根据个人偏好下载"广播"媒介产品,实现随时随地,任何内容的娱乐消遣;另一方面,在Pod Casting技术的帮助下,只需要一个麦克风、一台电脑,人人皆可成为"广播播者",作为NJ(网络骑士)上传自己的广播秀,成为娱乐产品内容生产的主体。

时至今日,网络直播成为重要的传播平台。网络主播因为某种特质在互联网时代被放大化,满足受众审美、审丑、娱乐、刺激的心理需求,吸引受众注意力。这些主播成为重要的连接节点,通过关注、送礼物、弹幕等方式,将很多原本转瞬即逝的弱关系转化成强关系固定下来,成为具有互联网特色的传播模式。

2009年6月创立的B站(bilibili)从定位ACG二次元文化开始,逐步转型为满足千禧一代成长需求的"学习类"APP。其以UP主为节点,利用有价值的娱乐文化信息,建构了7000多个兴趣圈层的多元文化社区,影响到1.8亿网民用户。UP主与UP主之间、UP主与粉丝之间、粉丝与粉丝之间、文化社区之间衍射出复杂的网状传播图谱。以面对高精知识群体为定位开端的知乎平台,在近年完成转型普惠型内容社区平台后,与超2.2亿网民依靠"知识内容"建立起交互网络。

网状传播模式,是数字化技术生成的。网状传播不像立体传播那样,以"比特"的形态将信息推向人,而是由人自主地将"比特"信息"拉"出来,同时

人就是信息本身。

总之,每一时期的技术革命,都伴生着传播模式的改变,而传播模式的改变又从表及里地改变着我们对社会、文化和经济的新认知,颠覆着我们的生活环境、习惯和气息,并引领未来。但传播技术革命同样带来了不确定性,它将把我们带向哪种未来?新技术会减少社会不平等,还是使之延续或扩大?这些值得进一步研究与探讨。

第二节　建筑空间介质的娱乐传播

每一个时代都有自己的文化传播场域,建筑空间正是特定时期文化传播场域的媒介载体。不同形态的建筑空间通常是不同媒介传播运作的结果,也是不同媒介资源实践的结果。下文选取不同时代的娱乐传播空间代表,如勾栏瓦肆、上海大世界游乐场、以电视为中心的家庭空间、移动的娱乐空间等进行解析。

一、"勾栏瓦肆"空间的娱乐传播

不同于早前娱乐活动要么是特权阶层的独有享受,要么是平常百姓的自娱自乐,勾栏瓦肆以一种商业性专业文艺市场的身份出现。它随着市民阶层而崛起,是以城市集市建制为依托,通过商品形式进行的交易活动。

瓦肆就是百姓说的瓦子,也叫瓦市。瓦的意思,是"谓其来时瓦合,去时瓦解之意,易聚易散也"(吴自牧《梦粱录》)。在瓦肆这个时空里,是时间和空间的统一,在固定的时间里,大量的人群聚集到固定的空间中;随着时间的流逝,人群又从固定的空间中散去。一个瓦肆里会有多个小的场地,这个场地就叫作勾栏,类似于古代的公共剧院。勾栏瓦肆的娱乐空间有其特有的媒介建构和权力资源暗示。

第一,媒介空间建构。勾栏瓦肆是围绕着都市空间形成的。都市空间最大的特点就是人流、物流和资金流的聚集,促进了商业的繁荣、城市的发展、市民阶层的急剧扩大。哪里有人聚集,哪里的娱乐就繁荣。宋代商业繁荣,人口聚集于大都市,如北宋的汴梁、南宋的临安。当时这些都市已成为娱乐空间中心的代表。在这一空间里,人们强调的是"共享",资源共享,情绪共享。达官贵族也被吸引到此,与平民百姓同欢乐,促成各阶层文化的融合。可见,公共建筑空间是特定历史时期的媒介,是娱乐文化传播的有效渠道;是打破社会阶层界限,实现娱乐商业化的途径。

第二,权力资源。勾栏瓦肆的娱乐空间设置上,常用栏杆或布幔隔挡,将表演和观众分隔开。有的表演者在中间,周围设有看台或者不设看台;有的表演者在前面,看的人在下面,有时还会搭建一个台子。观看者上到达官贵人,下到平民百姓共同聚集在此空间。在这样的空间布局中,娱乐的表演者和观众是隔离的,只是在权力资源享用上,达官贵人有更充足的条件坐上看台欣赏节目。在表演的内容及形式上,娱乐生产者或官方拥有更多的控制权:基本是根据娱乐生产者和官方的意愿进行演出。据记载,两宋都城瓦肆勾栏及演出活动由官方统一管理,可见权力主张同样呈现在娱乐场所的建筑空间。

二、"上海大世界"空间的娱乐传播

不游大世界,枉来大上海。上海大世界在中国娱乐史上是一个标志性的建筑空间,也是一种典型"集成体"的娱乐传播模式。上海大世界位于江浜西新街(今延安东路、西藏路口)。在空间设计上,是当时社会时空特性的缩影。上海大世界是由中国设计师周维基和外籍设计师李查士共同设计完成,是中国古典园林和西洋建筑融合的产物:主楼有四层高塔,底层是西式图案,二、三层是中式图案。西方文化的渗入、中西文化的交融在建筑设计上得到淋漓尽致的体现。

在内部结构设计上,采用古希腊圆形剧场的形式,中心场是表演区,天桥(连接底层中心场和各层楼)和回廊是观众席。表演区和观众席构成的观演空间,折射出观演者间的交流关系。同时,圆形剧场的设计,传达出"民主"的氛围,让上流社会和平民百姓能够在同一个建筑空间、不同的场所欣赏自己喜好的艺术。

巴赫金的"狂欢文化理论",在上海大世界这个远东第一游乐场的娱乐空间得到很好的注释。狂欢理论本质是一种反霸权力量、建立自由民主的理想世界。上海大世界建筑空间,除了内设剧场、书场、电影场、商场、餐馆外,还可演出京剧、话剧、昆剧、电影、说书、相声、评剧、杂耍等兼容并蓄的南北技艺。在这个空间里,各种娱乐元素汇聚并传播着,满足了上海复杂的人口结构需求。

当然,这种民主是相对的。上海大世界的娱乐消费仍然是分层次的,既有大众化的娱乐,也有高消费的享受。在"上海大世界"的娱乐消费上,实行一票制,以低价策略吸引大量游客。但是这种一票制是有限度的一票制,大多数游艺项目和演出水平较高的戏剧类项目需要另外收费。经济条件客观限制了娱乐的共享。

三、家庭电视空间的娱乐传播

"爱德华·索雅提出了三个空间的概念:第一空间,是一种具体可感的物理空间;第二空间是精神空间;媒介空间属于第三空间,既包括第一空间的物质纬度和第二空间的精神纬度,同时又超越二者,是一种既真实又虚拟化的关系空间。"[1]

作为日常化住所里的家庭电视空间,是以电视为中心的,所以从接受空间来看,它是物理空间。在物理空间里,一台电视,一个沙发,一家子围坐在一起,构成一个自由、舒适的私人空间。在荧屏前,这种观看的情景为家庭和亲友交流提供了一种以娱乐为主的家庭内小范围分享的社会环境。以电视为中心的家庭空间不仅是娱乐传播形式上的改变,更是内部关系的全新塑造。可以说,电视是一种家庭的艺术。

从媒介空间来看,其中的权力运作更为复杂。一方面,主流思想以"寓教于乐"的方式渗透到电视节目中。比如,《黑猫警长》《小蝌蚪找妈妈》《阿凡提的故事》《大闹天宫》《喜羊羊与灰太狼》这些经典动画片既是一个娱乐品,又是一个宣传片,还是一个商品,是娱乐价值、宣传价值和经济价值的统一体。比如《阿凡提的故事》将"阿凡提"作为智慧的象征,集"聪明""嫉恶如仇""幽默风趣"的品质于一身,用与"贪婪无耻"的贵族斗智斗勇的叙事方式,宣传勤劳、乐观、豁达向上、富于智慧和正义感的精神品质。

当1983年第一届中央电视台春节联欢晚会播出开始,三十余年的播出史透过家庭电视空间,利用除夕特有的时空营造,向受众传递出"家—国"意识形态。在这个仪式传播过程中,通过电视影像传播内嵌"团结""欢乐"

---

[1] 刘宁.电视媒介空间的审美特征[J].中国电视,2013(09):13-18.

的关注焦点,调动共享的"家国情怀"情感状态,引起集体兴奋,进而在行为层面塑造集体记忆。像《我的中国心》(1984)、《常回家看看》(1999)、《国家》(2017)以及每年春晚的结束节目《难忘今宵》都作为一个个媒介符号将影响力由家庭电视空间向更广泛地社会空间衍射转移。

另一方面,家庭电视空间作为商业与娱乐结合的产物,电视媒介产品的使用价值更加多元化,除了受众使用价值和生产者使用价值,广告商使用价值和广告主使用价值凸显。比如,娱乐生产者为了商业利益,在各类选秀节目里,无形中植入赞助商的要求。2005年《超级女声》的商业链条里,蒙牛酸酸乳作为赞助商获利5.5亿元,电信运营商、短信增值、艺人经纪分别盈利900万元、2100万元、7700万元。

因此,在家庭电视空间这一既真实又虚拟化的关系空间里,融入多重市场属性,满足多元主体使用价值,让权力关系更加复杂化。

四、移动空间的娱乐传播

智能手机、iPad等移动设备的普及,让娱乐可以随时、随地、即兴享受。此时,人的娱乐不再局限于固定的实体建筑里,而是在流动的建筑里,在任何一个场景完成自己的娱乐消费。这样的体验是颠覆性的,它改变着娱乐媒介,彻底变革着内含的建构逻辑和权力结构。

保罗·莱文森在2004年出版的《手机》一书中对手机发展做了最乐观的分析。"莱文森认为:人类有两种基本的交流方式:说话和走路,唯独手机使人能够一边走路一边说话,一边走路一边发短信;于是,人就从机器跟前和禁闭的室内解放出来,进入大自然,漫游世界;智能手机的出现更是打破了实体空间和虚拟空间之间泾渭分明的界线。"[①]

移动的娱乐空间,从物理空间层面上,指进行娱乐消费时人所处的地点,它可以发生在任何一个生活场景。拿出移动设备,连接入网,便可在任一物理空间,利用碎片化时间畅游于繁多的移动娱乐项目里。另外,娱乐消费行为已突破物理地理限制,演化为虚拟空间行为。更为重要的是,虚拟空间行为剥离了"沉重"的实体空间里一层层的关系,形塑着全新的关系空间。

移动设备是一个带有情绪和情感的终端,它呈现着个人的状态和思想。

---

① 晏捷.移动互联网的传播互动空间发展现状与趋势分析[J].东南传播,2010(03):21-23.

移动的娱乐空间记录下个人的行为轨迹和喜好偏爱。人们在线聊天,通过移动设备阅读、游戏、听音乐等。技术有其自身的内在逻辑性,平等、自由、开放已经内化在互联网的技术设计之中。我们使用互联网,就要被迫接受互联网的内在建构逻辑性。这种建构逻辑引申而来的是权力的分化与重新分配。个体的人,被赋予了更加强大的力量。比如快手平台的网络红人"本亮大叔",原本只是一个地地道道的农民大叔,因为喜欢唱歌,上传作品到移动空间后引起"发酵"传播,让他在不惑之年意外走红,有了八百万粉丝。这一现象背后折射出移动空间的传播特质,一切源于"注意力"。玉米地、拖拉机乡土场景、本亮大叔农民工的符号身份,对流行文化的独特演绎深深攫取着大众的注意力。

从本质上讲,移动空间就是巨大的注意力交易场所。正如《连线》杂志主编凯文·凯利在《必然》一书中提道:"在信息丰富的世界里,唯一稀缺的资源就是人类的注意力。既然它是最后的稀缺资源,那么注意力流向哪里,金钱就跟到哪里。"[①]在移动空间场域里,权力的根本在于对注意力的争夺。因为注意力是稀缺资源,注意力意味着控制。在网络直播空间里,网红主播就是依靠自己的某种特质吸引受众注意力,进而对受众产生控制,让受众为其点赞、关注、送礼物,进而转化成注意力经济。

总之,不同时代典型的建筑空间,代表着不同的社会时空特性,其无声地诉说着文化传承与变革,呈现出社会结构和权力资源的潜藏运作。毋庸置疑,"空间"从来都不是纯粹物理性、静态性地存在着,而是各种权力运作的基础,亦是权力本身。

第三节　娱乐文化符号的"镜像"传播

娱乐符号作为介质是拉康论述中"镜像"的呈现。拉康在《镜像阶段》基础上,提出了"ISR"学说:"I"指想象界,想象界指人的主观意识,是"理想自我"实现的阶段,处在中间层。"S"指象征界,象征界是指主体在无意识中被他者认定的阶段,位于最上层。"R"指现实界,现实界是客观的存在,处于最底层。

---

① 凯文·凯利.必然[M].周峰,董理,金阳,译.北京:电子工业出版社,2016:189-220.

每一种传播符号,都是一面"透镜",它折射的不仅是客观世界,而是带有主观色彩的"凝视",是现实界、想象界、象征界的融合。也就是说,媒介对信息内容的传播,不只是简单地进行传输,而是对信息内容的一种再现和表征。在这一"镜像"传播中,克里斯蒂娃认为"符号是一种意指实践,不具有封闭性,不是一个具有固定意义的点,符号包含着主体人的种种欲动,具有开放性和意义永不终结性"[①]。由此可见,娱乐符号传播就是娱乐文本、意义的生产过程。

一、从小说到网络小说的娱乐符号形态演变

(一)小说的口头传播方式

在古代多数说书场合,都悬有说明说书内容的图像。所以,面对听众,说书艺人不说"听众""听官",而说"看官"。在说唱的过程中,说书艺人还要借助一定的道具,如鼓子、琵琶、月琴等伴奏,传播方式大都是有说有唱。柳敬亭就是非常有名的说书艺人,他"一日说一回,定价一两,十日前先送书帕下定,常不得空"[②]。柳敬亭将自己的经历、见闻、爱恨情仇融入说书的过程,吸引众多名流的关注。黄宗羲在《柳敬亭传》中评价道:"……每发一声,使人闻之,或如刀剑铁骑,飒然浮空,或如风号雨泣,鸟悲兽骇,亡国之恨顿生,檀板之声无色,有非莫生之言可尽者矣。"[③]

(二)书籍成为小说传播的载体

刻印技术的发明,小说传播不再单纯以说书的方式进行,而是自我的购买和阅读。于是,在中国古代出现了书坊,专卖小说,小说的阅读内容多是英雄传奇、历史演义和公案等类别。明代有个建阳书坊就是一个典型代表,其刻印的"建本"小说广受欢迎,购买和阅读小说成为当时最时尚的娱乐活动。

同治十一年(1872)申报馆创办了一份专门刊载文学作品的综合性文艺期刊《瀛寰琐纪》,刊登了109篇笔记小说,还首刊了中国小说史中第一部连载的长篇翻译小说《昕夕闲谈》。自此,翻译国外小说成为流行元素,到

---

① 孙秀丽.符号实践的前符号态与符号象征态研究——克里斯蒂娃研究之三[J].外语学刊,2009(06):146-149.
② 张岱.陶庵梦忆[M].梵一,编著.合肥:黄山书社,2016:126-128.
③ 黄宗羲.柳敬亭传[EB/OL].[2019-04-21].http://www.kekeshici.com/guji/mingpian/39765.html.

"五四"文学革命前夕,《瀛寰琐纪》被翻译成俄、英、德、法、日、美等近千种语言的小说。

(三)电子技术促成小说传播新渠道

电子技术的发展,收音机成为人们获取信息的重要渠道。当国人拥有的收音机数量达5亿部时,广播也就自然成为小说传播的新渠道。"文革"时期,小说体现出强烈的意识形态。新时期小说则饱含人文主义的情感色彩。自20世纪90年代以来,小说成为文化消费品,作家根据市场需求进行创作,小说语言也呈现出调侃性和感官化的特征。虽然不同时期小说表现方式有差异,但收听和阅读小说仍是传播的主要方式。

(四)互联网催化小说作家与读者的界限

20世纪末,网络小说的出现,更是对传播方式和价值体系的一次全新颠覆。网络文学与传统文学一样,基本功能都是用汉字抒情和叙事,用文字愉悦自己与他人。只是,网络的特质,让每个人都能成为写手,让每个家庭都有可能拥有自己的"作家"。它让文学回归到本能的状态,能够高度自由地进行心灵表达。这也催生了众多现实生活中不同身份与职业的网络写手,培育了更具想象力的文学形式。

二、不同时代娱乐传播符号的"镜像"解读

金庸先生的代表作《笑傲江湖》,从1969年完成至今,在五十余年里,"笑傲江湖"从笔墨到光影再到互联网,这一娱乐文化符号元素被不断沿用和再创作。

(一)文化符号与传播技术的结合

《笑傲江湖》从《明报》报纸的一角连载开始。小说里奇思妙想的武术功夫、性格各异的人物设定、跨越万里的地理风光与《明报》强调"市民趣味""娱乐市场"和"阅读快感"的定位不谋而合,也得到读者欢迎。1975年被结集出版,将"插图"等视觉元素运用到图书产品制作中。20世纪80年代末,徐克以《笑傲江湖》小说为文化原型,先后拍摄了《笑傲江湖》《东方不败》《风云再起》等系列电影。电影叙事的方式与小说原著诉诸文字的叙事不同,是镜头画面的文本再创作。

当电视普及时,以《笑傲江湖》小说为文化符号的电视连续剧又风靡一时。与电影不同,因为电视有较大的传播空间,能用较长的篇幅展现主题而

更容易忠实于原著,得到受众的喜欢。

1999年4月,笑傲江湖游戏网组建并推出国内最早的简易图形MUD游戏《笑傲江湖之精忠报国》。网络游戏《笑傲江湖ol》依赖于金庸武侠题材的光环,对江湖氛围做出很好的诠释。

因为媒介的不同属性,改编作品对原意文本进行了不同的阐释。

(二)"江湖"精神的时代"镜像"

作品的二度创作和对江湖的理解,折射出当时的精神价值观。同时,改编者为了满足受众新的审美愉悦需求,一般会以市场娱乐标准为取向。

范仲淹说:"居庙堂之高,则忧其民。处江湖之远,则忧其君。"在中国传统文化中,"江湖"是社会的底层,象征政治权力统治的边缘。但在《笑傲江湖》中,金庸呈现的江湖却充斥着权力争夺,尔虞我诈,其与传统文化中的江湖含义相悖。金庸在自我解说《笑傲江湖》时,说:"这部小说通过书中一些人物,企图刻画出中国三千年来政治生活中的若干普遍现象。"

当作品改编成电影时,对江湖的理解是"有人的地方就是江湖"。《东方不败》电影中,日月神教前教主任我行曾言:"有人就有恩怨,有恩怨就有江湖,人就是江湖。"这与20世纪八九十年代的商业发展浪潮相符。所谓的"笑傲江湖"就是个人面对江湖的态度,是一种超然与超脱的精神,是豁达不羁的人生观。

于正导演的《新笑傲江湖》就是电视剧快餐化的代表作。其对原著和"江湖"的解读在播出后引起强烈的讨论。有网友批评《新笑傲江湖》:"打着武侠的旗号,用了金庸的名字,上演了言情的剧情,与琼瑶比虐,最后再来个聊斋式结局,和蒲松龄叫板。"[①]甚至主流媒体也发出了批评声,说《金庸剧如何成了"全庸"剧?》,但该剧又成为当年最受关注的电视剧。于正接受采访时说:"与历史事实相比唯美更重要。"在于正刻画的江湖里,"情感"成为核心线索,取代了江湖斗争,认为"情感"才是江湖变迁的要素。这一定位如此意外却又情理之中地得到"90后""00后"的支持。

总之,传播媒介、建筑空间、符号的进化过程折射着时代变迁的"镜像"。不同介质的存在,既是客观的现实存在,也包含着主体的能动性,是深层次的"凝视"和"认同",包含着"想象"和"象征"意义。这就是传播技术与思想变革融合后带来的魅力。

---

① 刘琴.主体间性视域中的文化"拼贴"与文化迎合——以徐克《东方不败》、于正《新笑傲江湖》为核心[J].艺苑,2013(06):47-50.

第三章 娱乐文化的社会时空形塑

娱乐文化需求对于人的天性来说,它是超越时空的,但娱乐文化又是现实生活的再现,它的传承与发展、兴隆与衰败都与时代的社会时空息息相关。娱乐文化行为不仅是人性的需求,更是人与人、人与组织、组织与组织关系的传播载体。不同时代生产力发展的水平不同,在娱乐文化时空里社会关系的建构也呈现差异的形态结构。

娱乐文化的社会时空是一个"共时性"和"历时性"相互统一的概念结构图。从"共时性"横向来看,在某个特定时期,中国娱乐文化具有明显的空间、地域、群体的多样性;从"历时性"纵向来看,中国娱乐文化却有着时间上"惯习"沉淀的结构传承和历史趋向的必然变异。

在自然时间的流逝中,中国娱乐文化变迁值得探究的是其在社会实践范畴内的"社会时间"意义。"社会时间不同于自然时间,是社会现象的内在因素,它对于形成社会行动、社会生活和社会过程具有构成性意义。"[1]那么,从社会时间的视角,娱乐文化的变迁就不仅是随着时间的推移带来的文化发展,而是被嫁接入更大的社会意义。由此可见,每一个时代的文化都与当时的社会生活息息相关,体现着当时历史时期的组织形式、社会角色、态度、价值等。

根据古尔维奇在《社会时间的频谱》(*The Spectrum of Social Time*)[2]一书中,提出的将深度层面分析应用于社会时间的研究框架,发现娱乐文化现象同样是多维度的,是由不同深度层面构成的。当打破结构功能主义封闭、静

---

[1] 景天魁.中国社会发展的时空结构[J].社会学研究,1999(06):54-66.
[2] 乔治·古尔维奇.社会时间的频谱[M].朱红文,高宁,范璐璐,译.北京:北京师范大学出版社,2010:10-14.

态的理论构架,深入检视复杂的、变迁和开放的中国娱乐文化时,色彩纷呈的中国娱乐文化所蕴含的社会意义和价值就会凸显得淋漓尽致。

当然,对中国娱乐文化社会时空的研究,我们无法涉及整个文化变迁和社会发展的方方面面。因此,选取四个有代表性的阶段进行研究阐述。第一阶段是春秋战国开始到清朝的古代时期;第二阶段是鸦片战争后到新中国成立前的近代时期;第三阶段主要围绕改革开放三十年的娱乐文化;第四阶段则是网络时代下的数字娱乐文化。

第一节　古代社会时空的娱乐文化特征

据司马迁所著《史记·苏秦列传》记载:"临淄甚富而实,其民无不吹竽鼓瑟,弹琴击筑,斗鸡走狗,六博踏鞠者。"古代娱乐虽不算浓墨重彩,却也是丰富多彩,蹴鞠、杂技、歌舞、戏曲等,都是从古代演变而来,至今仍然影响着人们的娱乐生活。但拨开千年历史的烟云,探视古人的娱乐生活,我们清晰地读到在皇权时代等级制度下,人们追求欢愉的权利是不平等的,但是追求娱乐的天性却是本能的。具体呈现出以下特征。

一、追求不同娱乐方式的社会阶层差异

在等级森严的古代社会,对于帝王以及权贵们来说,在无上的特权之下,娱乐的条件机会无处不在;而对于劳作大众来说,只能适时地享受娱乐带来的欢愉。

在君权时代,权贵阶层拥有更多的时间和条件享受欢愉,发展娱乐文化行为,"博戏驰徒之徒,皆富人子弟,非不足者也"(桓宽《盐铁论·授时》)。官方和上流人士的娱乐行为虽然是民间社会追逐的标签,但是并不是所有的娱乐方式普通百姓都能有缘消遣。比如,击鞠就是唐代社会上层的娱乐时尚,好似现代的马球运动,这项运动具有明显的贵族属性,需要专用场地和良驹健马,一般的老百姓是玩不起的。阎宽的《温汤御球赋》中就描写道:"广场惟新,扫除克净,平望若砥,下看犹镜。微露滴而必闻,纤尘飞而不映。"

另外,上流阶层由于权力、财产的优越性,其世族子弟有更多的条件接受文

化艺术培养,也更加追求娱乐文化的品味。汉朝时许多世族子弟自幼便受到优良的弦歌妙舞的熏陶,而平常百姓并没有得到这样的文化艺术培养。比如,清代旗人崇尚善于学习的精神,八旗子弟都接受了正规的、系统严格的文化艺术培养。由此,在八旗子弟中诞生了许多优秀文学作品,享誉四海。

二、娱乐资源下移的大众消费市场萌芽

古代娱乐的历史进程就是一个重心和资源由小众到大众,由上层到遍及全社会的过程。宋代就是社会文化娱乐格局的转折期,社会娱乐资源进行重新配置,娱乐服务的重心和受众大幅下移。无论是经典建筑,还是固定的娱乐场所,都留下古代娱乐文化发展向下转移的重要印记。

曲江,是唐代长安的一个文化符号。我们所熟悉的杜奕的《忆长安》一诗中,就将情境指向曲江:"忆长安,三月时,上苑遍是花枝。青门几场送客,曲水竟日题诗。骏马金鞭无数,良辰美景追随。"曲江溢满了人们的欢愉。"曲江宴"则是另一盛举,那是新科进士们共庆荣光的喜宴。"及第新春选胜游,杏园初宴曲江头"(刘沧,《及第后宴曲江》),形成一场以新科进士为中心的大众狂欢会。

元明清时期,社会文娱资源的大众化更为凸显。官方、上流人士的娱乐行为不再是民间大众追捧的标杆。元曲就是其中一个突出代表,作为俗文化、俗文学的代表,替代了情致高标的雅文化,占据了社会文化的主流地位。元曲是草原文化,源于民间。元曲语言鲜活灵变,有大量口语、俚语加入,风格质朴,表达了大众的情感和人生观念,深得民心。戏曲娱乐的自娱情景风气,造就了乡民们自发参与学戏演戏的戏曲活动。

听书则在明代成为百姓重要的娱乐方式。这种娱乐文化形式,由于贴近大众,催生了茶馆、戏台等娱乐公共空间在明代遍地开花。这些场所设有书场戏台。说书场,"常不下数百人"。清人《韵鹤轩杂录》中有一首《听说书》诗:"举业无心贸迁懒,赶到书场怕书晚,经旬风雨未曾辍,要听书中紧关头。"这足以见得茶馆已深入人们的生活,到茶馆听书成为最时尚的文化。

戏台,多与寺庙和庙会相结合,乡村神庙多建有戏台,是明清时期最重要的文化标签。到了清代,戏台走进茶馆,让社会大众更方便接触这一娱乐形式。晚清京城重要的戏园有三十余家,听戏每日高达数万人。《成都通览》记载,当时成都的茶馆,"省城共计四百五十四家",为此"成都人故好观剧"。

宋代瓦肆勾栏最具代表性。瓦肆内分列为不同的演出场所，每一处场地用栏杆分隔，称为勾栏。勾栏演出是专业性极强的表演，其观众容量不亚于现今的大型剧院，如开封的"中瓦子莲花棚、里瓦子夜叉棚"，可容数千人。演出场场相接，日夜运转。瓦肆勾栏的出现，代表着娱乐文化主要为少数上层群体服务的历史的终结。瓦肆勾栏适合市民文化的趣味，成为社会大众的娱乐"俱乐部"和文化娱乐集散市场，并催生了大众娱乐文化消费市场的萌芽。

翻开中国古代娱乐史，惊喜地发现不同朝代的生活态度、社会形态、价值观念都深深影响着娱乐文化的社会时空形态。虽然由于权力、财产的差异，不同社会阶层的娱乐方式出现多极分化；但大众娱乐因其娱乐性强、贴近日常生活，在上流社会和平民百姓间都具有很强的号召力，从而打破娱乐文化分层的社会体系限制，实现雅俗娱乐文化融汇。

特别值得强调的是，有些娱乐活动，由于皇权阶层的推动，原来服务上流阶层逐步推广到市民阶层，成为古代文化格局变迁的重要转折，进而对社会大众娱乐消费市场萌芽的培育，产生绵延持续的影响。

第二节　近代社会时空的娱乐文化特征

晚清以后，鸦片战争打开了国门，中国开始了半殖民地半封建社会的历史进程。西方资本主义娱乐文化的输入，与本土传统娱乐文化的都市化演变交融在一起，催生了近代社会新式娱乐文化。与清末以"茶馆"为核心形成的传统娱乐文化不同，进入19世纪二三十年代，看展览会、魔术、马戏、歌舞剧、电影；读报纸、杂志、科普读物；看竞技比赛、足球赛充实着百姓日常娱乐生活。这一阶段，一方面，中国娱乐趋向多元化、商业化、大众化的特征更加显现；另一方面，大众娱乐的发展促进了都市公共空间和新社会结构的形成。

上海是近代中国娱乐文化变革的重要观测点。外地来沪游客把享受上海的娱乐生活作为到沪旅游的主要目的之一。号称"东方巴黎"的上海不仅是中国最大的港口和通商口岸，更是中国娱乐文化变迁转型的前沿阵地。伴随着工业化经济发展的上海娱乐文化，经历了传统娱乐文化与西方娱乐文化从冲突到融合的过程，也见证了传统娱乐生活如何逐步形成新型都市娱乐文化的历程。下文以上海为例子，解析近代娱乐文化的发展特征。

一、都市公共媒介与娱乐文化商业兴起

鸦片战争后,随着新型资本主义工商城市相继出现,人们从田野生活向城市生活过渡,中国开启了工业化的历史进程。近代娱乐发展与中国工业化进程息息相关,其中,都市公共媒介有力地促进了娱乐文化商业化,成为中国都市化进程中的重要标识。

首先,娱乐文化商业化表现突出。1917年,由黄楚九兴建的大世界就是文化商业一体化的代名词。以"中国第一俱乐部"为标榜的大世界做到雅俗共赏,不同阶层的人都找到了能够让自己放松身心的场所。低廉的票价,让底层市民也能享受欢愉,只要买一张门票,就能从白天玩到深夜。

其次,商业广告开始萌芽。19世纪二三十年代,上海各类大众传播媒介中充斥着大量广告。"据上海市公用局统计,1932—1934年公共场所正规广告牌,面积接近4000平方米。"[①]商业广告成为文化商业化很典型的一个特征。

最后,商业报刊、商业广播电台如雨后春笋般出现,助力文化商业化。举例来说,良友图书印刷公司于1925年创刊于上海,把艺术与娱乐作为商业定位,以"出版领域的新时代之创造"自诩。除了我们熟知的《良友》画报外,还赞助了其他杂志,包括第一本电影月刊《银星》、艺术周刊《艺术界》、现代女性杂志《近代妇女》,世界体育季刊《体育世界》。细分化的读者群体定位,以"成为读者日常生活亲密伙伴"的产品定位,凸显出良友图书印刷公司的商业运营战略。

二、西式公共娱乐空间与新消费观念形成

在中国城市化的进程中,坐落于上海外滩的银行和办公大楼、饭店、教堂、电影院等象征着西方物质文明的各式建筑,述说着社会转型中的中国。这些西方空间建筑,冲击着国人的视觉。上海人对西方现代性的物质形式的接受,明显遵循一个典型步骤:初则惊,继则异,再继则羡,后继则效。以至于部分上海人把追逐西方的生活方式作为一种时髦。

在中国近代娱乐文化市场的变迁中,出现两个典型的现象:第一,西方现代商业文化冲击并快速融入中国传统娱乐文化海洋;第二,传统娱乐生活

---

① 上海市市政报告(1932—1934)[M].上海:上海汉文正楷书局,1936:85.

倾向都市化,促使娱乐消费市场形成。上海开埠后,传统娱乐场所繁荣发展,呈现出都市化趋向。"新舞台"取代了传统戏场,西化的舞台设备冲击着国人的眼球,杂技、魔术、歌舞更是将西式娱乐淋漓尽致地涌向国人[①]。

在娱乐场所方面,除去本地戏院、饭馆和茶馆,电影院、戏院、舞厅、公园为中国居民提供了除传统之外的娱乐休闲方式。到1936年,上海有超过三百家卡巴莱(Cabaret)和娱乐场所。公园也是中国百姓喜爱的娱乐场所。

三、多元娱乐文化与新生文化结构共生

上海在20世纪20年代进入现代化的转型期,多元社会结构凸显。通常情况下,官僚、绅士、资产阶级被划为社会上层,拥有更多的社会资源和经济资源;由职员、专业技术人员、从事教育文学创作等类的知识分子及自由职业者构成中间阶层,成为一股新的社会力量;社会下层是工人及苦力等。基于社会财富、社会权力、享受教育程度上的差别,也让多元化的社会结构呈现出多元化的娱乐文化特性。

1.市民社会形成多元文化

这种多元化不仅满足了多元社会群体的不同文化需求与审美情趣,而且促进了来自多元的文化源流与结构,多元世界文化、不同地域的中国文化因子逐渐融汇,形成一种多元并存的文化形态特征。

当时,戏剧种类就极多,既有高雅的话剧、舞剧、歌剧,也有各种地方戏,吸引着不同层次、社会阶层的人观看。电影也是丰富多元。根据《中国电影年鉴》(1935—1936年)记载,1936年上海38座电影院放映的数百部影片中,既有外国的,也有国产的,影片类型有言情、武侠、警匪、生活、教育、儿童片等,满足不同观影群体的需求。

同时,各类展览满足了多元文化需求。根据《上海市年鉴:1936年(下)》记载,1935年上海各类正式登记的展览会多达51个,既有画展,也涉及建筑、摄影、美术、文物、钱币、瓷器等。

2.从精英化向大众化转变

从精英文化向大众化倾斜是这一时期重要特征。20世纪二三十年代上海大

---

① 贾伟.冲突与融合:近代上海娱乐文化的现代性思考[C]//孙逊.都市文化研究(第7辑)——城市科学与城市学.上海:三联书店,2012:11.

众传媒极为发达,形成巨大的大众文化海洋。同时,电影、广播、戏剧也更加贴近生活,大众文学、大众报纸、大众戏剧、大众音乐、大众美术、大众电影等成为热词。

在印刷刊物中,娱乐类刊物也很丰富,有上海《申报》发行的《影戏丛报》、妇女周刊《玲珑妇女图画杂志》、电影杂志《银星》,等等。《良友》就是非常具有代表性的一份画报,其在内容选择、封面刊登、广告宣传上都有明显的大众化倾向,也呈现出摩登生活的都市口味。

第三节 改革开放社会时空的娱乐文化特征

改革开放以后,中国社会面临从计划经济体制向社会主义市场经济体制转型的历史任务。在改革开放的大浪潮中,思想变革的涌动促进文化格局发生重大重组和急速的变迁。娱乐文化也呈现出新的发展态势,追求个性解放成为新的文化特征。

一、"个人主体"思潮与娱乐空间结构多元化

20世纪70年代末,中国已经变成了一个新兴的以工业为主导的国家。伴随着现代化进程,追求个人解放成为文化的中心。正如李泽厚在《批判哲学的批判》一书中提道:"个体存在的巨大意义和价值将随着时代的发展而愈益突出和重要,个体作为血肉之躯的存在,随着社会物质文明的进展,在精神上将愈来愈突出地感到自己存在的独特性和无可重复性。"[1]尤其是在20世纪80年代,人们迫切地想要证明"自我个人"存在的精神性要求。一条牛仔裤、一副"蛤蟆镜"都在表达自我主张,意味着从精神上摆脱束缚。

"伤痕文学""反思文学"建构着20世纪80年代的语境,娱乐文化成为追求个体精神独立的诉求。为表现对过去"伤痕"痛苦的记忆与反思,许多文学作品都以对个人命运的叙述为对象,渴望人性的解放,如《伤痕》《班主任》等。同样,以《巴山夜雨》为代表的浪漫主义个性化的倾诉,也充分反映了中国"第四代"导演对"个人主体"思潮的向往。

---

[1] 李泽厚.批判哲学的批判[M].北京:人民出版社,1984:434.

进入20世纪90年代,大众文化进入黄金时代,它从精英文化和主流文化中分化出来,形成"主导—多元"的发展态势。"主导—多元"指在当代中国文化的整个有机系统中,既有偏重于意识形态部分的主旋律文化,又有多元的、多样的精英文化和大众文化成分。在多样化的文化中,值得一提的是精英娱乐文化和大众娱乐文化。精英娱乐文化(严肃文学、高雅音乐等),又称高雅文化,是由专业知识分子创作和传播的。大众娱乐文化则是一种都市化、商业性、娱乐性的民间文化,如流行音乐,武侠小说、言情小说等文学作品,武打片、情景剧、搞笑剧等影视作品。

聚焦20世纪90年代流行音乐市场,明显的改变就是从20世纪80年代以革命或主旋律歌曲为主过渡到多元文化并存。不同于20世纪80年代盛行《军港之夜》(苏小明)、《在希望的田野上》(杨淑清)、《年轻的朋友来相会》(谷建芬)、《长江之歌》(季小琴)等歌曲曲风,20世纪90年代流行音乐市场呈现出大陆、港台、欧美韩流行音乐多元交错的格局,各分市场都有自己的受众群体。大陆流行音乐以《千万次的问》(刘欢)、《干杯朋友》(田震)、《小芳》(李春波)、《祝你平安》(孙悦)等作品为代表,逐渐摆脱宏大叙事方式,回归关注人的情感,对生活的感悟,对爱情、亲情、友情的珍视;港台音乐如《大海》(张雨生)、《海阔天空》(Beyond)、《姐妹》(张惠妹)、《红豆》(王菲)等在青年群体中传唱度极高;后街男孩、林肯公园、HOT等欧美韩歌手也都有自己固定的受众群体。可以说,基于流行音乐对时代极强的洞察力,其作品也呈现出"个人主体"思潮与娱乐空间结构多元化特征。尤其是个体价值的追寻,催生出"民谣类""摇滚类"歌曲。如老狼演唱的《同桌的你》作为校园民谣歌曲的代表,给音乐市场带来一缕清风,也获得多项音乐大奖。崔健、许巍、窦唯、郑钧的作品在大陆刮起了摇滚之风。唐朝乐队首张专辑《梦回唐朝》卖出200万张,这在缺少媒介产品市场化运作和互联网推动的环境下实属难得。

总之,大众文化由于贴近市民需求,在商业化的社会中基本占据了各大传媒,进而使大众娱乐文化的影响力超出了人们想象,并随着传媒发展而迅速扩张并主导文化新格局。

二、电子媒介与大众娱乐文化产业化

20世纪90年代后,大众文化成为主导娱乐文化的新结构,精英文化不再处于文化中心。大众文化之所以能崛起,与电子技术成为新的传播模式是密不可分的,特别是电视的普及。尼尔·波兹曼认为,电视具有娱乐性……电视有时甚至是让人们高兴的一个理由①。可见,电视将娱乐的观念放大化,取得良好的传播效果。从1983年推出至今的春节联欢晚会,就是把中国传统庙会多元化融合的娱乐内容及形式搬到了电视荧屏上,成为承载重大人文意义的大众娱乐产品。

电视娱乐综艺节目的出现也是典型的例子。1998年年末,湖南卫视的《快乐大本营》的栏目风靡全国后,各电视台也推出《开心辞典》《幸运52》等电视娱乐节目。20世纪90年代中后期,中国电视进入以"产品"为主导的阶段,节目娱乐化的趋向更加明显。特别是引入国外的"真人秀"娱乐模式,让受众参与娱乐互动,开启了大众娱乐的黄金时代,如湖南卫视的《超级女声》、东方卫视《我型我SHOW》、浙江卫视的《中国好声音》。

在整个大众娱乐产业化运作过程中,最突出的特点就是市场细分化策略的执行。由于传媒业竞争的加剧,娱乐文化市场逐渐认识到贯彻受众本位、坚持市场导向的重要性。比如,1997年开办的《快乐大本营》作为中国综艺娱乐节目的领头羊,至今已延续20余年。这档节目依靠明星效应,定位于传播"快乐"的理念,在全亚洲观众心中都有一定影响力。

三、消费主义浪潮与娱乐文化完全商业化

随着市场化、产业化、全球化观念的渗入,消费主义成为一种生活方式和价值观念,中国人的消费与生活方式日益被享受和自我发展型所取代。在消费主义浪潮下,在电影领域,中国电影作品开始借鉴美国圣诞档期和香港贺岁档期的经验,主打"贺岁片"。比如冯小刚的《甲方乙方》精准把握了当时中国人的心理,把幽默的语言和有趣的情节结合,以实现梦想为主体,获得了巨大的成功。高成本投入、高票房收益是另一个重要标签:中国电影向"好莱坞"式大片发展,如张艺谋的《十面埋伏》。

进入20世纪80年代,电视剧随着技术设备的发展,逐渐从小电影蜕变成为一种独立的艺术品种。电视剧快速成长,走在了市场化前列。据不完全统计,2002年,中国民营影视剧制作,80%是由民营资本投资的。从第一部电视连续剧《敌营十八年》推出至今,电视剧作为重要的娱乐文化产品,其发

---

① 尼尔·波兹曼.娱乐至死[M].章艳,译.广西:广西师范大学出版社,2004:101-106.

展过程与消费主义浪潮的掀起密切相关。

1986年版《西游记》作为央视出品的精品电视剧,造就了89.4%收视率,重播次数超过3000次,沉淀为几代中国人的集体记忆。1993年播出的《新白娘子传奇》首创将电脑特技以及边唱边演的形式融入电视剧中。1998年播出的《还珠格格》同样创下收视奇迹,"帝王后宫故事""家庭伦理剧情"和"喜剧元素"这些符号特征正符合观众对电视剧娱乐化的需求倾向。

第四节 网络社会时空的娱乐文化特征

在"文化+科技"的浪潮中,娱乐与互联网新媒体实现深度融合,丰富着人们日常生活的空间与时间,并且潜移默化地影响着人们的思维方式、审美习惯以及价值观念。随着新媒体技术的发展,数字化娱乐传播逐渐成为人们娱乐与社会交往的主流模式。同时,移动互联网技术的应用为娱乐产业发展创造了无限的消费潜力。

一、融入互联网基因的娱乐内容再造

当娱乐与互联网相互拥抱,娱乐的内涵和广度都被重新阐释。3D技术、多媒体互动等信息通信技术革命彻底颠覆了娱乐活动的内容和方式,使得娱乐文化产品的内容生产和再生产、消费和再消费呈现出全新的特点。

第一,打破传统媒体限制的娱乐内容创造。视频网站内容创造打破传统电视台的垄断,网络自制剧和网络院线成为互联网文化内容生产的主力之一。如搜狐的《屌丝男士》系列、优酷的《万万没想到》都得到粉丝的热拥。优质网络自制节目的播放量已让许多传统电视节目望尘莫及。"腾讯自制节目《你正常吗》上线三日点击率即突破3000万,爱奇艺自制综艺节目《奇葩说》第一季创造总播放量破2.3亿的成绩。"[1]

在内容创造上,更加强调互动元素和模式的原创性。比如,脱口秀类节

---

[1] 常雄飞.资金、人才、眼球流向网络自制综艺——数亿点击率动了老"综艺"的奶酪[N].四川日报,2015-04-10(10).

目由《晓说》《大鹏嘚吧嘚》等"单口相声模式"转型至以《奇葩说》《吐槽大会》等为代表的"集体狂欢模式"。《奇葩说》受众定位年轻群体,制作团队也由"90后"组成,在节目策划时通过大数据选取热点话题,在多人观点碰撞的节目编排模式下形成对主流观点的解构,迎合青年受众追求自我的个性表达。

网络传播模式的娱乐内容生产与消费。在网络时代,娱乐内容产品的传播者与受众之间的界限日益模糊。一方面,网民已成为互联网内容产品的重要生产者,原创音乐、微电影、视频、网络小说大量涌现,草根网民显示出巨大的活力。另一方面,网络公司、传统媒体和各种专业制作公司也通过网络内容了解资讯、寻找素材,也可称之为受众,传受合一成为内容生产消费过程中突出的特点。

同时,娱乐内容生产与消费逐渐"合一","数字劳工"成为典型现象。蒂齐亚纳·特拉诺瓦(Tiziana Terranova)在《网络文化:信息时代的政治》一书提及:"免费劳动(free labor)是数字时代文化工业的主要劳动形式,它依赖于粉丝的兴趣和用户生产内容(UGC)。"也就是说,我们的受众在消费娱乐内容的时候,也在充当免费生产力,或是主动传播内容,或是对内容进行再创造。尤其在娱乐粉丝经济产业链中,粉丝被塑造成产业链中重要的一环。比如,爱奇艺自制节目《偶像练习生》将造星过程立体化地呈现在镜头前,将权力让渡给受众,让受众不再是造星的旁观者而是参与者、传播者乃至决定者。

二、社会关系增值创新娱乐商业模式

谁拥有新的商业模式,谁就拥有未来。网络社会空间的形成,建构了新的社会关系,从而为娱乐文化市场创新出全新的商业模式。

第一,网络营销成为娱乐产品营销主战场。《失恋33天》仅仅凭借900万元成本却赢得了3亿的票房,它的成功正是依靠多样化的互联网营销模式,不断创作话题,在粉丝中建立口碑,形成新营销模式。网络院线方面,爱奇艺提出"网络大电影"概念。根据爱奇艺提供的数据,爱奇艺票房分账机制一年就吸引近300多部网络大电影,全年票房达5000万元。

基于社会关系的社会化营销成为新的娱乐推广模式。在传统娱乐营销模式里,往往是依靠广告或公关策划,把内容投放至传媒平台影响受众。但是在互联网营销时代,有效营销方式已经发生改变。一是,投入传播平台的内容变成一颗有生命力的"种子"。这颗种子是一定的话题包裹在一定形式（短视频、文案、表情包、图片等）下通过大数据推送至传播平台。进入传播环节后，种子的生命力开始呈现，种子会出现扭曲变形和再塑造，形成多样化的UGC生产内容。二是，传播过程不是由传播媒介平台输向受众，而是网状化结构，媒介与受众都是以"节点"方式存在。

比如《创造101》选手"王菊"的走红正是踩中了互联网社会化营销的大众狂欢。"王菊"与传统女团差异化的形象形成热点话题，并通过表情包、短视频等形式包装成"种子"，利用大数据投放至《创造101》的种子用户（关注内容并有意愿主动传播的群体）中，促成种子用户对传播内容的再传播和再生产。

"娱乐＋电商"成新宠。2014年年初，手机淘宝喊出"3月8日马云请大家吃喝玩乐"的口号，他们除在八大城市的200家影院销售每张仅售3.8元的200万张影票外，还在万达院线推出3.8元电影票抢购活动。百度糯米打出"女生节宠爱全国女生"的标语，每张票售价仅3.7元。

到2016年，"娱乐＋电商"最直接的产物就是直播带货，催生出以薇娅为代表的一批网红直播主播。时至2020年，根据数据显示，中国在线直播用户规模将达到5.5亿人，其市场规模逼近9610亿元[①]。直播带货正在产生巨大的经济价值：央视主持人康辉、朱广权、撒贝宁、尼格买提组成"权来看看，撒开了买"组合，直播3小组卖出5个亿；薇娅在2019年"双11"创造了30亿元的惊人"带货"量；网红张大奕旗下公司成为网红电商第一股如涵于2019年4月在美国纳斯达克挂牌上市。直播正在和传统产业实现深度融合，赋能"直播＋文旅"、"直播＋扶农"、"直播＋电商"等产业。

三、"用户情感共鸣"承载泛娱乐生态形成

以"知识财产""IP"（Intellectual Property）为核心的娱乐生态圈正在形成。2005年，IP概念从网络文学领域开始进入中国视野。在传统认知里，我们习惯把网络文学作品衍生到图书出版、电视剧、中文广播剧、网络游戏等领域看成是基于IP的泛娱乐生态。在这一泛娱乐生态圈中，除了有文学、动

---

① 前瞻经济学人.2020年中国直播带货行业市场现状和发展前景分析直播带货成电商新动力[EB/OL].[2020-05-08].https://zhuanlan.zhihu.com/p/138902929.

漫提供丰富的原创IP资源,有影视作为放大器,更重要的是有成倍增长的粉丝支持,才能使IP成为娱乐文化最佳变现渠道。

比如桐华所著的《步步惊心》就是一个高转化率产品:2005年在晋江原创网连载,2006年图书出版,2011年翻拍成电视剧、中文广播剧,并制作同名休闲游戏《步步惊心》。2012年话剧版由上海话剧艺术中心青年演员重新演绎。

当下,我们对IP的认知在娱乐产业领域更加宽泛化,能吸引流量的互联网娱乐应用、娱乐自媒体账号、网红主播、娱乐内容形象等都被理解成IP。比如,李子柒从农村姑娘到个人品牌IP化,靠的是"东方美食生活家"这一独特的形象定位,并以"美食文化""乡土生活"的符号标签,以及有效的短视频内容传播聚集起4177万抖音粉丝,超2700万微博粉丝。同时,李子柒的个人符号被上升至"山水田园梦"的文化符号,打通人类对美好生活的共通向往,实现中华文化的海外输出。在这一案例里,我们可以看出情感共鸣才是IP传播最核心的元素,它承载着用户在心理层面对产品的认可。

当然,优秀IP带给受众的不仅是某个文化产品,而且是一种情感寄托,抑或是文化认同,它能在价值观上和受众产生情感共鸣,能给特定圈层带来仪式感和参与感。比如,虚拟歌手洛天依精准定位二次元文化圈层,在人设设定上突出情感元素,在官方设定时把与人类的"共鸣能力"作为重要元素(共鸣能力指洛天依能感受并且读出人类内心所藏着的"心中歌声"的能力)。洛天依拥有上万首原创音乐作品,还举办过万人全息演唱会(票价380~1580元不等),给粉丝群体形成特定圈层。

第五节　变与不变:娱乐文化的社会时空解读

在社会时空转换中,我们看到了在皇权等级森严的古代,娱乐天性促使人们不断突破限制,追求愉悦感;在西方文化和传统文化交融的近代社会,商业化、多元化、大众化娱乐得到启蒙;在市场经济浪潮下,消费主义带来娱乐文化的全面繁荣;在互联网世界里,娱乐找到了全新的依附因子,焕发出不可估量的潜质。在整个娱乐文化的沉淀中,有许多变革,也有一直贯穿始终的"娱乐"本质。

一、娱乐之"变"

当从时空社会学的基本观点出发,以人、社会时空、传播技术为观测点,对传播模式进化过程进行考察时,发现文化传播大致经历了"平行传播""垂直传播""立体传播""网状传播"这四大基本传播结构形态。这四大形态简单化地展现出人与人、人与时空、人与信息的关系(见表3-1),也预示着未来社会结构和文化结构的发展方向。

表3-1 四种传播模式的形态分析

传播模式	人 (人与人关系)	社会时空 (人与时空关系)	传播技术 (人与信息关系)
平行传播	以"人类"无差异统称 以"血缘"为纽带	原始生活主导的、聚族而居的、血缘关系的、"大同"社会的	以身体和工具为载体
垂直传播	以"阶级"划分	农业主导的、小社区的、神圣的、封闭的、固定的	基于印刷技术,以物质的原子形态呈现并传递信息
立体传播	以"类群"归结	工商业主导的、大社区的、世俗的、开放的、弹性的	基于电讯技术,以"比特"形态传递信息
网状传播	以"集群"集合	人的关系主导的、全球的、自由的、流动的、虚拟现实的	基于数字技术,人与信息是一体的

以"同"为核心,是远古时期人与人之间关系最重要的写照。在生存压力下,人类聚族而居,共同劳动,共同收获,共同愉悦,共同生存。此时,人与人之间并没有阶级、等级差异,而是以"人类"作为统称,对财富与成果平均分配。在这个"大同"社会的时空里,由于个体力量单薄、信息匮乏,人类间的互动交流依靠面对面的在场交流进行。这种在场交流依靠身体和工具作为媒介,在人与人的互动与信息传递中,形成水平传播。同时,无以计数的水平传播又形成平行传播的模式图景。之所以用"平行传播模式"加以描述,是因为由于远古时期人类活动范围的地域限制,不同群落间的信息交流往往如永不相交的平行线,在有限范围内水平传播。

农业革命,增强了人类的生存能力。自给自足的小农经济,开启了由野蛮时代向文明社会进化的历程。人类摆脱远古时代的迁徙生活,开始了定居生活,在小社区的、封闭的、固定的时空里生产、生活。此阶段社会时空设置的特征在于:在社会时间上,古代人用具体的社会活动或可观察的现象来标志时间,形成了农耕生活的时间观,养成了稳定和谐、知天乐命的价值观;在社会空间上,人与人之间在权力与资源的再分配后,形成了等级森严的垂直体系。天子"九命",庶人无"命"。人以阶级为标准,被划分为不同的等级。社会资源按照"命"的等级分配,信息资源也往往掌握在上层阶级手中。

工业革命,拓展了人的体力,形成了以工商业为主导的、大社区的、世俗的、开放的、弹性的社会时空设置。到20世纪70年代末,中国已经是一个以工业为主导的国家。以"钟表"为重要隐喻是现代工业社会的社会时间标志,极大改变了人的思想观念和生活方式。社会结构也发生了深刻变化:农民阶级分化,规模缩小;工人阶级分化,规模扩大;知识分子阶级分化出私营企业主、个体工商户、经理人员等新社会阶层。社会分层多元化的发展,让人与人之间逐渐以"类群"归结,体现出"物以类聚、人以群分"的逻辑。

数字技术引发的信息革命,已渗透到社会的各个领域,互动、分享、体验成为关键词,社会时空设置呈现出以人的关系主导的、全球化的、自由的、流动的、虚拟现实的特征。数字化生活成为现代社会人的生存标志。人们的交往行为,被网络技术彻底颠覆,从传统的面对面的在场交往向隐匿了身体存在的缺场交往转变。此时,人是以"集群"集合的,并且作为一个个"节点"存在于社会空间里。

通过以上归纳,可以看出娱乐之变可以概括为技术变革、娱乐"智慧"传播模式的变革、娱乐受众从群体到"个人"的异化以及娱乐经济模式变化。

第一,技术变革。我们对"科技改变人类"这样的命题已烂熟于耳。显然,技术发展同样是推动中国娱乐文化传播变革的核心力量。尼葛洛庞帝在《数字化生存》一书中提出了信息DNA是包含"比特和原子"的差异:"像报纸、杂志和书籍这样的大多数信息是以原子形式散发的,需要依靠联邦快递、自行车或步行,把原子从一地送往另一地;比特是以光速传播,在信息高速公路上被数字化的基本粒子。"①娱乐传播的世界也因此改头换面。像音乐磁带、录像带等娱乐"原子"就受到强烈的冲击,逐渐淡出市场。

第二,娱乐"智慧"传播模式的变革。起初,娱乐的享有要依赖于娱乐信息或娱乐资源的提供方,传播者决定一切,也就是娱乐的"智慧"来源于传播者。成千上万的接收者只能接到什么算什么,并且在相同的娱乐产品中,获得相近或大相径庭的娱乐体验。到了网络时代,以比特为单位的信息传播,

---

① 尼葛洛庞帝.数字化生存[M].胡泳,范海燕,译.海口:海南出版社,1997:1-12.

打破了传播者的垄断地位。用尼葛洛庞帝的描述,此时智慧既来源于传播者,也蕴藏于接收者中。一种情况,娱乐传播者会根据接收者的个人特质,依靠"智慧"筛选出符合要求的一组比特供接收者享用。另一种情况,传播者发出大量的比特,依靠接收者的"智慧"进行选择。接收者进行二次"智慧"选择,也就是变成娱乐的生产者、传播者,让娱乐传播内涵更丰满、更接地气,进而更富有"智慧"。

第三,娱乐受众从群体到"个人"的异化。从远古时期起,娱乐就是人类集体社会生活的产物,大多数是集体化行为。到了大众传播时代,娱乐覆盖面越来越大,从群体传播变为大众传播。时至互联网时代,受众往往被看成"个人",而非毫无差异的群体对象。于是,网络传播变成"个人再造"。

第四,娱乐经济模式变化。工业时代就是原子时代,它要求每个人在任何特定的时间和地点,以标准化方式,服从于重复生产,这种机器化大生产不仅带来了集约观念,也带来了规模经济的形态。此时,大众传媒追求的就是规模经济及其带来的经济利润。而在互联网时代,受众日益多元化,难以依靠一个娱乐产品实现规模经济而带来利润增收。"窄播"成为主流。

二、娱乐之"不变"

第一,追求愉悦的天性不变,甚至更加凸显。根据英国心理学家丹尼尔·伯来的一个实验,认为愉悦是一种确定性相关很高的情绪,也就是当一个事情简单、稳定和确定的时候,我们就会感觉到愉悦。这也是为什么娱乐消费能给人们带来愉悦之感。对愉悦的追求是人天生之本能,从古至今从未改变。随着当代生活压力的增大,对娱乐的追求有增无减,这也正是为什么学者感叹这是一个"娱乐至死"的年代。

第二,符号的传承,源于生活的"旧酒"装入新的传播"新瓶"。无论技术怎样发展,很多娱乐内容只是更换了传输介质。文化元素被不断地重复运用,被包装入新的载体中。如小说被制作成网络游戏,电影从2D翻拍成3D及改编成电视剧,等等。

第三,人、传播技术、社会时空三者间的互构机制推动着传播模式演变和社会的转型与发展。人能动地参与着媒介技术和社会时空的生产。在列斐弗尔看来,人的创造性以及各种社会实践塑造了"时空节奏",赋予空间和时间以意义。也就是说,人的社会实践推动着媒介技术的发展,生产着社会时空。传播技术不应该简单地被看成是工具，而应该是一种能力，一种基因，深深根植于当代人的生活和思维。可以说，每一种新的传播媒介都以独特的方式操控时空；每一种新的传播媒介都在悄然改变人对时空的感知；每一种新的传播媒介都编织出全新的沟通之网、意义之网、关系之网。时间和空间是社会发展的内生变量，社会时空改变人的行为和观念。同时，不同时期的时空变化都会以各种方式沉淀下来。

娱乐从"劳作"之余本能追求，到与商业联姻开始大众娱乐的多元化发展。在这过程中，"人"的主体性地位日益凸显。对于人类而言，娱乐从与生俱来的天性，创造出与时俱进的生活方式，乃至对自身价值的追求。同时，在这几千年的沉淀中，娱乐更是囊括下文化发展的印迹，用技术、建筑、空间绘制出栩栩如生的娱乐文化映象，传承下文化基因、社会观念等非物质文化遗产。中国娱乐文化正是在社会时空的转换中，越发丰厚而富有生命力。

第一部分小结

根据古尔维奇的深度层面分析法,可以从生态表层、模型、规则、信号、符号相应规则行为、社会角色、符号、观念、集体价值以及文化产物等层面对中国娱乐文化进行分析。

一、深度层面分析法解析娱乐文化

按照古尔维奇的观点,生态表层主要指自然环境和技术环境等外部环境,表现为人口统计数据:人口年龄结构、人口分布、城乡结构;文明物质要素:通信方式、建筑等。模型、规则、信号、符号等规律性行为层面指的是集体行为表现,通过文化模型加以具化,包括礼仪和程序性行为、实践、传统习俗、生活方式等。社会角色指群众、集体、个人所承担的角色,表现为特权角色、组织角色、指派角色等。符号、观念、集体价值以及文化产物则充当内容与集体和个体行动之间的协调者,通过语言、知识、道德、艺术、宗教、法律等予以呈现。那么,通过深度层面分析中国各历史阶段,则表现出以下特征差异(见表3-2)。

(一)生态层面

古代时期,生态表层的特征为:数千年自给自足的小农经济,是中国古代王朝社会经济基础。物产丰富,成为农业文明的典范,人们过着美好的田园生活。古代人口随各朝代发展,稳步上升。唐代(755)人口约五百万,南宋时达七千余万,清代人口过亿,到清朝末年已超过四亿。整体上,农村人口比例远远大于城市人口,封建城市居民主要是权贵势要之家、富商巨贾、城市劳动者等。古代科技发展主要服务于生产和巩固统治需要,集中在与农业有关的农学、天文学及医学等方面。在通信技术方面,古代主要依靠人工传递信息,包括古代的邮驿、烽火台通信等。除了信件往来,娱乐传播方式以口耳相传、面对面交流为主。

中国自然经济解体是在鸦片战争后,工业文明和西方势力的双重冲击下,中国开始向工业文明过渡。民族工业兴起,并曲折发展。在"自强""求富"口号下,"师夷长技以制夷"的洋务运动引进西方先进技术,开启"新知"。铁路、公路和轮船运输得到发展,20世纪初,汽车出现。电报、电话的出现丰富了人与人交流的方式,报刊、电台、电影等大众传媒进一步改变着信息交流模式。

1978年中国实行改革开放,由计划经济体制向社会主义市场经济体制转变,所有制结构由单一的公有制逐渐转变为以公有制为主体,多种所有制共同发展的混合所有制。到20世纪70年代末,中国已经是一个以工业为主导的国家,而后改革开放四十年,大众传媒迅猛发展,娱乐文化借助电视等电讯技术的普及,成为中国一个新的增长性朝阳产业。

在当今网络时代,信息技术已渗透到社会的各个领域。数字化生活成为现代社会人的生存标志,手机支付、网络购物、抢红包充斥着日常生活。人们的交往行为被网络技术彻底颠覆,从传统的面对面的在场交往向隐匿了身体存在的缺场交往转变。而这种人在网络交往中的缺场,并不是虚拟交往,而是真实存在的,其传播更快捷、反应更灵敏、功能更强大。

(二)模型、规则、信号、符号等规律性行为层面

在模型、规则、信号、符号等规律性行为方面,古代社会的文化模型崇尚以道德立国。作为古代礼仪之邦,认为"人无礼则不立、事无礼则不成,国无礼则不宁"。严苛的礼仪制度、民风民俗在社会结构和生活方式等方面表现出传统教化的特色,如尊长敬老风俗、座次方位及尊卑等。古代人用具体的社会活动或可观察的现象来标志时间,农耕生活的环境和时间观,也养成了稳定和谐的、知天乐命的,具有一种诗性完满的情操。同时,也造就了具有消解性的民族心态和悲情性的民族精神。

近代时期西方物质文明的传入,西方生活方式的移植,极大改变了中国的物质生活和社会风俗习惯。鸦片战争后,"洋布""洋装"在城市出现;19世纪二三十年代,西装、旗袍、学生装并行于世。吃西餐,住欧式洋房或中西合璧的豪宅成为时尚。在这种生活潮流的引导下,传统等级制度束缚在新文化运动的冲击下大大减弱,自由、民主的观念深入人心。中国文化模型呈现出西方文化、传统士大夫文化、市民文化的结合体。

改革开放后,以"钟表"为重要隐喻的现代工业社会,极大改变了人的思想观念和生活方式。在文化上,主张"百家争鸣、百花齐放"。比如在如何对待传统文化上,有人认为,必须重建儒家文化的第三繁荣期;有人认为,"中体西用"才有出路;有的主张继承儒家学说;而有人认为,应该实行"全盘西化",彻底打碎儒家学说;但主流社会思潮,坚持以马克思主义为指导,建设中国特色社会主义文化。

如今,网络团购、手机支付、互联网娱乐等,已成为人们交往方式和生活方式的常态。这种新的模型、规则、信号、符号等规律性行为,正在改变人们所属的社群传统的那些模式和准则的内涵。因为这样的数字化生活方式不再是一个概念,而是实实在在的一种存在。

(三)社会角色层面

在社会角色层面,中国两千多年的文明史形成了一个等级森严的社会史。上古时期,封国被区分为公、侯、伯、子、男五大等级,贵族按照公、卿、大夫、士的等级排列。天子"九命",庶人无"命"。这一说法严酷地展示出社会的极度不平等,社会资源按照"命"的等级分配。权力集中于政府。

近代社会是在动荡中变化的时期。社会结构呈现出两头小中间大的格局。农民、城市小资产阶级占据社会大部分,无产阶级和地主大资产阶级仅占少数。改革开放后,我国的社会结构发生了深刻的变化:农民阶级分化,规模缩小;工人阶级分化,规模扩大;知识分子阶层变化最大,分化出一批新社会阶层(私营企业主、个体工商户、经理人员等),整个社会分层逐渐朝着多元化发展。

网络时代让社会认同的力量彰显。同时,与农业社会、工业社会自上而下的权力控制模式不同,自下而上的权力运行结构发挥越来越重要的作用。

(四)符号、观念、集体价值以及文化产物层面

符号、观念、集体价值以及文化产物方面,古代社会伦理以"己身"为出发点来构筑社会关系,崇尚家族关系,祖先往往成为内心追求和精神寄托。文化产物等符号注重"成教化、助人伦"的作用,在图像、建庙、题名等符号中渗透入意识形态,起到道德教化的作用。诗歌中的教化作用更是不容小觑,包括《诗经》、汉魏乐府、唐诗宋词、元曲清歌等都具有极强的教化作用。

近代文化产物深受西方物质文明影响,物质产品、生活用品、娱乐设施不断丰富。追求时尚、美观、西式生活的心理在有钱阶层蔓延。在商业化的影响下,大众文化得到发展。

改革开放后,百姓的生活态度发生巨大变化。追求时尚和有品味的生活成为年轻一代向往的生活目标。影视歌舞、上网冲浪、旅游远足、运动健身等这些过去属于富人的娱乐项目已进入寻常百姓的业余生活。

网络时代,强调的是"我的地盘我做主"。网络文学、网络音乐、网络游戏、网络影视的迅速崛起,满足人们多元化精神需求。"普通网民也可以成为网络文化产品的制作者和传播者,不断赋予中国互联网以广泛的群众基础与丰富的文化内容。"①

表3-2 中国各历史阶段社会深度层面分析对比图

层面	古代封建社会	近代时期	改革开放三十年	网络时代
生态表层	• 农业文明古国,以田野生活为主 • 科技发展主要服务于生产和巩固统治需要 • 通信主要依靠人工信息传递、口耳相传、面对面交流	• 自然经济开始解体,中国由农业文明向工业文明过渡 • 洋务运动引进西方先进技术 • 报刊、电台等大众传媒进一步改变信息交流模式	• 到20世纪70年代末,中国从一个完全的农业国家变成了一个以工业为主导的国家 • 科技迅猛发展 • 大众传媒迅猛发展的时期,尤其是电视的普及	• 中国的互联网用户超过9.4亿,覆盖了几乎80%以上的年轻人(截至2020年6月) • 改变了社交方式与通信方式,缺场交往成为现实
模型、规则、信号、符号等规律性行为	• 古代礼仪之邦,严苛的礼仪制度 • 民风民俗在社会结构和生活方式上起到传统教化作用	• 融合西方文化、传统士大夫文化、市民文化的特点 • 西方生活方式的移植,极大改变了中国的物质生活和社会风俗习惯 • 自由、民主的观念深入人心	• 以"钟表"为重要隐喻的现代工业社会,极大改变了人的思想观念和生活方式 • 在文化上,主张"百家争鸣、百花齐放" • 在社会思潮上,以马克思主义为指导,建设中国特色社会主义文化	• 互联网改变交往方式和生活方式。 • 数字化生存
社会角色	• 等级森严的社会 • 社会权力集中于政府	• 社会结构呈现出两头小中间大的格局,农民、城市小资产阶级占据社会大部分	• 产生一批新的社会阶层,整个社会分层逐渐朝着多元化发展	• 社会认同的力量彰显 • 自下而上的权力运行结构发挥越来越重要的作用
符号、观念、集体价值以及文化产物	• 崇尚家族关系 • 文化产物注重"成教化、助人伦"	• 深受西方物质文明影响 • 追求时尚、美观、西式生活的心理在有钱阶层蔓延 • 在商业化影响下,大众文化得到发展	• 追求时尚和有品味的生活成为年轻一代向往的生活目标	• "我的地盘我做主"的自由时代 • 网络音乐、网络游戏、网络影视、网络直播迅速崛起

---

① 安仁.我们与互联网这二十年[N].金融时报,2014-04-25(09).

二、娱乐文化转型的内在动力

纵观中国娱乐的发展,发现娱乐文化变迁和转型的内在动力在于"人""传播""娱乐时空"三者的互动演化中:每一种新的传播媒介都以独特方式操控时空;媒介传播重塑着时空关系;媒介改变人对时空的感知;时空改变人的观念(见图3-1)。具体表现在以下三点:

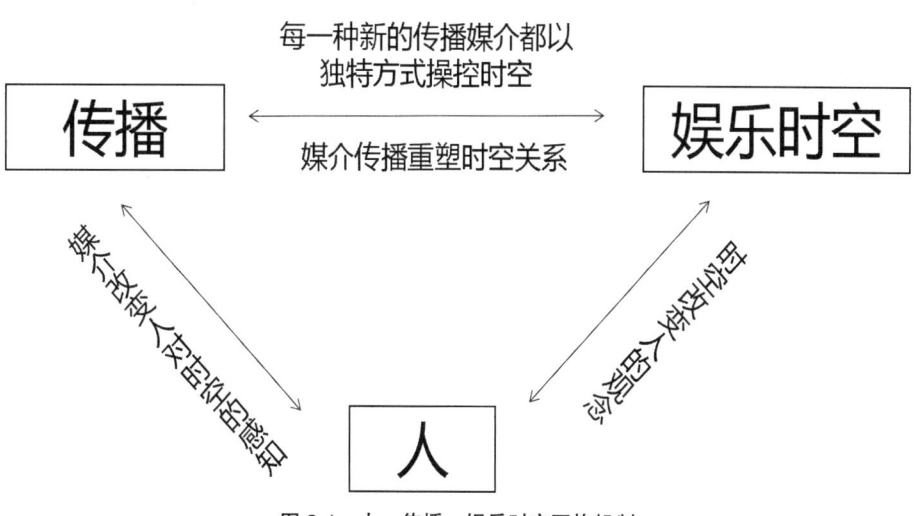

图3-1 人、传播、娱乐时空互构机制

第一,社会时空影响娱乐文化。

社会时间是一种质的因素,在量的积累下对社会文化具有稳定持续的影响。不同社会历史时期用不同标志物来隐喻时间。原始社会用具体的社会活动或可观察的现象来标志时间;现代工业社会"钟表"成为重要的隐喻,利用数字来标识时间划分和测量时间长度;网络时代则表现为"无时间的时间"。在不同时空结构下,社会结构和文化形态交织影响。

第二,娱乐文化变迁过程就是娱乐传播模式进化过程,文化主要在传播过程中发生变迁。

技术是推动娱乐文化发展的物质基础之一。印刷技术的出现,成就了书籍、报纸等纸质信息存储的垂直传播模式;电子技术的出现,成就了无线电、广播和电视等电子媒体扁平传播的实现,并与印刷媒介建构了强大的立体传播模式;计算机网络的普及,更成就了新媒体的产生、发展和兴起,建构了足以改变现实生态的网状传播模式。信息的生产和传播，以及由此塑造的组织形态成为推动社会变迁的重要力量。娱乐文化变迁过程就是娱乐传播模式进化过程，文化主要在传播过程中发生变迁。

在本章中我们追溯了中国娱乐文化的发展脉络，它给我们的启示中很重要的一条就是：娱乐传播模式的进化过程展示了网状传播的进化过程。远古时代的娱乐传播是平行传播模式，人与人在面对面的欢愉中表达情感与信息。农耕时代的娱乐传播是垂直传播模式，由不同的顶层人作为"信源"向下传播娱乐信息，形成不同系统的垂直。大众传媒的发展，在受众细分传播理念的影响下，扁平传播成为重要的模式。垂直传播与扁平传播相结合，组成立方体，形成有边界的网格传播。时至互联网时代，垂直传播与扁平传播的交叉点，成为网状结构思维创造的起源点。当网状结构向外无限散射时，无数节点的叠加形成宇宙式传播。这种传播方式，就是网状传播模式，它使娱乐文化出现空前的繁荣。

第三，惯习的积淀：人创造了娱乐文化，娱乐文化建构着人。

娱乐是人的天性。娱乐惯习具有人的主观能动性，同时也是一种社会建构，受到所处时代态度、信念、价值的深层次影响。在社会时间的频谱下，社会制度及文化特征不断内化至个人的行动意识和模式中，形成惯习。在布迪厄看来，惯习是沉积在行动者身上的内化形式，形成指导行动者认识世界、评判事物以及行动的解释模式。人创造了娱乐文化，娱乐文化建构着人。

在远古时代人是以"人类"无差异统称的；农耕时代人是以"阶级"划分的；工业时代人是以"类群"归结的；网络时代人是以"集群"集合的，并以"节点"的概念强调人的能动性。作为能动性的人，对娱乐文化，尤其是官方所建构的娱乐文化，有天然的"抗拒性"。这种抗拒性包括破坏性抗拒和建设性抗拒，尤其是建设性抗拒推动着娱乐文化的可持续性发展。

第二部分

网络娱乐创造社会空间再生产

互联网网络用户构成的社区将成为日常生活的主流,其人口结构将越来越接近世界本身的人口结构……网络真正的价值正越来越和信息无关,而和社会有关。信息高速公路不只代表了使用国会图书馆中每本藏书的捷径,而且正创造着一个崭新的、全球性的社会结构。[1]

——尼葛洛庞帝

---

[1] 尼葛洛庞帝.数字化生存[M].胡泳,范海燕,译.海南:海南出版社,1996:213-214.

空间不再被视为一个工具性的容器,而是进行社会关系再生产的场所。这是20世纪70年代列斐弗尔(Lefebvre)将历史性、社会性和空间性三者思维结合起来后提出的新观点,开启了空间概念的"社会转向"。他认为,随着生产力发展和知识对物质生产的介入,空间生产已由空间中的生产,转变为空间的生产。娱乐空间生产也由在戏台、茶馆、影院等实体空间的娱乐文化生产,转向对娱乐空间本身的生产。娱乐空间是一种生产资料,生产着行为模式、信息知识和社会关系。

根据艾媒咨询《后疫情时代中国在线文娱行业研究报告》,2020年在线娱乐市场规模超过5000亿元①。娱乐传播构建起沟通之网、意义之网和关系之网。大量人的聚集让网络娱乐空间异常活跃,尤其在行为空间、信息空间、关系空间展示出全新的态势。

行为空间,指行为可能活动的范围。互联网时代,千禧一代的娱乐行为空间已经逐渐由物理行为空间向虚拟行为空间延伸,用户获取信息的入口与途径在迅速而彻底地变革。娱乐行为在虚拟空间中演绎出怎样丰富的色彩?娱乐主体行为又具有什么样的特征?我们将从娱乐消费的"入口"与"通讯窗口"找到答案。

信息空间,是指网络、知识、文化所生成的信息世界。在这个"比特世界"里,信息的流通方式和规律在变,"信息"和"知识"成为社会发展的核心要素。此时,知识生产和知识流动呈现出怎样的新特征?什么样的人(具有哪些特征)能够在互联网中获取更多的资源?网络娱乐空间如何转变为全民参与的大众娱乐生产空间?

关系空间,是社会主体之间的关系构成世界。在关系空间分析中,将借用行动者网络理论视角,探讨网络娱乐空间这一个由网民、政府、娱乐公司、资本、文化、符号异质性行动者构成的关系型聚合体是如何不断被整合的,

---

① 艾媒咨询.后疫情时代中国在线文娱行业研究报告[R].广州:艾媒咨询集团,2020.

其重构的过程与机制是怎样的？我们试图把每个个体、组织看成一个网络"节点"，其扮演的角色轻重及能够获取资源的多寡不尽相同。这些节点是如何组织起来实现了社会空间的转变？

第四章 网络娱乐的行为空间

20世纪80年代以来,信息与通信技术(Information and Communication Technology,ICT)进步已经深入生活、社交的方方面面,从而使现代主义的空间逻辑受到严重破坏。凯恩·克劳斯提出了"地理的终结,距离的死亡"的观点。从物理空间走向虚拟空间,娱乐行为也悄然发生改变。这种变化呈现出怎样的形态特征?下文将逐一揭晓。

第一节 娱乐行为从物理空间走向虚拟空间

空间限制可以是物理的,也可以是虚拟的;时间限制可以是同步的,也可以是异步的。至此,人类交流形成了四种模式:面对面交流是同步物理到场;只要求时间一致性的是同步虚拟到场;只要求空间一致性的是异步物理到场;而对时间和空间一致性都没有要求的则是异步虚拟到场。

对于娱乐行为而言,随着信息与通信技术的发展,也逐渐从物理空间娱乐行为走向虚拟空间娱乐行为(见表4-1)。当然,虚拟空间对物理空间并非取代关系,而是长期并存。在固定的物理空间中,人们在同步的时间里,一起听现场音乐会、观看演唱会、跳广场舞、玩面对面的桌游,感受在场交流的娱乐体验;在异步的时间里,人们走进同一个展览馆、电影院观看同一个画展、同一部电影。当虚拟空间日益成为影响日常生活的主流模式时,人们既可以在一致的时间里,通过电视、广播、网络收听、收看直播节目,玩在线网络游戏;也可以通过数字电视、网络收看点播节目,看网络文学作品、玩单机游戏,而不受时间的限制。现代通信手段下,时空的制约条件在虚拟空间行为中大大弱化,进而从根本上改变了人类的活动模式。也就是说,互联网技术创造了虚拟空间,虚拟空间又使娱乐拥有无限制的活动空间。

表4-1 娱乐交流行为的四种模式

时间	物理空间	虚拟空间
同步	面对面交流	只要求时间一致性
	如现场听音乐会、看演唱会、跳广场舞、面对面玩桌游等	如通过电视、广播、网络收听、收看直播节目;玩在线网络游戏等
异步	空间一致性	对时间和空间都没有要求
	如去展览馆看画展、去影院看电影等	通过数字电视、网络收看点播节目看网络文学作品、玩单机游戏等

一、虚拟空间拓展人的娱乐行为

互联网本身就是一个巨大的娱乐圈子,任何的娱乐元素都能与互联网拼接,形成更多细分领域的娱乐内容。电子杂志、网络文学、电子出版物、听书等满足阅读需求;社交游戏、移动游戏、客户端游戏、网页游戏让网络游戏世界异彩纷呈;在线影视剧、网络电视台、网络直播、游戏视频让"观看"更加便利有趣;网络KTV、数字音乐、网络电台让音乐无处不在。

过去,娱乐传播力总受到物理空间的限制;现在,网络娱乐传播力在虚拟空间探索无限可能。为何当下娱乐传播力会形成如此强大的爆发力?根本原因就是网络娱乐的文化品质有效嫁接了互联网的媒介优势。将网络媒介的开放性、虚拟性和互动性与娱乐文化的愉悦性、自由性和平等性有效融合,并通过设置一整套与娱乐文化互通的符号体系,建构出一个娱乐休闲、人际交往、自我实现的虚拟空间。这种虚拟空间极大地诱发了人的思维半径,并拓展了人们的精神空间和行为空间。

娱乐行为在虚拟空间中体现出以下特征:

第一,娱乐行为的承载空间更多元。当家庭化、个人化台式机、笔记本终端设备连入互联网时,网络娱乐从无到有;当移动化、智能化移动设备让用户随时随地接入移动互联网时,无线娱乐爆发式增长。用户可通过移动互联网随时随地进行娱乐生活。我们可以在候车时、上班途中、地铁里随时收看个人喜爱的电视剧和电影;可以在任何时间段收听在线音乐;可以在闲暇时间用手机游戏打发时间。根据第46次《中国互联网络发展状况统计报告》数据显示,网民个人上网设备进一步向手机端集中,99.2%网民通过手机上网①。手机已经成为千禧一代的"第六器官",如影随形,将近70%的人宁可分享牙刷,也不分享手机(来自美国网络杂志《60秒营销者》的调查数据)。②

第二,娱乐行为享受更平等。传统的娱乐一般在实体的时空中进行,具有明显的封闭性和限定性。一般情况下,需要购买电影票、演唱会门票、入场券等才获得准入,享有娱乐资格。甚至一些娱乐项目还受到身份、地位、能力、年龄等多因素的限制。互联网的开放性,让娱乐消费者拥有更多端口选择并接入自己喜爱的娱乐产品,从而实现虚拟空间中娱乐行为的相对平等性。2016年,王菲在上海梅赛德斯奔驰文化中心举行了复出后全球唯一一场演唱会。这场演唱会以超高的门票价格(1800~7800元)设置了关卡,以经济因素形成了不平等的娱乐屏障。但是,这种经济资源带来的不平等性,由于虚拟空间娱乐形式的出现得到彻底的颠覆。腾讯视频全程对演唱会进行直播,370万人在线无差别地收看。

第三,娱乐行为有更高的互动意愿。传统的娱乐项目封闭性强,给消费者提供的自主空间是有限的。以《大话西游》为例,电影《大话西游》的线索按照故事的开始、发展、高潮和结局的模式单一而集中地演义着。而网络游戏《大话西游》只提供开端和因子,故事的书写进程则由玩家自主去发展。这样的模式在个性化消费中提升娱乐体验。同时,从PGC专业内容生产到UGC用户内容生产模式的转变,用户的创造力得到不断挖掘。胡戈为恶搞电影《无极》,创作剪辑了网络短片《一个馒头引发的血案》。意外的是,剪辑后的短片下载率远远高于《无极》本身。草根的创作力得到网民的重视,并不断创造出可观的经济价值与社会价值。

第四,娱乐行为跨屏选择更自主。当前用户在使用PC、平板、电视和手机等四屏媒体时,出现了跨屏使用行为。PC的使用,主要是办公室及在家中的场景;手机的使用,主要出现在交通工具上碎片化时间乃至任意场景;平板电脑的使用,主要是在家中的场景;电视的使用,主要是用户在家中,处于闲适状态的场景。基于此,娱乐同样呈现出多屏娱乐新生态。

---

① 中国互联网络信息中心(CNNIC).第46次中国互联网络发展状况统计报告[R].北京:中国互联网络信息中心,2020年9月.

② 姚乃丹.大数据时代对我们意味什么 人被绑架到无隐私世界[EB/OL].[2013-07-25].http://media.people.com.cn/n/2013/0725/c40606-22318135.html.

二、虚拟空间娱乐群体主导话语权

根据《中国互联网络发展状况统计报告》第46次数据显示,截至2020年6月,我国互联网普及率达67%,网民达9.4亿,手机网民达9.32亿。艾瑞咨询数据显示:2006—2015年中国在线娱乐月度覆盖人数增加5倍以上,从2006年970万暴增到2015年5.12亿[①]。此时,网络娱乐群体定义网络娱乐行为。具体表现在(以下数据来源均来源自《2015年中国在线娱乐行业研究报告》):

第一,用户消费娱乐。在观看视频、收听数字音乐、阅读电子书、打游戏等5.13亿在线娱乐用户中,86.3%的群体每天消费超过1小时。

第二,用户传播娱乐。在线娱乐的消费者,有向亲朋好友及陌生人推荐、分享视频、音乐、电子书、游戏等行为。据统计,71.3%的在线娱乐用户有过分享与推荐行为,其中91%分享给亲朋好友,40.2%分享给陌生人。

第三,用户参与娱乐。用户参与在线娱乐的评论、互动,包括在消费娱乐同时进行评论、发弹幕等,以及和主播、发帖者就娱乐内容进行互动交流。据统计,网络娱乐用户,51.9%有在线评论、互动行为。其中88.4%与同学、好友讨论,78.7%参与评论、弹幕,65%与作者、主播沟通。

第四,用户创造娱乐。1.41亿用户有向在线娱乐平台输出内容的行为,27.4%在线娱乐用户有自己上传娱乐内容与直播的行为。

从以上数据不难看出,互联网使物理空间娱乐行为走向虚拟空间娱乐行为,使娱乐文化带给消费者的并列型空间通过彼此互动走向回环型结构。娱乐群体在虚拟空间拥有了一定话语权。

第二节 网络娱乐空间的行为刻画

"新"时间地理学认为虚拟行为的研究客体,应包括"入口"和"通讯窗口"两个层面。"所谓入口,是行为者访问通信设施的时空停留点;所谓通讯

---

① 艾瑞咨询.2015年中国在线娱乐行业研究报告[R].北京:艾瑞咨询集团,2015.

窗口,是行为者与入口相互作用的时间间隔。"①

聚焦到用户的网络娱乐空间行为,呈现出两个非常显著的特征:第一,"入口"扩大,即娱乐消费者能够接触和访问到的娱乐端口海量性增加;第二,"通讯窗口"存在差异,即因为性别、年龄、职业、教育背景、兴趣爱好、地域之间的差异,行为者在通讯窗口中的表现有所差异,在每个入口驻足的时间间隔不尽相同。不同个体之间的时空行为差异则反映出个体利用网络娱乐空间所受到的差异性和制约性。

一、网络娱乐空间的"入口"行为

"根据第46次《中国互联网络发展状况统计报告》数据显示,网络视频用户规模达8.88亿,网络音乐用户规模6.38亿,网络游戏用户规模5.39亿,网络文学用户规模4.67亿。在手机端,手机网络音乐用户规模6.35亿,手机网络游戏用户规模5.35亿,手机网络文学用户规模4.65亿。"②根据《2019中国网络文学蓝皮书》:截至2019年,网络文学注册作者达1755万人,签约作者超过100万人,其中活跃的签约作者超过60万人。可见,大量的娱乐人群已经到达网络娱乐空间的"入口"。下文选取网络文学平台为研究对象进行分析。

一级入口是对娱乐平台的选择,对于网络文学平台,其一级入口繁多。目前来看,网络文学平台主要分为三大类型:一是BAT互联网巨头旗下的网络文学平台,如阿里旗下阿里文学、腾讯旗下阅文集团、百度旗下百度文学;二是传统纸媒转型或专注内容细分领域的互联网平台,如磨铁文学、掌阅科技、中文在线、豆瓣阅读、京东阅读;三是运营商旗下的数字阅读平台,如中国移动的咪咕阅读、中国联通的沃阅读、中国电信的天翼阅读。

二级入口是对娱乐产品的选择。网络文学用户选择作品的依据存在差异性:根据相关统计数据显示,网文平台排行榜占比50.6%、平台推荐占比43.1%,看书评占比38.3%,朋友推荐占比38.6%,喜欢的作者推荐占比34%。③

三级入口是对付费与免费产品的选择。

---

① 柴彦威,赵莹.时间地理学研究最新进展[J].地理科学,2009(04):593-600.
② 中国互联网络信息中心(CNNIC).第39次中国互联网络发展状况统计报告[R].北京:中国互联网络信息中心,2017年1月.
③ 艾瑞咨询.2016年中国网络文学行业研究报告[R].北京:艾瑞咨询集团,2016.

下文将把目前排名前五的网络文学企业作为研究对象,包括:阅文集团、掌阅文学、阿里文学、中文在线、百度文学等。这五大集团旗下的子品牌正是一级入口:娱乐平台。例如,阅文集团旗下拥有QQ阅读、起点中文网、创世中文网、云起书院、起点女生网、红袖添香、起点读书、红袖读书等平台;掌阅文学旗下的掌阅文化、红薯网、杭州趣阅;阿里文学旗下的阿里巴巴文学、UC书城、书旗小说网等;中文在线旗下的17K小说、四月天文学网、中文书城、汤圆原创等;百度文学旗下的纵横中文网、百度书城、91熊猫看书等。

我们选择阅文集团的起点中文网、掌阅文学的掌阅书城、阿里文学的移动端书旗小说、中文在线的17K小说、百度文学的纵横中文网作为观察二级入口的观测点。

在二级入口:娱乐产品上,起点中文网下设玄幻、奇幻、武侠、仙侠、都市、现实、历史、军事、游戏、体育、科幻、悬疑、轻小说、女生网等频道。根据2020年12月12日该网站24小时热销总榜,《万劫之族》《大奉打更人》《我真的是正派》《我真没想重生啊》《超神机械师》《我在玄幻世界冒充天机神算》《轮回乐园》《吞噬星空》《我师兄实在太稳健了》《诡秘之王》位列前10名。从二级入口的排名情况看,都市、玄幻、仙侠、科幻类网络文学产品受欢迎度更高。

三级入口则是依靠消费模式进行的划分。以上述排行榜中总点击量最高的《万劫之族》为例(获得1212.58万总推荐),整本书序章至第86章为免费阅读入口,第87章到第762章则为VIP入口,需要购买起点币阅读,统计下来,阅读完此书,需32470起点币,共324.7元。

运用同样的方法,对掌阅文学、阿里文学、中文在线、百度文学进行了分析,详见表4-2。

表4-2 网络文学平台三级入口分析

	一级入口 娱乐平台	二级入口 娱乐产品	三级入口 消费模式
阅文集团	QQ阅读 起点中文网 创世中文网 云起书院 起点女生网 红袖添香 起点读书 红袖读书	起点中文网 《万劫之族》 都市 《大奉打更人》 仙侠 《我真的是正派》 玄幻 《我真没想重生啊》 都市 《超神机械师》 游戏 《我在玄幻世界冒充天机神算》 玄幻 《轮回乐园》 轻小说 《吞噬星空》 科幻 《我师兄实在太稳健了》 仙侠 《诡秘之王》 玄幻	《万劫之族》 免费阅读入口 序章—第86章 VIP卷入口 第87章—第765章 阅读要求:成为起点VIP会员,购买起点币阅读 (10元=1000起点币) 阅读完此书,需32470起点币=324.7元

续表

一级入口 娱乐平台	二级入口 娱乐产品	三级入口 消费模式
掌阅文学	掌阅书城 书山中文网 红薯网 有乐中文网 神起中文网 速更小说	掌阅书城 男频热榜： 《女总裁的上门女婿》 都市 《第一女婿》 都市 《天医归来》 都市 《山村透视兵王》 都市 《轮回丹帝》 玄幻 《鸿蒙天帝》 玄幻 《上门医仙》 都市 《重生之首富人生》 都市 《逆天帝尊》 玄幻 《修罗神祖》 玄幻	《女总裁的上门女婿》 免费阅读
阿里文学	阿里巴巴文学 UC书城 书旗小说网	书旗小说 女频点击榜： 《诱妻入怀：总裁深度宠》 豪门世家 《外室之妻》 古代言情 《诱妻入怀：帝少心尖宠》 现代言情 《天才萌宝：神秘爹地极致宠》 豪门世家 《小阁老的田园娇妻》 古代言情 《骗婚总裁：独宠小娇妻》 现代言情 《重生八零：媳妇有点辣》 现代言情 《厉少专宠小甜心：宝贝，我错了》 现代言情 《农门寡嫂：养个小叔当状元》 穿越时空 《盛世宠妃》 古代言情	《诱妻入怀：总裁深度宠》 免费阅读入口 序章—第20章 第21章—566章 （连载中） 阅读要求：成为书旗小说网VIP会员，购买书豆阅读 （10元＝100书豆） 阅读至566章，需819书豆 ＝81.9元
中文在线	17K小说 四月天文学网 中文书城 汤圆原创	17K小说 《第九特区》 末世危机 《万古第一神》 东方玄幻 《霸婿崛起》 都市生活 《斩月》 游戏生涯 《女总裁的全能兵王》 都市激战 《平布青云》 都市生活 《江南枭雄》 现实题材 《归一》 都市异能 《九星霸体诀》 异界大陆 《人皇纪》 东方玄幻	《第九特区》 免费阅读入口 第1章—第63章 购买订阅入口 第64章—第1593章 阅读要求：购买"k币" （1元＝100k币） 阅读完此书，需11730个阅饼＝117.3元
百度文学	纵横中文网 百度书城 91熊猫看书	纵横中文网 《元尊》 奇幻玄幻 《剑来》 武侠仙侠 《渡劫之王》 武侠仙侠 《剑仙在此》 奇幻玄幻 《不让江山》 历史军事 《一剑独尊》 奇幻玄幻 《日月风华》 历史军事 《我只有两千五百岁》 都市娱乐 《赘婿出山》 都市娱乐 《绝世好人》 都市娱乐	《元尊》 免费阅读入口 第1章—第99章 购买订阅入口 第100章—第1447章 （连载中） 阅读要求：购买"纵横币" （1元＝100纵横币） 阅读完此书，需5861个纵横币＝58.61元

通过对网络文学平台三级入口分析发现：第一，作为一级入口的娱乐平台，虽然都聚焦于网络文学，但是在定位上各平台仍有差异。起点中文网由爱好玄幻写作的创作者发起成立，目标定位在挖掘原创文学作者，强调作者与读者互动，建立以创作、培养与销售为一体的数字出版机制；掌阅书城从读者阅读体验出发，强调社区化阅读感受，内容来源于300家版权合作方的图书资源；书旗小说则强调极简阅读模式，支持原创投稿和作者直播；17K小说以"让每个人都享受创作的乐趣"为使命，主打创作与阅读一体化；纵横中文网则通过与作者签约的形式，孵化精品内容。第二，作为二级入口的娱乐产品，分类更加特色化和标签化，比如言情类网络小说细分为古代言情和现代言情；玄幻类网络小说细分为东方玄幻、奇幻玄幻等；游戏、轻小说、现实题材、历史军事类等新主题小说涌现。第三，作为三级入口的消费模式，各大平台均是采取免费阅读与付费阅读相结合的方式。在付费模式上，都设立了平台特有的虚拟币，如起点中文网的"起点币"、纵横中文网的"纵横币"。但是，近两年支撑网络文学发展的付费阅读商业模式遇到天花板，各平台也逐渐开始推进免费阅读模式，强调用流量来获取收益。比如，掌阅文学平台热度榜作品基本为免费阅读模式。

二、网络娱乐空间的"通讯窗口"行为

"通讯窗口"简单来说就是行为者会选择哪个站点，并且愿意驻足的时间长短。通常情况下，行为者的群体特征及其在"通讯窗口"的表现有一定规律可循。下面就根据网络阅读、游戏、视频、音乐等不同的娱乐行为，观测有代表性的空间"入口"，对群体在网络娱乐空间的"通讯窗口"行为做出如下刻画。

（一）在线阅读爱好者行为画像

1.核心群体：19～35岁大专以上学历者

根据艾瑞咨询《2019年中国在线阅读行业营销报告》："在线阅读用户性别方面，男性占比54.9%；年龄方面，35岁以下年龄段覆盖了八点五成以上的阅读用户，其中24岁以下31.4%，25～30岁27.7%，31～35岁26.7%；在学历方面，本科学历占比最高达69.5%，大学专科17.3%，硕士及以上9.3%，高中（中专）及以下0.5%，高中（中专）3.3%。"[①]可见，在线阅读的核心用户群是：

---

① 艾瑞咨询.2016年中国网络文学行业行业报告［R］.北京：艾瑞咨询集团，2016.

35岁以下大专以上学历者。

2.通讯窗口：近七成用户每天都会阅读

根据统计报告，阅读是近七成用户每天都会进行的消遣方式，阅读时长近四成用户集中在30分钟到1小时。阅读时段：65.7%发生在睡觉前、56.2%在上下班通勤途中、52.5%在工间/课间休息时。可见，阅读时间除了睡前，更多发生在碎片化时间。

3.作品偏好：都市职场类普适性高

根据2019年中国在线阅读用户的阅读偏好情况看，都市职场偏好最高，达50.7%，悬疑推理类为48.6%，历史军事为44.3%，武侠仙侠为36.6%。另外值得关注的是，19～35岁年龄群体对奇幻玄幻、灵异科幻、新类型小说、游戏竞技类主题的网文偏好程度更高。从2019年中国网络文学排行榜看，受众喜好的题材类型越来越多元化，既包括《浩荡》《朝阳警事》《传国功匠》《星辉落进风沙里》《天下网安：缚苍龙》等现实题材类，也包括《宰执天下》《关河未冷》等历史题材类。

（二）网络短视频用户行为画像

1.核心用户群：35岁以下年龄段

根据《2019中国短视频企业营销策略白皮书》显示，2019年短视频行业市场规模达1006.5亿元。用户男女比例为54∶46，25～35岁人群占比达51.3%，24岁以下占28.5%。从城市分布看，短视频用户出现市场下沉特征，其中一线及新一线城市占29.7%、二线城市占22.4%、三、四、五线城市占37.4%。①

2.观看行为：频次高，集中于睡前和碎片化休闲场景

统计数据显示，短视频用户产品使用时段集中在12:00—16:00间歇时间和18:00以后的晚间时间，尤其是睡前时间。在使用频次上有32.4%的用户每天会观看2～5次短视频，24.9%的用户每周观看2～6次，有13.1%用户每天观看10次以上。在使用时长上，36.1%为5～10分钟碎片化时间，32.9%为10～30分钟中长时娱乐时间。

3.内容偏好：幽默搞笑、美食生活、技巧知识占比高

在短视频内容上，幽默搞笑、美食生活、技巧知识短视频喜好人数位列前三，影视综艺、新闻资讯、生活/社会记录位列其后。可见，在碎片化休闲

---

① 艾瑞咨询.2019中国短视频企业营销策略白皮书[R].北京：艾瑞咨询集团，2019.

时间里,受众既倾向于用轻松的内容打发时间,也乐于将短视频作为学习工具,去吸收技巧知识和了解新闻资讯。

4.互动功能行为:点赞、分享和收藏是使用率最高的功能

在短视频平台提供的各类互动功能中,67.2%的用户会使用点赞功能、59%使用分享功能、55.6%使用收藏功能、留言/私信为43.5%。另外,值得注意的是33%的用户为使用直播打赏功能。

(三)网络游戏爱好者行为画像

网络游戏主要区分为电子竞技、客户端游戏和移动游戏,其用户行为有共性,也有个性之处,下文将结合艾瑞咨询《2019年Q1中国网络游戏季度数据发布研究报告》《2015年中国游戏用户行为研究报告》[①]等相关数据加以分析。

1.电竞爱好者

第一,用户分类:观众＞玩家＞选手

由于电竞赛事作为一种体育赛事,兼具观赏性和职业性,分析数据发现,观看电竞赛事用户达64.4%;经常玩电竞游戏的用户达54.9%;直接参与电竞赛事的仅为10.7%。

第二,核心用户群:男性用户占比高,25岁以下为主要用户群体

根据艾瑞咨询《2020年中国电竞行业研究报告》显示,电竞爱好者在性别上,64%男性、36%女性,女性用户占比持续上升。年龄上,18岁以下占比9%、19～25岁年轻群体占51.1%。个人月收入在5000～8000元占比最高,达29.2%。[②]

第三,接触频次:在线观看为主

电竞内容的观赏性和娱乐性让更多用户即使不玩游戏仍愿意观看,44%用户每天都看游戏直播,71%用户日均观看超过1小时。

第四,观赛行为动机:欣赏、学习与分享

在观赛需求上,66.7%为学习欣赏职业选手,65.5%是和朋友一起观看、讨论,61%为享受赛事氛围。在观看游戏直播原因上,38%学习技巧、37%欣赏大神、36%休闲娱乐、36%社交互动、25%观赏异性(数据来源于《2020年中国电竞行业研究报告》)。

2.客户端游戏爱好者

第一,用户群体:近年来新用户逐渐增加,但仍以老玩家为主。97%端

---

① 艾瑞咨询.2015年中国游戏用户行为研究报告简版[R].北京:艾瑞咨询集团,2015.
② 艾瑞咨询.2020年中国电竞行业研究报告[R].北京:艾瑞咨询集团,2020.

游用户同时是手游用户。目前PC端游戏用户规模达3.63亿人。

第二,花费时间:投入精力略有下降。从2015年起,游戏用户投入在游戏中的精力整体下降。

第三,手游场景:移动游戏填充客户端游戏的间隙时间。有65.1%的用户在玩客户端游戏间隙会选择玩一下移动游戏。

3.移动端游戏爱好者

第一,核心用户:移动游戏用户规模达5.16亿人(数据截至2020年12月)。19～35岁为主体,36岁以上高龄用户加入手游大军。19～35岁年龄群体占比68.3%,36～45岁占比增加至22.9%(数据来源于《2020年中国电竞行业研究报告》)。

第二,选择偏好:依靠朋友交流推荐占比高。男女喜爱游戏差异较大。女性偏好《剑侠情缘叁》《奇迹暖暖》《开心消消乐》等,而男性更偏好《穿越火线》《英雄联盟》等游戏。

总之,网络娱乐"入口"的增加,让用户的网络娱乐行为更加多元而富有个性。用户在"通讯窗口"的行为轨迹刻画下主体的品味喜好、娱乐需求和心理特征。并且,这个轨迹还具有群体特征的倾向。

第三节 网络娱乐空间的"消费者黑箱"行为

每个个体的娱乐空间行为都好似一张张纷繁复杂的网络图谱。当把无数图谱归类、重叠分析时,发现用户网络娱乐空间的行为本质是由"心"引导下的娱乐轨迹,它无声地诉说着"我"的需求。而"我"的需求在经济学里,通常被称为"消费者黑箱"。到底是什么影响着用户的娱乐空间行为?与物理空间的娱乐行为相比,虚拟空间行为又有何新的影响因素?

一、"入口"特性下消费者行为差异

行为者在不同级别入口选择时的依据存在差异。整体上看,一级入口取决于平台综合实力,二级入口取决于消费者个人趣味与商业引导,三级入口取决于基于经济基础的消费需求。

一级入口是对娱乐平台的选择,以网络文学为例,行为者在选择时的依据是这些网络文学集团与企业基于内容为核心的品牌影响力,包括网络文学作品的数量与质量、优秀作家的积累、内容编辑团队的能力、用户使用口碑、衍生开发能力等运营资源。比如,阅文集团根据其综合实力,就是网民最关注的网络文学平台之一,被称为"数字阅读领跑者"。其数亿用户基数、780万作家群体、1170万部数字内容库都位列中国网络文学市场之首。根据阅文集团2019年业绩报告显示,其总收入达83.48亿元,同比增长65.7%,其中在线业务收入37.1亿元(占比46.37%),版权运营收入46.37亿元(占比55.55%)。①

二级入口是对娱乐产品的选择,此时消费者个人趣味与商业引导就发挥较大影响力。对网络文学而言,网络文学集团企业在对网络文学用户长期的跟踪摸索后,已逐渐按照消费者个人趣味,将文学作品区分为不同的频道"入口"。最简单直接的是按性别划分为男频、女频,然后根据男性群体和女性群体的趣味差异,细分产品线"入口",如言情、玄幻、穿越、校园都是女频中常见的"入口"标签。当然,除个人趣味外,排行榜、商业广告等商业引导也发挥着作用。在2020年度最具版权价值网络文学排行榜的30部作品里,阅文集团就有《明月度关山》《何日请长缨》《猎赝》《庆余年》《赘婿》《山河盛宴》《诡秘之主》《第一序列》《欢想世界》等18部作品入选。

三级入口是付费与免费产品的选择。传统分层中的经济因素就成为重要的分水岭。经济独立、收入相对丰厚的群体更能自如地进出"付费"入口。在数字阅读领域,付费阅读和免费阅读两种模式共同驱动网络文学市场规模在2019年达到195.1亿元。一方面,内容供给侧改革,优质内容产品促发受众付费意愿;千禧一代,尤其是"90后"与"00后",愿意为兴趣买单;版权意识增强,付费意愿增强。另一方面,免费阅读依靠流量变现的商业模式,迅速占据网络文学市场半壁江山。根据Quest mobile数据统计,2019年4月,排名前十的阅读类APP中,免费模式的小说应用占据五席,包括七猫免费阅读、米读小说、番茄小说、追书免费版、爱奇艺阅读。

同时,三级入口的影响,还有以下特性:

个体间基本属性相似度越高,对入口的选择越接近。性别、职业、年龄、

---

① 新浪财经.阅文集团财报:2019年阅文集团总收入83.5亿元同比增长65.7%[EB/OL].[2020-03-17].http://finance.sina.com.cn/stock/relnews/hk/2020-03-17/doc-iimxyqwa1233684.shtml.

受教育程度、经济能力等基本属性的相似度越高,在入口选择上就越接近。

入口总量大,但选择集中度高。随着网络娱乐产业的发展,娱乐产品层出不穷,入口总量不断"扩大",呈现多元化趋势。但是,从数据上看,行为者在选择"入口"时,集中度较高,爆款产品或平台形成。

第三,不同娱乐平台的行为者有重叠。网络游戏、网络文学、网络视频的消费者存在重叠。尤其是IP泛娱乐生态下,这种趋势更加显见。

二、"通讯窗口"特性下消费者行为差异

进入"通讯窗口"后,消费者行为显示出差异性:第一,娱乐消费是常态习惯,重度用户忠诚度高,每天花费时长超过两小时。网络娱乐消费者的自主意识不是正在觉醒,而是已经成型。尤其是千禧一代更加注重个体体验,业已形成个人娱乐消费的常态习惯。在给自己安排娱乐空间和娱乐产品时,他们利用的是固定时间或碎片化时间。尤其是重度消费用户群体的行为更加稳定,对"入口"的忠诚度高,而且在"通讯窗口"的时间更长,每天花费时长均超过两小时。

第二,个体拥有休闲时长的长度,影响"通讯窗口"表现。对于休闲、时长较多的群体,会更乐于花费精力看网络视频中的电视剧、电影;玩角色扮演类网络游戏;系统阅读网络文学作品。而休闲时长不固定或较少的群体,则更倾向于用碎片化时间观看短视频、玩移动端小游戏、刷抖音等。

第三,性别是影响娱乐行为差异最主要的因素。观测千禧一代的娱乐行为,发现数字阅读、网络音乐性别差异不大,网络游戏、网络视频性别差异大。男性群体对网络游戏更加钟爱,而女性群体更有耐心在网络视频平台上追电视剧。

第四,终端设备的发展对"通讯窗口"影响大。移动设备的迅猛发展,抢占了娱乐行为者更多的屏幕时空。比如,移动游戏能抢占玩家的游戏时间,凭借的是硬件便携性和游戏本身重娱乐轻量级的特点。在移动端观看网络文学作品,逐渐超越PC端。

第五,媒介产品越细分,性别、年龄、职业、教育背景等影响因素越显现。在对"通讯窗口"的行为跟踪后,越进入细分化"入口",消费行为者的差异越显见,性别、年龄、职业、教育背景等因素开始发挥作用。

第六,口碑型产品,群体基本属性差异小。对于现象级娱乐产品,如《庆

余年》《琅琊榜》《花千骨》这些IP衍生产品,其群体基本属性差异小,覆盖男女性别、各年龄段、各职业及各教育背景。

第七,经济因素仍起作用,不平等仍存在。仔细研读,发现虽然网络提供了一个相对自由、平等的空间,但是在消费经济时代经济因素仍在发挥作用,不同经济水平者可以享受的服务也不尽相同。

第八,产品向低端人群倾斜。在大众消费引导下,越来越多低端人群逐渐被纳入系统。如农民工、低收入人群等。

三、用户网络娱乐空间行为影响因子

结合上面对"入口"和"通讯窗口"的分析,试图建立起用户网络娱乐消费影响因素的公式,即$B=f(P、C、S)$。

其中,B为消费者娱乐行为;P为个人因素;C为文化因素;S为社会因素。消费者娱乐行为是因变量,个人因素、文化因素和社会因素是自变量。具体来说,通常情况下,个人因素包括年龄、职业、生活形态、心理因素(需要、认知、学习、态度);文化因素包括价值观念、物质文化、审美标准、亚文化群;社会因素包括家庭、参照群体、社会阶层等。

将这一理论观点放置在网络娱乐行为空间时,我们能够解析出影响网络娱乐行为的重度影响因子:生活形态、亚文化圈、参照群体。也就是说,在个人因素里,除去个人属性(年龄、职业、性别)外,生活形态在网络娱乐行为中是非常重要的一个变量,是人们所遵循的一种生活方式。文化因素里除了上文提到的文化基因渗透外,亚文化是最核心的影响因子。娱乐文化的特质,很容易成为亚文化群体标榜风格的特质。社会因素里参照群体作为变量的影响力不可小觑。

第一,生活形态决定网络娱乐行为偏好。

人们虽然具有相同的个人属性,如年龄、性别、来自相同的职业群体,但是也可能有不同的生活形态。用生活形态来涵盖个人因素对网络娱乐行为的影响更为贴切。在不同人的生活形态中,娱乐扮演着不同的角色,有些认为"娱乐就是生活,娱乐是为了更好地工作",有些则赞成"娱乐是工作之余的补充",还有些可能对娱乐持无所谓的态度,认为"娱乐可有可无",甚至持有负面观点,认为"娱乐是不务正业"。这影响着个体在娱乐上的消费力度及对网络娱乐类型的选择。

第二，亚文化群固化着娱乐行为的常态化。

迪克·赫伯迪克在《亚文化：风格的意义》一书里提到，亚文化不仅作为一种阴郁，象征着潜在的、"存在的"（out there）无政府状态，而且还可以作为一种真实的语意紊乱的机制[①]。可见，亚文化具有强有力的凝结力量，这种力量不仅影响着行为，更在心理层面具有强大的号召力，使得娱乐行为固态化、常态化。

第三，参照群体影响着网络娱乐行为乃至现实生活决策。

参照群体可能是朋友、父母、同学等自己周围的直接参照群体，也可能是偶像、明星等间接参照群体。在娱乐世界里，间接参照群体的影响力值得我们去关注。笔者曾经访谈过网络作家"风行水云间"，她的代表作《宁小闲御神录》总推荐数达403.88万，在2014—2016年连续两年位居起点女生网销售榜第一。当问及"如何评价自己作为一个传播'节点'的影响力（这种影响力除了阅读量，还指是否对阅读者产生更深层次的影响）"，她回答道："读者对作者有天然的崇拜，以能接近和效仿作者为荣。除了小说之外，我喜欢的东西她们也会追捧，比如护肤、减肥、电影，并且读者对作者比较信任，我喜欢以及愿意买的东西，她们通常也不假思索。"这正是参照群体影响力的最直观印证。

---

① 迪克·赫伯迪格.亚文化：风格的意义[M].陆道夫,胡疆锋,译.北京：北京大学出版社,2009：19-25.

第五章　网络娱乐的信息空间

一天内,因特网流量信息可以装满DVD光盘1亿6800万张;一天内,电子邮件发出约2940亿封;一天内,上传到Facebook有2亿5000万张照片,把它们都印出并垒叠起来有80个埃菲尔铁塔那么高;一天内,博客文章在网上发布有200万篇,是美国《时代》杂志770年的刊发总量;一天内,用户在Netflix(在线影片租赁商)观看电视节目和电影的时长达2200万小时;一天内,上传到Youtube上的视频达86万4000小时,不间断地播放视频,98年才能放完[①]。这是《互联网的一天》发布的一组数据,让人目瞪口呆。

"正如本尼迪克特所说:哪里有电子与智慧的交汇,哪里就会形成网络空间的通道;哪里有数据的聚集和存储,哪里就有网络空间的房间。每一幅图像、文字和数字,每添加一次数据,每贡献一份思想,都会增加网络空间的深度。"[②]《互联网的一天》的数据,形象地证明了网络化社会进步的源动力,来自网民参与下的知识创新和积累。

有个有趣的现象,笔者曾经对三十余名千禧一代的代表进行访谈,职业主要是白领、公务员、大学生、新生代农民工等。当被问及"你觉得什么样的人(具有哪些特征)能够在互联网中获取更多资源,有更大竞争优势?"时,他们的回答或多或少从不同侧面提到在纷繁复杂的网络信息空间里,懂得获取和利用互联网知识的人群将获得更多资源。

小巫:"终身学习的人。学习得越多,从越多纬度进行搜索,能获得

---

① 刘晓林.信息图:互联网世界的一天[EB/OL].[2012-03-09].https://www.prnasia.com/blog/archives/1001.

② 戴维民.有序与混乱——网络空间的矛盾与冲突[J].津图学刊,2003(04):5-9.

的资源就越多。"

小邱："对自己的未来有明确规划,能熟练使用各种互联网工具,对世界充满好奇心的人。"

小王："除去那些一呼百应的人,我觉得懂得探索的人和善于在互联网中发现新事物的个性者,将来会占据主要位置。"

小许："知道自己需要什么,具有创新精神,能够将互联网新技术用于自我提升的人。"

小梁："至少要能适应网络时代所带来的改变,看你需要什么样的资源,就要去学习获取这些资源的方法。"

也就是说,大多数人都赞成:越懂得互联网"知识生产和流动"规则的人,越能够在互联网中获取更多资源。可见,"信息"与"知识"在信息化社会已成为社会发展的核心要素,成为个体在现实世界中施展行为的重要"数据库"。但互联网技术逻辑背后蕴藏的知识生产和流动规律,又如何影响着个体资源的获取呢?本章将深入剖析。

第一节 信息空间建构娱乐认知共同体

信息空间是网络、知识、文化所生成的信息世界。世界网络信息空间的概念,最早在美国著名的科幻小说《神经网络人》里出现。在网络娱乐信息空间中,娱乐知识的建构机制已完全不同于传统娱乐空间。过去,娱乐资源和娱乐知识生产,总是集中在极少部分人手中,传统艺术家、娱乐文化创意者及工作者主导了整个娱乐信息空间。个体透过主导者创作的作品接收信息乃至价值观念。比如,谢晋导演作品《红色娘子军》将"国恨""家仇""妇女解放"元素巧妙编织,传达出妇女勇于追求解放、追求自我价值的精神;陈凯歌导演作品《黄土地》将镜头对准孕育生命的载体"黄土地",以及陕北特色文化"腰鼓",展现中华民族自强不信的精神;贾樟柯导演的《三峡好人》聚焦改革大潮中的普通百姓,透过平民视角审视三峡工程对国家和百姓带来的巨变。这些经典电影作品反映着时代的变迁,也影响着受众的价值观念塑造。

互联网时代,传播模式的剧烈变革,撼动着网络娱乐知识的建构机制。

"2016中国艺术行业领军人物"、张雄艺术网院长张雄在接受笔者访谈时,提道:"'80''90'后的审美正在影响传统艺术家的思路。互联网创造了青年艺术爱好者展示自我的平台,打通了与传统艺术大师对话的通道。"互联网的平等性正内化到网络娱乐知识的生产中,具体包括:娱乐知识内容是集体协作的成果;塑造知识生产与共享的新范式;共享共治形成网络信息空间娱乐认知共同体。

一、集体协作塑造全新网络娱乐信息生产系统

唐·泰普斯科特(Don Tapscott)和安东尼·D.威廉姆斯(Anthony D Williams)在《维基经济学》一书中提到,大规模合作将彻底改变我们的商业世界,乃至全球社会。理查森(Richardson)也曾论述了网络虚拟环境中,行动者合作的具体模式,"他认为无数志愿者的参与贡献构成了网络集体协作(mass collaboration)模式"[①]。这种协作模式,有效实现了不同行动者之间的互动、探讨、沟通、分享与合作。娱乐,因其内容生产的专业要求较其余知识低。因此,在网络娱乐空间中,任何具有娱乐精神的人,都可以参与到集体协作的队伍中,形成"网络狂欢"。UGC用户内容生产模式成为互联网时代最具标志性的信息生产方式。

抖音平台的快速崛起正是根源于"人"带来的流量聚集以及UGC内容创意的裂变式爆发。当信息传播方式由图文转向影像,智能手机在三、四线城市快速普及,短视频拍摄成为全民创作主流模式时,日活跃超过4亿的抖音用户塑造出全新的内容生产系统。抖音热门话题、热门文案、热门歌曲都是来源于网友的集体创作。比如,以2020年十大流行语之一的"凡尔赛文学"进行搜索,以"#凡尔赛文学"为主题创作的短视频播放量达11.4亿次(数据截至2020年12月14日)。其中点击量最高的作品来自"张若宇"(抖音号:7574675)发布的Vlog系列,点赞量达183.7万,评论量达5.4万。

网络文学下发展起来的"同人文"新形式也是集体协作的产物。同人文(The name of other's colleagues think that the text)一般是由读者把某部原著或原著里的人物放在新背景中假设,加入自己的想法去编辑或再创作,呈现出

---

① 丁大尉,李正风.网络信息空间中的知识建构——以维基百科知识生成机制为例[J].自然辩证法研究,2012(05):61-65.

对原作品不同的理解。这种形式就是"集体协作"的产物。南派三叔的作品《盗墓笔记》引起的同人文创作就是典型的例子。百万读者构成了《盗墓笔记》同人文集体创作和阅读的庞大群体。在有妖气网站上,特辟了《盗墓笔记》同人专区,提供了大量盗墓笔记同人图和同人文。UP主"海格"还打造了《盗墓笔记》同人动画。

又如2012年"杜甫很忙"事件,更具草根的恶搞气息。当时,恰逢杜甫诞辰1300周年,关于杜甫的涂鸦图片在网络上疯狂转载。只见杜甫时而端着狙击枪遥望远方,时而成为湖人球员,时而与美女风花雪月。遭涂改的杜甫头像原作,是蒋兆和先生于1959年创作的,现存于成都杜甫草堂博物馆。因杜甫所承载的文化内涵,对此事件的争议也就颇为激烈,有观点甚至认为这是教育的失败。但是从网络娱乐知识生产的角度来看,它只是偶然出现的,是网友为寻找娱乐快感和参与感而引发的一场网络狂欢。

可以说,集体协作正在塑造全新网络娱乐信息生产系统。创作主题的设计、内容的生产与传播不再是传统娱乐资源拥有者的特权,而是赋能于9亿网民,他们将自己的娱乐精神与生活感悟结合,诞生出海量的娱乐信息内容,丰富着娱乐文化生态系统。

二、个人主体形塑网络信息空间娱乐传播新模式

在麦克卢汉看来,媒介即讯息。数字化技术将文字、声音、图像等复杂多变的信息转换成二进制代码。但在以数字化为内核的网络空间里,它们已经不是"原子"形式的存在,不是消极、被动的工具和载体,而是以"比特"形式存在,是一种积极、能动的社会变革力量。这样的变革,让娱乐知识生产变得更加"接地气",更加容易创新。

个人成为符号生产的主体是网络娱乐信息空间非常典型的一个特征,而且这种由用户生产的模式,由于"娱乐"天性的存在变得更加丰富多彩。纵观娱乐空间,如今的网红现象和网络主播就是网络空间出现后,最具代表性的产物。从最开始的芙蓉姐姐、奶茶妹妹到Papi酱、薇娅、李佳琦再到李子柒、丁真,互联网向大众抛出一种幻想:人人都可以成名。

(一)网红的个体IP娱乐传播模式

2015年,《咬文嚼字》杂志颁布年度"十大流行语","网红"登上榜单。网红被理解为包括视频达人、时尚达人、明星段子手及电竞女主播等。他们是

在现实或网络生活中,因为某件事或行为被网民关注从而走红的人。

网红的发展也经历一些过程和审美的变化。在草根刚刚崛起的时候,网络文学成就一代网红,南派三叔、海宴这些网络写手进入大家视野;随着网络"审丑"文化盛行,芙蓉姐姐、凤姐的出名印证了个性出位才能博眼球;微博社交出现后,又凸显大V的名人效应;短视频则助力了新生代网红的诞生,如张沫凡、Papi酱、多余和毛毛姐。

比如,"2016年第一网红"Papi酱,毕业于中央戏剧学院导演系导表专业,从2015年年初开始与大学同学霍泥芳以名为"TCgirls爱吐槽"的微博账号发表短视频,其发布的每一个视频在各个平台都累积几百万的观看量。其最火的三个视频为"吐槽电影《恶棍天使》""男性生存法则第二弹"和"2015—2016跨年鸡汤"。Papi酱自称是"一个集美貌与才华于一身的女子"。其粉丝以19~25岁为主,低年龄层的女粉最多。粉丝评价道:Papi酱的视频具有崇尚真实、摒弃虚伪、吐槽一切装逼行为,她倡导的个体自由正是年轻一代共同的追求。

2020年年底走红的丁真,因为一支不足10秒的短视频受到全网关注。该视频由抖音账号"@微笑收藏家·波哥"发布,视频播放量达278.6万,评论13.5万,转发14.4万(数据截至2020年12月15日)。正如,网友"小高"评价那样,"纯真无邪,净化心灵,因为稀缺故觉奢侈",丁真差异化的个人形象成为具有传播力的媒介内容,深深攫取大众注意力。区别于当下网红审美的固有印象,丁真呈现出的纯真与自然在受众心里形成鲜明的人格特征;透过丁真的形象,现代都市人读到了对诗与远方的追求,在深层价值观念上形成共鸣;"丁真"作为极具传播力的话题在社交舆论场域激起大量UGC内容生产,形成裂变式传播效应。

根据数据资料统计,"理塘丁真"微博账号粉丝达139万,抖音账号达566.4万,在抖音上围绕"#丁真"话题的视频播放量达25.6亿次(数据截至2020年12月15日),亿万网友加入信息空间生产。当然,丁真作为个体的走红有偶然性,其火爆背后是"甘孜文旅"等文化因素的捆绑效应,是互联网营销的产物。

(二)网络主播的直播式娱乐传播

网络直播作为热门产物,迅速地集结起大批业余爱好者。在直播平台上,年过八旬的老奶奶在直播中聊天、分享人生经历;有才艺的年轻人把直播当作舞台为大家唱歌;富有搞怪娱乐精神的人则把直播当作传递快乐的乐园。网络直播的兴起与发展,让普通人都能成为传播的中心。用户的不同诉求,为主播营造了多元空间和多样化的主播风格。

直播式娱乐改变传统娱乐传播模式,赋予网红主播与受众即时互动的空间。大概在2003年前,我们在电视机前看到的各种游戏节目,如CCTV5《电子竞技世界》(2003年),让玩家了解最新游戏资讯。到2007年,在网络上可找到各种专业制作的节目,如PLU《我教》系列,我们可以对网络游戏深入了解。2012年后,UCG出现,网上出现更多牛人大神个人自制的节目。如2013年MISS的《MISS排位日记》,我们可以悠闲地看着他们教学、打游戏的全过程。可以说,群体社交、同步互动、低门槛的特色出现了海量的主播,现在有7.8万主播活跃在各大游戏直播平台。网红主播冯提莫直播人数最高时达900万;职业电竞选手出生的PDD是网络游戏LOL主播,曾在斗鱼直播时一晚收到近2300万礼物;网络游戏《王者荣耀》的主播张大仙头条粉丝头条超2000万人,微博粉丝888万。

网红主播的直播式娱乐还带来了丰厚的经济效应,尤其是当"电商"遇到"直播",让2016年起直播带货成为最流行的营销方式,也造就了薇娅、辛巴、李佳琦、雪梨、散打哥、蛋蛋小盆友等一批网红带货主播。有数据显示,2020年双十一薇娅累计营业额高达53.2亿[①]。同时,薇娅也致力于投身公益直播。2020年10月17日全国妇联宣传部、中国妇女杂志与薇娅一同举办了"巾帼脱贫冲刺跑"专场公益直播带货,观看人数达2021万,引导成交57万件,引导成交额1277万元。可以说,直播经济背后蕴藏的社会价值、商业价值正在不断被挖掘。2020年人社部还将网络主播为代表的"互联网营销师"列入"中国新十大职业"。

三、共享共治实现网络信息空间娱乐认知共同体

为什么要将第二届世界互联网大会主题定为"互联互通·共享共治——构建网络空间命运共同体"?国家互联网信息办公室主任鲁炜解释道:"互联互通的特点就是一点接入、全网共享,所以互联网让世界变成'地球村',网络空间已经是人类新的生活空间,国际社会也越来越成为你中有

---

① 山东电商周刊.双11预售首日战报:薇娅销售额53.2亿元排名第一,李佳琦38.7亿元排第二[EB/OL].[2020-10-22].https://www.sohu.com/a/426584921_799855.

我、我中有你的命运共同体。"在共享共治的环境里网络信息空间逐步促成娱乐认知共同体的生成。

(一)娱乐知识行动者共同体

在网络娱乐信息空间中,工作在同一领域或具有相同研究兴趣的合作者称为"认知共同体"或"知识行动者共同体"。比如,百度贴吧就是按娱乐明星、追剧狂、爱综艺、看电影、生活家和动漫宅、高校等标签,将"知识行动共同体"的"人"进行归类。"上贴吧,找组织"的口号,道出了共同体的行动号召力。目前百度贴吧共有23037382个(截至2020年12月15日)。比如高等院校分类标签里,热门贴吧"考研吧"共有4684290个吧友关注,帖子数高达32323664个;内地电视剧分类标签里,"花千骨电视剧吧"共有249215个吧友关注,帖子数达7642777个;小说分类里,"斗破苍穹吧"共有1998154个吧友关注,帖子数达60457873个。贴吧为知识的生产提供了空间,为吧友提供建构性对话场域。吧友们的创造性思维在集体协作中不断碰撞出火花,产生新知识。同时,吧友的思维是互相影响、互相启发的,个体与个体间互联,推动"集体知识"的生产。

当然,真正要形成"知识行动者共同体"还需要依靠仪式感和参与感的力量,形成文化圈层,或是有共同的价值追求。比如,观察豆瓣小组"我总觉得自己就是一个傻逼"共有成员1317362个。小组的共同理念定位在:我们崇尚的"傻逼"是"真善美",是一种执着的精神。他心怀美好,却与社会很多事情冲突,又不愿随波逐流;坚守自己内心的美好,导致了各种窘迫和事与愿违。

同样,以"我们想要打造的是一个有灵魂的知识社群"为定位的优酷脱口秀节目《罗辑思维》,在内容选取、节目风格上很好地迎合了高知识社群的需求,以知识共享的模式,形成了娱乐认知共同体。

(二)知识生产与共享的新范式

"你"——网民成为2016年时代人物周刊 *Time* 的年度人物。周刊这么记述道:"Yes, you. You control the Information Age. Welcome to your world.(是的,你是今年的年度人物。你控制着信息时代,欢迎来到你的世界)。"[①]在网络社会里,机构向个人过渡,我们正成为"新数字时代民主社会"的公民。网民之所以能成为2016

---

① 中国新闻网.网民成时代周刊年度人物是我们中的每个人[EB/OL].[2006-12-17]. https://it.sohu.com/20061217/n247092998.shtml.

年时代人物周刊Time的年度人物，正因为他们是互联网内容的所有者和创造者，他们共同创造出全新的知识生产与共享范式。

在新的知识生产与共享下，一方面，普通民众成为娱乐符号生产的主体，而不仅是被动的接收者。音乐红人、口才红人、创意红人、运动红人作为内容生产者将视频上传，在展示才艺的同时，获取关注。以"每个人都是生活的导演"为定位的土豆网，汇集了大量UGC视频原创作品。播客名为"有妖气原创漫画"的播主上传的作品"01哪吒篇1"，播放次数高达10216360次。所有原创内容的分类更是遍及电影、电视剧、音乐、综艺、搞笑、动漫、游戏、娱乐、健康、成长、体育等细分类目。

另一方面，网络娱乐网空间中的知识建构也是共识的获得过程，是一种社会化的讨论协商①。从网络自制综艺节目《奇葩说》来看，它能够在节目上线一个半月内，达到点击量过亿的良好成绩，正是在于通过娱乐形式，把知识建构和共享价值观，通过节目戏谑化地呈现出来，形成一种社会协商的"仪式感"。正如爱奇艺内容执行官马东所说："在做综艺娱乐节目的同时，也要心怀一颗对文化认知的心。""单身是贵族还是狗？""结婚在不在乎门当户对""大城小床vs小城大床""没钱要不要生孩子"像这样辛辣而又贴近生活的辩论主题引发的不仅是欢聚一笑，而是集体的"沉默"思考。《奇葩说》在娱乐的同时，也是一种以社会形式进行集体讨论协商和价值观形成的过程。

第二节 信息空间建构娱乐交流互文性

在互联网这个更加注重体系性、关系性、空间性的符号时代，以"互文本"为特色的超语言装置正在重新形塑人类的交流模式。克里斯蒂娃的互文性理论是受巴赫金对话理论影响后提出的新观点，它打开了文本诠释的全新视角。巴赫金的对话理论推翻了文本的静态切割，指出文本具有复调结构，对文本的诠释不能局限于一种路径，要挖掘多种思想在文本中的交流。

---

① 丁大尉,李正风.网络信息空间中的知识建构——以维基百科知识生成机制为例[J].自然辩证法研究,2012(05):61-65.

互文性理论正是将巴赫金的对话原则引入多个文本的交织,及文本与社会生活的关系之中。①

一、娱乐符号传播的互文性

文本是一种生产力。任何新文本的建构都是文本之间有益成分的吸收和重新组合。文本的互文性表征,可以从以下三个角度加以理解。

第一,文本既与语言联结又与社会联结。文本具有两种导向:导向它产生于其中的表意体系(语言和一时代及一具体社会的言语),亦导向它作为言说而参与的社会进程。②也就是说,除了关注文本的语言表征,也要关注符号传播过程中被赋予的社会意义。

第二,从"意素"来理解文本。"意素是在每个文本结构均可读到的具体化的互文功能,它随着文本进程的展开,赋予文本以历史、社会坐标。"③也就是说,我们需要从社会和历史的视角来思考文本。

第三,从写作主体、读者和外部文本三维度解读文本。从横向来看,词语属于创作的作者和阅读的读者;从纵向来看,词语的指向是不同的文本,包括先前文本体系的或共时的文本体系。

二、娱乐符号互文性的研究方法

将符号的互文性作为方法论,对传播文本进行研究时,能够在更广的泛范围内借用"互文性"的理论思想。除了克里斯蒂娃,热奈特在《羊皮纸,二级文学》(1982)中提出的五种跨文本性理论(transtextuality)中折射的"主题互文链"和"副文本性(paratextuality)"对研究网络娱乐符号有重要的借鉴意义。

第一,水平互文和垂直互文构成互文空间。水平互文指的是作者与读者之间的联系,垂直互文是基于文本在历史维度上的相关性(见图5-1)。在水

---

① 罗美晨,朱媛.克里斯蒂娃的符号学和互文性研究[J].传播与版权,2015(08):139-141.
② 朱莉娅·克里斯蒂娃.符号学:符义分析探索集[M].史忠义,译.上海:复旦大学出版社,2015:7.
③ 朱莉娅·克里斯蒂娃.符号学:符义分析探索集[M].史忠义,译.上海:复旦大学出版社,2015:52.

平层面上,互文性透过文本的内容进行运作。垂直面的互文性指的是文本指涉特定的其他文本。水平轴线和垂直轴线共同构成了互文空间。

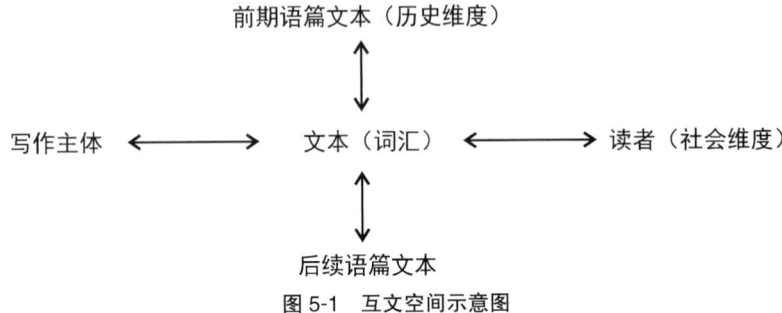

图5-1 互文空间示意图

第二,系列相关文本建构主题互文链。主题互文链围绕着同一主题展开文本内容。"这个内文本体系蕴含一个或多个主题,具有无限开放、自我指涉和多种转译的可能性,并且以可观察的方式关联转换。"[①]

第三,源文本与其派生文本构互文本网络。源文本与其派生文本即副文本性。副文本性之间的关系,包括序言、附记、评论等。以网络视听节目为例,预告片和正片还与其他众多预告片、演员介绍、成长经历、拍摄花絮视听节目构成巨大的互文本网络。

三、电视剧《琅琊榜》互文性解读

电视剧《琅琊榜》2015年火爆荧屏,位列第19届华鼎奖中国百强电视剧满意度调查百强榜榜首。《琅琊榜》改编自海宴的同名网络小说,早在2007年就曾持续数月居起点中文网连载点击榜首,豆瓣读书评分达9.1高分。用符号传播的互文性表征,我们可以解读出网络娱乐文本符号的特征。

(一)基本符号元素分析

根据"云起书院"数据报告显示[②],在女生小说销售榜TOP100中,古代言情小说占比42%,《琅琊榜》正属于这一符号类别。在古代言情阅读偏好中,穿越奇情和古典架空最受欢迎,《琅琊榜》属于古典架空类别(架空历史

[①] 陈莲洁.从主题互文链和副文本互文性解读电影《北京遇上西雅图》[J].南京理工大学学报(社会科学版),2014(06):48-54.

[②] 作家助手.女生小说作品用户分析报告[R].上海:上海阅文集团,2015.

小说可以描写虚拟人物存在于真实历史之中的半架空,也可以是由完全虚构的历史人物、历史时代构成的完全架空)。从年龄结构上看,网络文学读者的主力军是三十五岁以下群体,在古代言情阅读用户中,年龄分布显示为19～24岁占31.74%;15～18岁占22.96%,14岁及以下占16.49%,25～30岁占17.39%。在最受欢迎的网络小说符号中,宠文、爽文、爆笑、虐恋是主要风格。《琅琊榜》属于"虐恋"风格,主角身份是"王爷",主角形象是"杀伐果断",故事流派是"复仇",故事元素以"青梅竹马"为主(见表5-1)。

依据上面数据判断,《琅琊榜》虽然并不属于最受欢迎的网络文学标签类型,但是古典言情和架空历史类小说的符号标签也使其拥有一定数量的阅读喜好群体。更重要的是,《琅琊榜》通过符号传播的互文性达到了现在如此广泛的影响力。

表5-1 云起书院网络小说中最受欢迎五个标签

风格	主角身份	主角形象	故事流派	故事元素
宠文	总裁	腹黑	穿越	欢喜冤家
爽文	美男	专情	女强	豪门
爆笑	王妃	独宠	重生	权谋
虐恋	王爷	杀伐果断	复仇	青梅竹马
甜文	妖孽	萌系	契约	日久生情

(二)《琅琊榜》互文本分析

第一,水平互文和垂直互文分析。《琅琊榜》的文本符号包括:架空历史、中国文化传统、江湖元素、男性角色、青年热血等。在水平轴线上,连接着写作主体作者海宴,平台起点中文网;同时,连接着读者(解码者)。基于对文本符号的认知,读者虽然有不同的阅读动机,但都能享受最终的愉悦满足。在纵向轴线上,从历史纬度,《琅琊榜》的前期语篇文本包括:同种类型的架空类历史小说如早前的《甄嬛传》已获得大批读者的簇拥,让这种类型的文化产品在受众中具有相当的消费基础;中国文化传统崇尚英雄情节、男性气概,这样的文本符号元素利于受众心理层面的接近。后续语篇文本则主要体现在主题互文链和副文本性上(见图5-2)。

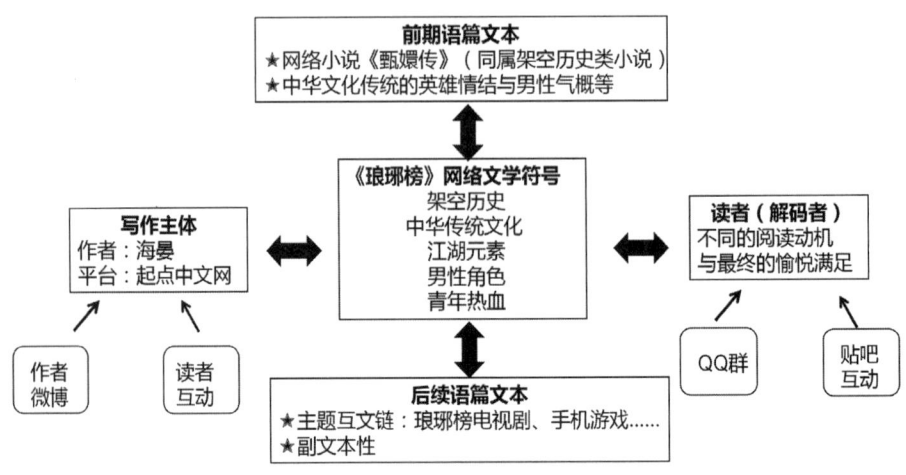

图 5-2 《琅琊榜》水平互文和垂直互文分析

第二,主题互文链。《琅琊榜》从网络小说到图书出版到电视剧再到手机游戏等形成巨大主题互文链。"该剧在爱奇艺播放量短短5日内达1.4亿,剧集弹幕总数达50366次,剧集评论总数达5559次,官方手游于9月25日开启不删档内测,吸引大批粉丝关注。"[①]实体图书热卖。各要素间相互影响,形成巨大的主题互文链。同时,读者群、观众群、游戏玩家相互渗透影响(见图5-3)。

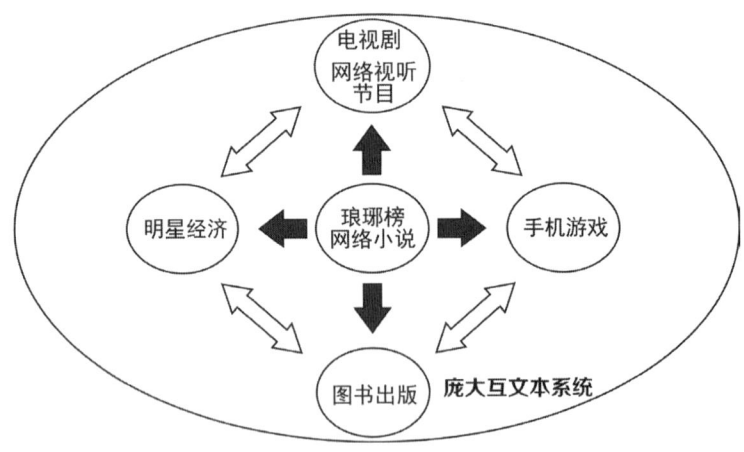

图 5-3 《琅琊榜》主题互文链分析

第三,副文本性。《琅琊榜》相关的副文本主要包括:一是《琅琊榜》网络

---

① 新华娱乐.《琅琊榜》播放量破亿爱奇艺打通泛娱乐IP产业链[EB/OL].[2015-09-24].http://www.xinhuanet.com/ent/2015/09/24/c_128264384.htm.

小说:书评、贴吧中读者互动评论、自媒体平台读者评论、豆瓣评论、各网络榜单推荐、新闻报道等。二是电视剧(主要指通过网络平台播放):电视剧相关的文本包括预告片和正片、演员介绍、成长经历、拍摄花絮视听节目。微博平台宣传:海晏微博、电视剧官方平台宣传微博、主演王凯、胡歌微博、制片人侯鸿亮微博、其他粉丝建立的微博账号。网友自制的关于《琅琊榜》相关内容的视频节目。相关资讯。在百度搜索"琅琊榜"共找到16000000个相关资讯。三是手机游戏:相关游戏测试报道、玩家心得等。

四、网络娱乐文本符号互文性表征

从理论分析和案例解读中,我们可以窥视出网络娱乐文本符号互文性表征特点。

第一,网络娱乐文本、创作主体、受众读者、社会文化是紧密结合在一起的。这种互文性是永恒的现象,任何现代文明都与古代历史文明有着关联。

第二,要用动态的观点看待网络娱乐文化的传播意义生产过程。

第三,强调人的主体性地位。读者群、观看者、游戏玩家是相互交织在一起的,是开放的网状系统。也许本来只是网络剧集观看者,但因为喜欢剧集而转看网络小说的人数比例不小。

第四,符号传播的互文性,让网络群体可以通过任何一个互文文本端口接触到文本内容。娱乐消费行为形成巨大的网状关系,影响文化结构。

第三节 信息空间建构娱乐知识流动之网

"利维(P Levy)认为网络空间作为一个新的知识空间,改变了现代线性且结构僵硬的知识空间,建构了一个开放、易变和动态的新知识空间。这是一个信息泛滥或者说是信息超载的空间,它拓展了人类的认知能力,建构了一种复杂的知识关系。"[①]

---

① 黄少华.青少年网络信息搜寻行为研究[J].淮阴师范学院学报(哲学社会科学版),2008,30(05):681-686.

一、知识流动的共享环境

共享环境是知识流动的基础。在网络娱乐信息空间里,娱乐知识的流动同样依赖于共享环境。互联网的特性,让用户可进入的共享环境日益丰富,类似于上文提到的娱乐"入口"。一个二次元文化爱好者,可以在B站这样的文化集中基地获取资讯,与其他人建立联系,也可以在半次元(第一中文COS绘画小说社区)这样的细分专业性社区得到知识共享。当然,更小群体的娱乐"场",如微信群、QQ群、微博等都是二次元文化爱好者互动分享的环境。

从本质上来看,共享环境为建构人与人之间的关系打通了"任督二脉",为传播建构了沟通之网。举个例子,张雄艺术网是个细分定位明确的高端艺术平台,2016年荣获"2016互联网+艺术创新平台"奖项,日均点击量达1600多万,App下载量达1000多万。作为一个"共享环境",成功连接起全球艺术家、收藏家、企业家、画家、艺术爱好者、文化机构(画廊、美术馆、古玩城)、艺术类大学生等不同阶层背景的个人和组织机构。

这个"共享环境"首先是突破了传统艺术传播的区隔。艺术行业特性在于区域性、地域性区分明显,如闽籍画派、京津画派、川籍画派有自己的交流圈,沟通甚少,而张雄艺术网打破了地域限制,让不同派籍的艺术家能够在这一"共享环境"里相互交流展示。

同时,这个共享环境包罗进更多的人群和关系网络。比如,在这个共享环境出现之前,艺术类大学生、普通艺术爱好者想要获得与全球艺术家直接对话的机会通常是不可能的。同时,艺术类大学生的作品通常无人问津而被淹没。然而,互联网平台的聚合力,"共享环境"的存在,让原本处于阶层底端的学生群体,获得了与知名艺术家同样的展示机会。文化机构的进入,让文化资本直接对接经济资本,"艺术收藏""中国书画""古玩杂项"都能在在线商城里购买到。

二、共享表达的代码体系

不同主体间的知识交流与传递,要有共享表达的代码体系。也就是说,在娱乐知识进行传递时,发送者与接受者之间对于知识表达所使用代码要有共通与共同的认知。这种代码体系有几个重要特征：

第一，"娱乐"元素是共享表达的通用代码。

现代人，尤其千禧一代越来越不关注意识形态纷争，而更强调愉悦之感。此时，"娱乐"元素及其带来的愉悦之感成为共享表达的代码体系。比如由中国手机电影第一人郑云创办的郑云工作室自成立以来，共拍摄了七百多部微电影，每天有超过两千人次浏览量，粉丝已达几千万。在拍摄短片时，根据社会热点改编，以娱乐搞笑的方式来针砭时弊。喜欢生活和摄影的内容创作者"多余和毛毛姐"，打造了《毛毛传》《毛毛姐和大明星》《毛毛姐的空姐生涯》等系列作品，用娱乐调侃方式，一人分饰多角形成差异化定位，在抖音平台吸粉达3340万，作品获赞量高达4.6亿。

第二，亚文化群有自身独特的代码体系。

不懂二次元文化的人，打开bilibili弹幕网站的动画和番剧频道总有一种不知所措的感觉。二次元的专有名词和文本系统，与非二次元爱好者之间建立起不可互通的表达鸿沟。二次元有属于自己的语言表达体系，比如FFF团、残念、poi、泡面番这样的语汇让我们感到与二次元文化脱节。"大丈夫"的意思是"没问题、没关系"；"绅士"的意思是"伪善的变态"；"脑洞"是形容人想象力非常丰富，达到匪夷所思的地步。这样的含义颠覆着传统认知，需要有共享的代码体系才能了解其内涵。

三、共识和信任资本累积效应

在充分的知识流动下，形成了因果循环的累积效应，逐渐在共享网络内部达成共识，并形成信任资本。①

"2014年最受欢迎的网络自制剧之一，是搜狐视频出品的《屌丝男士》。其一经播出，便受到热烈追捧，点击率达到20亿次。剧中男主角丰富多彩的小人物形象，诠释了'屌丝'群体的生活状态，拉近与观者的心理距离。微博名'warrior老BAO'说，4年的岁月，屌丝男士伴我度过了高中岁月，在苦难深重的高中岁月带来了开心快乐。从中可见，这种追捧，一方面是希望借娱乐

---

① 张红娟,谢思全,林润辉.网络创新过程中的知识流动与传播——基于信息空间理论的分析[J].科学管理研究,2011(01):21-26.

释放实现压力,另一方面则是心灵的共鸣。"①

B站就是以"内容"为核心,基于社交属性的共享表达代码体系,利用"UP主＋内容＋用户"的模式,构建社区生态圈闭环。UP主创作优质内容—优质内容吸引粉丝关注—粉丝的互动和支持激励UP主持续性输出优质内容,以共识和信任为基础不断实现资本积累,促进内容消费和线上互动。比如B站UP主"敬汉卿"以发布原创"生活类"短视频为主(截至2020年12月,共发布作品1087个),其中单一作品最高播放达2910.2万。拥有904.3万粉丝的"敬汉卿",其成长之路正是社区生态圈闭环的产物。观察其早期作品,主要是用荒诞的主题吸引眼球,拍摄了以"不作会死"为主题的一系列短视频,内容包括"一千根橡皮筋挤爆大西瓜""用鼻子挑战喝下一瓶可乐""徒手劈开一百个梨"等。这些内容在短期内激发了受众的猎奇心理,但并不能成为勾连共识和信任的资本。真正让"敬汉卿"能够获得bilibili2019百大UP主、2019年度弹幕人气奖UP主称号的原因在于粉丝的关注促使其思考自身定位,逐渐从网友口中的作死的"死神之子"转型成为传播正能量的"警察之友"。作品开始更多涉足普法说法类题材,比如与中国长安网(中共中央政法委员会官方新闻网站,全国政法综治系统的重要网络宣传阵地、信息发布渠道和舆论引导平台)合作拍摄了"牢饭体验卡"系列视频,对传销、网络赌博、卖盗版电影等主题进行创作,进行正能量引导。

经过以上分析,我们再来回答章节开头提出的那个疑问:什么样的人(具有哪些特征)能够在互联网中获取更多资源?那就是具有网络娱乐知识生产力的人以及能够读懂共享代码并转化为自我认知体系的人。这些人群在网络娱乐信息空间里,往往扮演重要"节点"作用;这些"节点"更能够充分吸收娱乐信息来增强自己在网络中的地位;"节点"是否重要,不是由它本身的属性决定,而在于其他节点是否相信它的能力。

---

① 马溧.新娱乐生活形态下网络自制节目的解读[J].新闻研究导刊,2015,6(15):177-178.

第六章 网络娱乐的关系空间

在列斐弗尔引入社会空间概念之前,传统学者对空间的认知主要停留在两个层面上:"要么把空间看成是一个中立容器,中间包含着社会行动;要么把空间理解成由主体人自由操控的客观对象,毫无自由的生长性。"①列斐弗尔的新解读,融合了这两者的观点,把空间看成是社会关系的重组,建构着人与人、人与空间的关系,是一个能够不断生长的动态概念。

可以说,关系空间是探究网络娱乐空间生产的重要视角。网络社会空间就其根本而言就是从关系结构的视角,研究人与人、人与事物(包括物质环境)之间的关系状态。无论是人还是非人类因素在关系网络里都被看成是行动者,他们带着主观的能动性,进入空间,参与结构生产。

当用关系状态考察行动者间的关联时,大致可以分为强关系、弱关系与无关系。这样的关系状态拼组出复杂的网状关系网络,影响着行动方向。

同时,当深入研究行动者间的强关系状态时,发现群体互动成为研究焦点。群体不同于类群、集群,它的影响力在于,决定我们是谁。每一个千禧一代的思想都是社会的产物,是所属群体的产物。此时,我们需要解开一个谜团:当娱乐能够创造出彼此共享的方式,"千禧一代"类群在网络娱乐空间中以怎样的方式快速结成不同群体,并且进一步创造出彼此共享方式?

针对弱关系状态,我们要探究互联网时代特有的"行动者网络"如何通过空间运作集合起不同的群体?

---

① 叶涯剑.空间社会学的缘起及发展——社会研究的一种新视角[J].河南社会科学,2005(05):73-77.

第一节　网络娱乐关系空间的结构形态

按照卡斯特的说法,信息时代是围绕"网络"形成的。网络则是由个体、组织作为节点形成的一个个关系空间。在网络关系空间里,人与人、人与组织间呈现出强、弱、无三种关系状态;相应地,人与空间则发展出离散或聚集的效应。

一、行动者是关系空间里的基本单位

任何技术都有其自身发展的内在逻辑。互联网的出现,以去中心化的方式,赋予个体强大的力量,个体以行动者的身份行走于网络空间中,编织关系网络。

当把行动者看作是关系空间里的基本单位时,任何行动者都将以自我为中心,辐射出多样化的关系结构。行动力强者关系网络复杂而多元,行动力弱者关系网络则相对简单。举个最简单的例子,在微博空间里,网络大V的行动力、影响力远强于普通网民,他们发出的一条微博,短时间内就可射发出上万乃至上千万的链接信号,形成关系空间的核心辐射源。当然,我们不能否认普通网民哪怕只有1个粉丝,仍然也存在着关系网络。

同时,我们需要强调的是,行动者并非仅是人类,也可能是非人类因素。例如文化产品或某个热门事件。以大熊猫巴斯(北京第十一届亚运会吉祥物熊猫盼盼的原型)为原型创作的动漫形象"欧巴斯"同样以行动者的身份,建构起以自身为中心的关系网络。"欧巴斯"女王般的气质得到众多熊猫粉的追捧,在微博里有5万粉丝。其行动轨迹十分活跃,在"巴斯"35岁生日之际,甚至发起"为巴斯寻找35万个朋友"的活动,辐射出35万个关系链接。

再比如世界首位中文V家虚拟歌手洛天依拥有微博粉丝473万,成为最具影响力的虚拟偶像之一。在2016年湖南卫视春晚节目中,洛天依与杨钰莹合唱歌曲《花儿纳吉》,在演唱的4分钟里,芒果TV在线观看人数达到170万,是其他节目平均收视率的两倍。洛天依以及洛天依近万首的原唱歌曲都作为行动者参与关系建构。

热门事件比如柴静拍摄的调查类纪录片《穹顶之下》因为关联到个人属性和社会属性,迅速在互联网发酵,通过视频网络、社交网络空间的关系链接,让数亿网友认识到雾霾的危害。

二、强、弱关系是关系空间里的基本链接形态

在网络关系空间里,关系状态也有强弱之分。强关系,可以看作是同质性强的节点间建立的以情感维系、资源共享为依托的关系状态。弱关系,则理解为异质性较强的节点间并不紧密的关系状态。

强、弱关系存在于个体的关系空间网络里。强关系往往会打破虚拟真实的界限,在线下生活中产生勾连,或者是原本就是现实生活中熟悉的个体,将关系网延伸至虚拟空间中。这是网状关系空间里形成节点聚集的核心状态,也是网状关系空间得以不断生产的源头。强关系群体间共享着相同的信息,能够用统一的品味进行标志,正如我们常说的"物以类聚,人以群分",但这种"类聚"不是扁平区隔结构固化的"品味群体",而是变动的"共同体"。

然而,在互联网时代,真正有价值的是"弱关系"。因为弱关系带来的是信息的传递。我们可能在社区里讨论互动,而产生短暂的思维碰撞;可能因为有着共同的娱乐喜好,一起玩网络游戏,一起观看网络视频并用弹幕的方式留下观点。不同背景属性的个体在交流中产生的信息,是原本在同质化的"强关系"圈里无法获取的。也就是说,从弱关系里个体能够看到原本看不到的或者不会去关注的"世界"。那么,在个体层面上,弱关系带来的信息价值则高于强关系。弱关系的短暂性和灵活性,也让关系空间处于永恒的流动之中,并且以网状方式呈现。

三、结构洞是关系空间里的特殊形态

1992年伯特提出了结构洞理论。简单来说,就是形容在无法直接产生连接或者关系间断的个体间好似存在着一个洞穴。此时第三者的存在,若能搭建起两者关联,弥补结构洞空缺,那么第三者将拥有控制优势和资源优势。

笔者曾经采访过网文作家"风行水云间",当问及:"作为一名网络文学作家,也就是一个具有影响力和传播力的'节点',平时会与哪些群体或个人产生联系(比如文学网络机构、粉丝等或其他)? 与这些群体是如何互动

的?"她给出的回答是:"我的作品发表在起点中文网,基本上与这个网站的编辑、读者互动较多。自己有粉丝群,也比较活跃,与读者的互动主要发生在粉丝群,其次是书评区。线下交流,读者会自行组织,但我从不参加,除非后面有签售,不得已要见面。网文作家和传统文学机构比如文联、作协的联系薄弱,基本互不交集。网文作家是个圈子,很少和圈外人打交道,只有不到百分之一的作者能够和影视公司、游戏公司、传媒打打交道,这些人就是网文金字塔最顶尖的那一小撮。"

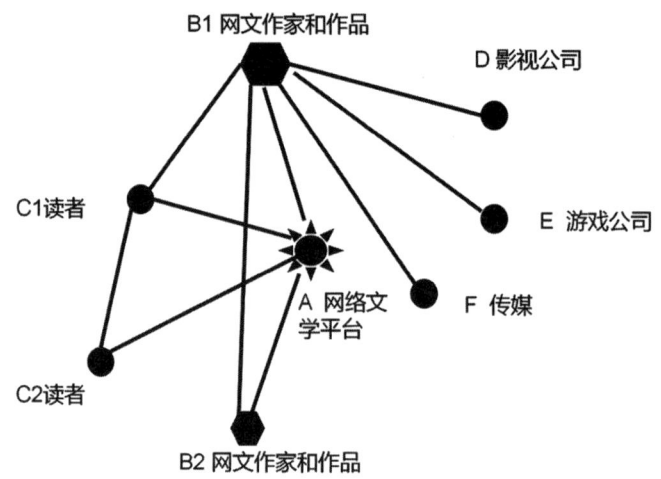

图 6-1 网络文学平台及网文作家、作品的结构洞示意图

通过她的介绍,可以大致绘制出基于网络文学平台及网文作家、作品的结构洞示意图(见图6-1)。如图所示,A网络文学平台和B网文作家和作品占据着结构洞第三者的重要作用。因为,网文作家和作品和读者之间是存在结构洞的,如果没有网络文学平台的桥梁作用,A和C之间无法建立起联系。同时,也正是有网文作家和作品的存在,A网络文学平台和C读者、D影视公司、E游戏公司、F传媒的联系才得以实现。同时,C1和C2间的联系也是基于B1网文作家和作品。

总之,行动者、结构洞、强弱关系状态构成了网络娱乐关系空间的基本结构形态,赋予网络空间生长力。

第二节　网络娱乐关系空间的强关系运行轨迹

在娱乐文化的世界里,群体的行为导向受到相似生活方式的影响,于是社会上就形成很多超越阶级的交往小圈子,甚至形成了强关系的共同体网络。这一共同体网络是以资源为纽带,依靠个体需求(情感)、文化、经济三个资源合力的结果。下文以粉丝社群、众筹融资、直播社交为例进行说明。

一、粉丝社群:文化资源与情感新纽带

随着互联网发展,粉丝不再是整个文化工业的旁观者,而是参与者,甚至是创造者。并且,粉丝群体逐渐形成其独特的亚文化关系空间,构建出粉丝生态圈。整个生态圈以情感为依托,具有明显的以个体需求为链接形成关系网络的倾向,群体间要么有共通的文化资源,要么靠情感维系。

中国粉丝主要构成为学生占34.8%,企业白领占22%,企业基层管理人员占12.3%;粉丝以职场精英最狂热,多集中在经济较发达的一、二线城市[①]。可见,粉丝文化的发展与经济、文化水平有直接的关联。

下文结合TFBOYS少年偶像组合,对粉丝社会关系网的三大特征进行分析。

第一,认同感。观点一致、有共同的情感维系,是粉丝群体的第一个特征。TFBOYS的粉丝群体年龄跨度大,有小学生、高中生、大学生、白领,当然我们在粉丝活动现场也经常看到抱着孩子的妈妈到现场来参加活动。TFBOYS官方微博的粉丝数量达到977万。为什么会有如此众多的粉丝喜欢TFBOYS？很重要一点是与艺人定位有关,"积极向上,加油男孩,阳光正能量"的形象与大众心中理想少年的形象一致,这样"爱护、爱慕"的情感因素形成粉丝团共同的认同感。"陪你到天涯海角,陪未来的易烊千玺起飞。愿你16岁的每一天,都是蓝天白云的好天气,生日快乐。"这样一句来自普通粉丝对偶像的生日祝福,正是这种情感基础的体现。

---

① 艾瑞咨询.2016年中国粉丝追星及生活方式白皮书[R].北京:艾瑞咨询集团,2016.

第二,资源共享。信息交流、图片分享、物品置换,是粉丝群体的第二个特征。在资源分享和信息交流上,以微博、贴吧等综合性交流平台为主,并辅助以微信、QQ群等即时通讯类粉丝交流群组。打开百度贴吧里"tfboys吧",其关注人数为1581516,帖子数量达9813891(截至2020年12月29日)。其中有一个名为"「广纳贤才」致每一个爱TFBOYS的你"的帖子,内容是邀请热爱TFBOYS及贴吧的粉丝加入官方QQ群,并且列出了较严格的入选机制。有数据资料显示,80%的粉丝之间会产生互动,其中13.4%的粉丝每天有多次互动,并成为朋友。粉丝间的互动除了资源分享、交流信息外,还包括分享图片、置换物品等。

第三,成就感。粉丝群体最愿意通过制作图片、视频类的内容为偶像宣传,来维护及推广自家明星。在这个过程中,当自己的偶像在社会得到进一步认可时,粉丝的内心会得到极大满足。这种把偶像的成功当成自己成功的心态,是粉丝群体的第三个特征。公益活动也是粉丝们为塑造自己喜爱的明星形象经常发起的活动。比如,TFBOYS成员易烊千玺曾经为《小王子》里的小王子角色配音。粉丝们就集资发起了走进"小王子"——易烊千玺后援会上海公益电影包场活动,让"来自星星孩子的家庭"(星星的孩子指自闭症儿童)有一次一起观影的体验。另外一个例子,由TFBOYS代言的某软件企业发起了"暴走应援"活动,得到TFBOYS大批粉丝的积极参与。粉丝们靠步行足迹在导航地图软件上画出了30多幅应援图,甚至西安的一位女粉丝暴走了44公里为偶像应援,一时成为热门事件。

二、众筹融资:经济资源的新模式

众筹融资就是以项目为依托,聚集网友的力量募集资金。众筹本质上是以"资金"即经济资源为纽带,建立起的行动者网络。在这一关系空间,不仅能给项目融到足够的资金支持,而且让网友从消费者转变为投资者,并带来一定的收益,实现共赢。在互联网平台上,由于高度的信息透明、高效的资金配置,使投资人对资金去向有较大决定权,资金需求方则在融资方式、回报率的自主性上得到增强。

2014年3月,阿里巴巴在"娱乐宝"平台推出众筹融资项目,承诺网民出资100元即可投资热门影视剧作品,年收益率预期在7%,并且有机会到剧组与明星见面会等娱乐权益。①首期项目《小时代3》《狼图腾》等电影作品获得融资成功。百度也推出"百发有戏"众筹业务平台,《黄金时代》等成为首批融资的影片项目。音乐剧《爱上邓丽君》是第一个将互联网众筹引入音乐产业的成功作品。

在国外,众筹融资运作更是与内容生产相联系。2014年美国圣丹斯电影节上,展出的影片通过众筹模式进行融资的项目占比超过三分之一。按照美国电影众筹平台Kickstarter的商业模式,众筹项目必须在一个月内达到筹款项目金额,否则电影人拿不到一分钱,该项目显示融资失败。项目成功融资后,众筹平台Kickstarter从中抽取5%的融资佣金。这种众筹方式让电影人对内容有更大的控制权,而不再听命于投资人。

众筹模式的出现,进一步完善文化产业的生产链条,让媒介产品与受众的关联从传受关系上移至制作阶段前,深入到融资环节。以经济为要素的强关系让空间结构更稳定和完善。比如《小时代3》投资成本4500万,最终票房接近5亿,这与其上映前通过娱乐宝进行众筹活动息息相关,让更多经济利益相关者加入传播网络的建构。

三、直播社交:精神慰藉的新工具

直播的兴起还与其背后蕴藏的社交属性密切相关。根据马斯洛需要层次理论,人需要从亲情、友谊、爱情及其他关系属性里获取社交满足感,需要在与他人和环境的互动中建立起归属群体。那么,在中国社会现代化转型的时代语境下,当越来越多的个体背井离乡来到大都市,切断与过往生活的链接时,需要快速找到精神慰藉的新工具,来满足"我还是有朋友的"的社交愿望。此时,直播实时性、交互性、可视性、个性化的优势,正好助推网络直播空间成为重塑社交关系的新通道。

2015年上线的"趣播"APP主打"直播新鲜事,结识新朋友"的社交口号,将移动直播社交带入受众视野。2015年劳动节时,推出"劳动节,趣播陪你去看人海"的直播主题,通过移动端向移动端传播的模式,实现边播边聊的实时交互。随后,陌陌、花椒、快手等应用相继进入直播领域,进入不同细分

---

① 新浪科技.阿里推"娱乐宝"平台100元即可投资电影[EB/OL].[2014-03-27].http://www.oclc.org/about/history/default.htm.

市场。

2016年6月,主打LBS(基于位置服务)特色的"陌陌"推出直播业务,进入陌生人社交领域,主打通过视频、文字、语音、图片展示自我,并基于地理位置发现附近人。打开"陌陌"首页看到"附近的人""附近动态推荐",随后才是直播、消息、关注等界面。可见,陌陌与映客、花椒等应用以直播内容为中心不同,更强调的是依靠社交基因形成用户黏性,建立真实的社交关系。同时,陌陌强调多元化社交场景,既有以语音为媒介的一对一情感咨询/职场交流,也有多对多线上KTV;既有以视频为媒介的一对一才艺广场,也有一对多视频直播;既有以文字为媒介的一对一LBS社交,也有多对多的聊天室。多种用户匹配方式和不同媒介载体的互动,满足了不同群体社交需求。

同样处于直播社交应用排行前列的YYlive,提出的口号是"上YY,一起玩"。与陌陌不同,打开YYlive首页即是内容推荐,包括热门、音乐、脱口秀、舞蹈、户外、端游、手游等分类标签。YYlive主要依靠主播建立起链接网络,有的靠才艺直播、有的靠搞笑类直播、有的靠游戏直播,还有的以美食制作、聊天互动吸引受众,满足群体社交需求。YY平台还建立起系统的主播培养计划和校园造星计划,优化内容生产,增强基于直播内容的用户黏性。

当然,正如在下载直播社交软件时,界面所做出的提醒:"交友需谨慎,请注意保护个人隐私。抵制粗俗语言,共创文明网络环境。"直播社交还需要守住道德底线。

网络娱乐关系空间的强关系运行轨迹,随着传播媒介的更替处在不断发展过程中。依靠个体需求、文化、经济三个资源合力共同建构起的网络娱乐空间关系网也在不断扩张,其中行动者的资源转换能力是关键因素。

第三节 行动者网络的弱关系运作轨迹

在关系结构上,弱关系是如何运作呢?下文借鉴卡隆(Callon)提出的行动者网络理论ANT这一分析方法,以电影《魔兽》为例,从微观角度探讨娱乐文化弱关系空间是如何形成的?

2016年6月8日,由美国传奇影业、暴雪娱乐联合出品的奇幻动作片电影《魔兽》震撼上映。这部影片改编自暴雪娱乐制作、1994年重磅推出的游戏《魔兽争霸：人类与兽人》。历经22载，"魔兽"这一超级大IP掀起亿万玩家"致青春"的狂潮。"首日票房破亿，全国285个IMAX首日零点场票房达到了5540万，打破《速度与激情7》创造的5247万零点场票房纪录。"①

这一令人振奋的数据超出了预先的商业评估。实际上，《魔兽》在上映前面临诸多不利因素，前景被各方看淡：首先，魔兽游戏近几年开始走下坡路，游戏玩家数量不断减少，玩家从8位数下降至7位数。暴雪公司近一两年已不再向外公布玩家数量。其次，《魔兽争霸》游戏自传出将改编成电影以来，版权方与电影出品方的利益矛盾不断，以致历经十年才得以面世。再次，改编后的电影《魔兽》在国外知名评分网站上，评价只打了29分。

这样一个市场前景看淡的IP延伸，如何在中国掀起娱乐狂潮？从行动者网络理论（ANT）出发，可以较理性地从"关系网络"视角做出解释。

这部电影，让魔兽迷苦等了3285天，也就是9年，78840小时。《魔兽世界》首发预告片公众号单篇阅读人数高达705958次；2016年11月7日凌晨公众号首发的预告片，11月8日就有3856643次。公众号发起的"奔跑吧，电影魔兽"阵营对战，有75万人参加，274万人看热闹，其中狂热粉丝中男性粉丝占比高达90.09%。

一、关系空间中行动者群体选取过程

在"魔兽"的网络娱乐关系空间中，大致可将人类行动者视为魔兽迷、"魔兽版权方"暴雪娱乐、"魔兽"IP的合作方、其余企业品牌等，并且将网络游戏《魔兽争霸：人类与兽人》视为非人类行动者。

（一）魔兽迷

根据数据资料统计，魔兽在地球上的粉丝超过1个亿②。"无魔兽，不兄弟""为了部落、为了联盟"记载着魔兽游戏资深玩家们的青葱岁月。在百度指数上以"魔兽"为关键词进行搜索，发现2016年6月5日—11日周平均搜索指数为3743350，远远高于2011年同时段的搜索指数14171。年龄分布上

---

① 微视听CIBN.微视听首播《魔兽》，为开工的你提提神[EB/OL].[2016-10-09].https://www.sohu.com/a/115650983_422349.

② 新浪魔兽世界专区.WOW公布里程碑数据玩家账号超1亿[EB/OL].[2014-01-30]. http://games.sina.com.cn/xyz/z/wow/2014-01-30/1118522311.shtml.

20～39岁群体占比高达70%以上。魔兽迷是该行动网络中最重要的节点，用实际行动编织着关系网络。

(二)版权方——暴雪娱乐

暴雪娱乐公司是美国视频游戏制作和发行公司，隶属维旺迪（Vivendi）总公司。其推出过星际争霸、魔兽争霸系列等在内的众多经典系列游戏，在群雄纷争的电子游戏界评价极高。暴雪公司一直将"制作权威性作品"当作企业永恒发展的动力。

(三)《魔兽》电影合作出品方

《魔兽》电影的制作公司包括暴雪娱乐（美国）、传奇影业（万达集团持有传奇娱乐超过50%的股权）、亚特拉斯娱乐（美国）、环球影业（美国）、腾讯影业、中国电影集团公司、华谊兄弟、北京太合娱乐。发行公司包括中影集团、华夏电影发行、华纳兄弟（美国）。

在中国市场需要重点关注的行动者是万达集团和腾讯影业。"《魔兽》电影主要是由美国传奇影业投拍，传奇影业曾打造了《黑暗骑士》《侏罗纪公园》《超人：钢铁之躯》等票房佳作。就在《魔兽》即将上映前，在2016年1月，万达集团宣布，以不超过35亿美元现金（约230亿元人民币）收购美国传奇影业公司。"[①]2015年9月17日，腾讯影业加入电影开发队伍中，着力于打造线上粉丝平台。

(四)其余企业品牌

作为一部改编自人气游戏的《魔兽》电影，从宣布拍摄开始，就一直备受瞩目。因此自然是各大品牌不可错过的营销风口。如《魔兽世界》游戏的在华代理运营方网易、网游企业波克城市、飞利浦、JEEP自由侠、杰士邦、其余地产项目等都借势《魔兽》玩营销，成为不可或缺的行动者。

(五)非人类行动者："魔兽争霸"网游

"魔兽世界"史上曾创下的吉尼斯世界纪录有：24小时280万份拷贝，销售速度最快的PC游戏。正如一位魔兽玩家所言："WOW对我不只是游戏，它是我生命的一部分。那些我和伙伴一起任务，和公会一起开荒，和队友一起跳舞的日子，我永远也不会忘。""魔兽"的意义绝不仅是一款网络游戏，它的一个场景、一个道具都镌刻下魔兽玩家的青春记忆。

---

① 快科技.万达35亿美元收购传奇影业后者曾打造《侏罗纪公园》[EB/OL].[2016-01-12].http://www.techweb.com.cn/finance/2016-01-12/2257942.shtml.

二、行动者转译延伸IP价值过程

每一个行动者都不是中介人,而是转译者。在转译过程中,行动者参与到问题呈现、利益赋予,以及征召和动员四个环节。其基本环节如图6-2所示。

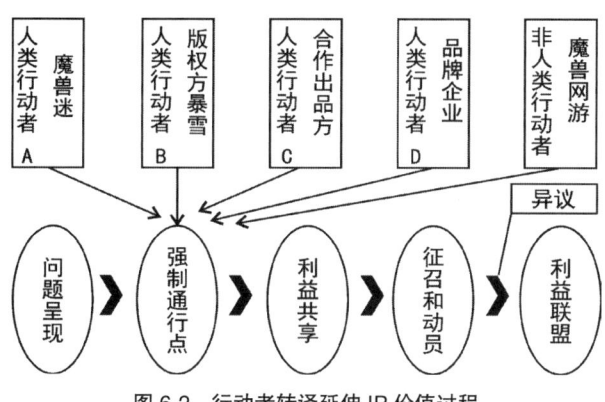

图6-2 行动者转译延伸IP价值过程

(一)问题呈现

不同行动者有不同的目标,要达到强制通行点(OPP),接受由《魔兽争霸》改编的电影《魔兽》,仍面临许多障碍。

第一,作为一款进入中国十年的网络游戏,在激烈的网游市场竞争下,也面临着玩家人数的骤减,老玩家流失,新玩家被分化到不同的网游平台中。同时,网络游戏是需要花时间练级的,和"魔兽"一起成长的"80后",已经从青少年时期过渡到青年,一般都有稳定的家庭和工作,无法再如过去一样投入大量精力玩游戏。魔兽迷对"魔兽"这个IP的忠诚度还有多少?值得商榷。

第二,对于版权方暴雪娱乐来说,一直是以游戏制作和发行为主营业务。面对"影游"联动的多元经营利润驱使,暴雪对"魔兽"的品牌延伸持谨慎态度。一方面,希望透过IP授权延伸实现新盈利;另一方面,一直以打造"标杆品质"为愿景的暴雪娱乐,又担心不良的品牌延伸会损害原品牌的美誉度。因而,对于授权传奇影业电影《魔兽》的制作权一直比较慎重。

第三,合作出品方看中的是"魔兽"这一超级IP背后亿万玩家的"人"资源,但是仍需承担盈利风险,并且在与版权方的协调中需要解决种种矛盾。

第四,在品牌营销难度越来越大的今天,其余品牌企业总是希望能够有新的营销刺激点出现,来对接品牌的消费群体。

第五,非人类行动者"魔兽争霸"这一网游,如何把握准核心群体,将自身的IP价值有效延伸?

(二)利益共享

在分析各行动者障碍和目标的基础上,《魔兽》电影要取得成功,必须化解障碍,设定不同行动者的目标,订立"强通行性点(OPP)"——延伸"魔兽"IP,并关注各行动者利益,把目标人群定为"魔兽世界的缅怀者",而非仍活跃的魔兽游戏玩家群体。

在网络中,不同行动者的行动有着不同的目标。魔兽迷在工作、生活之余渴望获得娱乐体验,并且能借助《魔兽》电影缅怀青春;版权方暴雪娱乐则希望通过版权出让,获得收益,从而对日渐骤减的游戏玩家现象有所刺激,保持"魔兽"良好的品牌形象;合作出品方的目标更为直接,就是经济收入;其余企业品牌则希望借势营销,搭上"魔兽"热潮的顺风车;"魔兽"网游这一非行动者则希望在IP延伸中,保持玩家热情,也进一步吸纳老玩家的回归。

(三)征召和动员

每个行动者都是转译者,他们的行动影响着网络的走向,也编织着关系网络。

1.魔兽迷:《魔兽》背后的关系网络

一个二元化、复杂完整的"魔兽"世界和一整套价值体系,是"魔兽"历经22年打造的,更重要的是,这个"魔兽"世界乃至这套价值体系并非游戏公司的人为设计,而是由亿万"魔兽迷"参与创造;许许多多脍炙人口的"魔兽"故事,也不都是来自游戏和游戏世界,也有很多发生在魔兽迷生活之中。

第一,对《魔兽》电影的高关注度。中国玩家热情高涨,甚至喊出"就算2个小时只播放进度条也会去看"的呼声。在各大城市的主要影城,可以见到首映时场外长长的售票队伍和化装成游戏角色的铁粉们。

第二,在互联网上自发性持续造势。在微博上,"魔兽"的相关话题阅读量超过1亿的就有#电影魔兽#(3.5亿阅读)、#魔兽世界#(2.1亿阅读)、#魔兽电影#(1亿阅读)。这三个微博话题平台,讨论热度持续不减。

第三,以无数魔兽迷个人为纽带,编织起关系网络。百度贴吧中"魔兽玩家吧"2016年5月29日网名为"叶赫孙策"的网友发帖:老队友!我们一起去看魔兽世界吧!有"魔兽"的铁粉说:"我觉得魔兽电影出来了,为了纪念一代人的青春,我们把自己的区服自己的名字,自己要去看魔兽的地区报出来,看看能不能遇到自己多年以前,能把自己的背交给的人!我先来!有六区古拉巴什,血煞罗,深圳罗湖。希望能有多年以前未曾谋面的队友相见。"①

2.合作方:采取饥饿营销

在《魔兽》首映时,出品方万达、腾讯影业在营销环节也纷纷展开行动,大搞"饥饿营销"。

第一,排期选择:2016年6月8日,既是端午节小长假的最后一天,也是940万高考生结束高考的日子。虽不是周末,但胜过周末。

第二,促销手段:格瓦拉、猫眼等票务网站都以低价策略抢占市场。18元抢票活动格外引关注。

第三,场地营销:"万达则与农业银行联手包场《魔兽》首映,把部分影院的影厅名字改成了《魔兽》世界中的地名,影院座位也分成了部落和联盟两种颜色,让消费者体验身临其境的感觉。"②

第四,衍生产品:从《魔兽》首映开始,《魔兽》主题展也在全国巡展,潮牌izzue的魔兽主题服装以及各种产品也一同亮相。

第五,创新营销:腾讯影业,联合A站推出了《魔兽》弹幕场。

第六,微信营销:"电影魔兽"微信公号运营以来,累计内容阅读人数达到700多万。

3.品牌企业:借势造势

成都地产开发商借势"魔兽世界"举办各式活动,贴近魔兽迷们。信和御龙山地产项目,向魔兽迷送IMAX首映票、设置了有趣的"玩魔兽拼图"游戏,并且带来了一场"魔兽COSPLAY"和盛大的"电子竞技娱乐大赛",所到之处无不引起路人关注。

针对《魔兽》电影的上映,网易希望通过电影的首映,借力引发的怀旧潮让老玩家重新意识到游戏的魅力。为此,他们推出"老玩家召回工作"专栏,并表示所有登录《魔兽世界》的玩家,将获得独特的电影联动幻化物品。网游企业波克城市在《魔兽》电影上映之际购买了价值千万的片头贴片广告,

---

① 百度贴吧.老队友!我们一起看魔兽吧!!!![EB/OL].[2016-05-29].https://tieba.baidu.com/p/4576862143?pid＝90579822572&cid＝0#90579822572.

② 新榜.坐拥1亿玩家,《魔兽》还需要做营销吗?[EB/OL].[2016-06-08].https://www.sohu.com/a/82061383_108964.

重点打的是"向魔兽致敬"的"情怀牌"。

4.KOL：关键意见领袖

《魔兽》的票房奇迹还得益于意见领袖的力推，让影响力呈几何式增长。

5.非人类行动者

暴雪游戏设计师们担任了影片顾问，他们参与了影片的场景、道具设计，从而使片中呈现的每一个英雄、每一个魔法、每一个道具，都能将《魔兽》粉们带回曾经一起征战的激情燃烧的岁月。

三、超级IP社交网络的生产过程

应该说《魔兽》本质上不是电影或游戏，而是一个IP。

第一，魔兽成为一种信仰与集体记忆。《魔兽》已经成为魔兽迷的情感寄托，代表着一种共同的文化价值追求。从下面魔兽玩家情感语录，我们就可以发现魔兽在魔兽迷心中的价值：

> 我70年代玩的，玩到95就没玩了，号也封存着。好怀念70年代时候，认识的一群人一起下副本，战场，做各种成就而天天下班就玩到3~4点7区恶魔之魂。
>
> 陪伴九年，至今仍然再坚持，早已没了当初的热血，只是变成了一个习惯了，太多的不舍，所以不愿AFK，等孩子大了，希望能把我这全职业号送给他吧。
>
> 近十年的魔兽，青葱岁月都给了魔兽，现在已经afk，魔兽对于我来说不是一款游戏，不是一种消遣，而是一种情怀，一段记忆，另一种我的人生。①

第二，代表了"80后"在社会话语权上的抗争。魔兽世界曾引发了一系列网络事件和争议性代表人物，如陶宏开、杨永信以及跳楼的天津男孩儿。这些舆论背后代表了"80后"在社会话语权上的抗争，也被"80后"称为"成长的印章"。

第三，编织社交网络。魔兽让"80后"的交友圈向虚拟社区蔓延，我们可

---

① 作文网.魔兽世界-致青春,那些年一起下过的副本[EB/OL].[2016-06-04].https://www.zww.net.

以第一次因为喜好、因为志同道合结识到新朋友。我们的玩伴不再仅是同学、亲戚。

总之,网络娱乐关系空间生产着网状化的全新的人与人、人与空间的关系。根据兴趣来结识好友,超越传统社会阶层的束缚。

第二部分小结

网络娱乐传播创新着社会空间生产：由娱乐空间中的生产转向空间本身的生产。娱乐空间作为一种生产资料，生产着行为空间、信息空间、关系空间，也生产着行为模式、信息知识和社会关系。

在行为空间里，千禧一代作为实践主体，以平等的权利到达网络娱乐的"入口"，并以随性的方式在"通讯窗口"下留下自己的行为轨迹。这一行为轨迹勾画出网状化的图谱。当然，随性的方式并非无规律可循，生活形态、亚文化圈、参照群体这些因子都影响着用户网络娱乐的消费行为。

在信息空间里，娱乐内容生产不再是少数群体的特权，任何具有娱乐精神的主体都能在网络娱乐生产中占有一席之地。知识生产主体泛化，撼动着网络娱乐知识的建构机制，形成知识生产与共享的新模式。同时，以"互文本"为特色的超语言装置形塑着娱乐交流的新模式。知识流动也以网状结构形态呈现（见图6-3）。

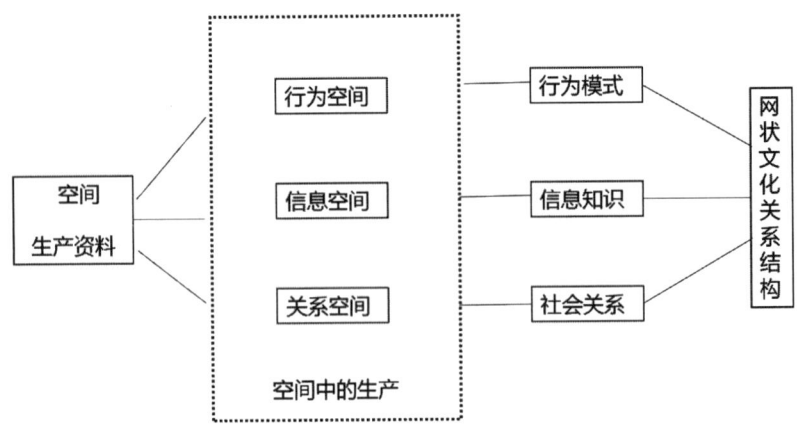

图6-3 网络娱乐生产空间结构

在关系空间里,行动者以文化资源、经济资源、个人情感为纽带连接起网状化的文化关系结构,形成很多超越阶级的交往小圈子。这些群体在行动中,创造出彼此共享的方式,并形成共有的文化价值观。但是,这一关系网络有强弱之分,也并非稳定的结构,处于不断的流动之中。

可见,从以上分析中,看出网状文化关系结构已经是互联网时代的主流文化结构。

第三部分

时空再结构化的网状文化趋向

我们目前所遭遇的包括:社会互动的带领及在每天周期性的活动中与别人互动的持续要求……最重要的是,这些一成不变的事将短暂无常的遭遇和社会再联结起来而形成一固定的机构。[1]

——Giddens(1984)

---

[1] Giddens.The Constitution of Society: Outline of a Theory of Structuration [M].Berkeley: University of California Press,1984:72.

社会时空的转换是社会得以发展的条件。由于人的实践活动,社会时空发生着相互转化与演进。传统、现代、后现代的进程融为一体,是当下中国社会时空交错的缩影。而不同的时空,其特征亦是完全差异的:传统形态的时空设置是以农业为主导的、小社区的、神圣的、封闭的、固定的;现代形态的时空设置是以工商业为主导的、大社区的、世俗的、开放的、弹性的;网络时代的时空设置则是以人的关系为主导的、全球化的、自由的、流动的、虚拟现实的。那么,当三种时空设置重叠于网络空间时,必将带来时空的再结构化与新的文化分层趋向。

从前面两大部分的解析中,我们已经得出几个小结论:第一,娱乐是文化发展的先导力量,有强烈的前瞻性和借鉴意义。第二,从社会时间看,文化分层是变动的,动因来源于上层社会想要标志出自己的不同。下层想要突破,原来方式是模仿,现在是重建。第三,从社会空间看,已从物理空间向虚拟空间转向。在转向中,中国社会新的生活形态和生活方式已经逐渐形成。第四,在传播模式变革下,文化分层的形态已经发生剧变,网状文化空间结构已成形。

吉登斯在《社会的构成》一书中,提出结构化理论,强调行动与结构是彼此关联的,一切社会行动皆包含有结构,而一切结构皆有社会行动和人。当把这一观点放置在网络娱乐世界里,可以得出一个结论:网络社会结构的存在,是一切娱乐行为得以展开的条件;同样,正是网络娱乐活动中人的行为、传播方式、人际互动关系,建构出全新的虚拟真实的社会结构。

当网络社会与现实关系社会高度整合,新型网络社会产生,社会互动与组织模式得以重塑,同时加速了社会结构的再生产。这些系统以行动主体的能动性与创造力为基础,在行动主体的多元化行为轨迹下创造出新的规则和资源。

那么,研究社会时空再结构化和文化分层新趋向,实质就是研究社会时空系统结构,如何通过"人"的互动和娱乐传播被生产和再生产?这些具有行动力和理解力的人又创造出哪些规则和资源?

第七章　千禧一代的"多面性"催生网状文化结构

在吉登斯看来,结构是时空互动中使用的规则和资源。在使用规则和资源时,行动者在时空中维持或再生产出新的结构。也就是说,传统社会结构所赋予的规则和资源是千禧一代在网络社会时空行动的基础前提。当他们在网络时空中使用规则和资源时,网络时空所具有的社会结构所赋予千禧一代的规则和资源均发生了颠覆性变化。此时,千禧一代这一集群行动者在网络社会时空中会用行动力再生产出全新的结构——网状文化关系结构(见图7-1)。

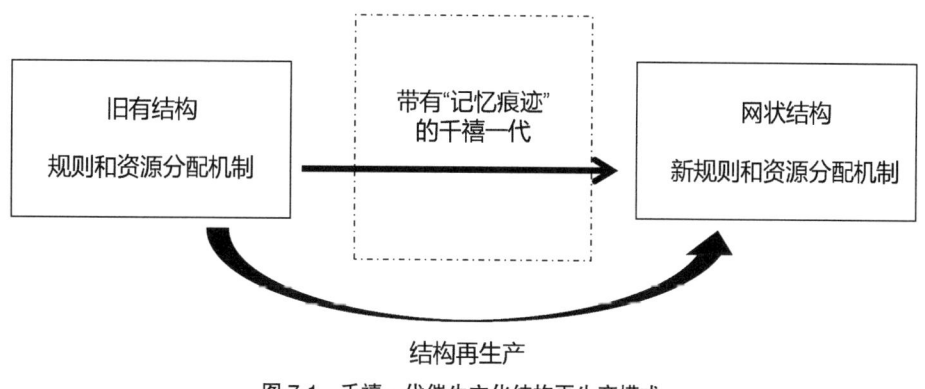

图7-1　千禧一代催生文化结构再生产模式

也就是说,被社会结构化的千禧一代,在传统时空的规则定制和互动中,由于资源的占有不同,因此也并不是千篇一律、整齐划一的统一群体。他们在进入网状文化结构时,自身也内化着传统结构的"记忆痕迹"。当背负着"记忆痕迹"的能动个体涌入网络社会时空时,面对使用规则和资源分配发生了新的改变,行动者又如何催生出全新的社会结构?这个新社会结构对个体、社会生活将产生怎样的影响?

这种"记忆痕迹"在千禧一代身上,很突出地体现为受代际资源传承和个体能力差异而带来的资源占有区别。一方面,中国有句古话,"士之子常为士,农之子常为农"。据中国社科院的研究表明,父辈拥有财富、地位等社会资本的人比普通人更容易成为干部。可见,从父辈身上流转下的资源被千禧一代转化为相应的经济资本、社会资本、文化资本,让其处于传统金字塔结构的不同位置。另一方面,个人的能力与后天努力也为千禧一代依靠自身拼搏跻身到上流阶层创造条件。胡润研究院发布的《2019胡润全球少壮派白手起家富豪榜》统计了年龄四十岁以下,通过白手起家达到资产10亿美金以上的成功创业者。在榜单里,共有来自全球的46位年轻富豪入选,其中中国占有16席,包括拼多多创始人黄峥、字节跳动创始人张一鸣、大疆无人机创始人汪涛、好未来教育创始人张邦鑫等[①]。这些千禧一代的优秀代表,抓住互联网浪潮机遇,打破旧有规则,实现阶层突破。当然,这只是极个别现象。

所以,为了更加全面地分析在结构转型中,千禧一代到底发挥了怎样的作用,是如何用自己的行动促成了新结构生产,我们仍需要从传统结构层面入手,对千禧一代进行细分。而职业正是细分千禧一代的有效指标体系。本章节将综合利用量化分析和质性分析的方法,在问卷调查、田野观察、深度访谈的基础上,勾画出不同职业群体在网络文化空间中的生存情况以及他们是如何塑造出全新的文化关系结构?

第一节 千禧一代不同职业群体网络娱乐消费特征

在实证分析里主要围绕三个问题展开:第一,网络娱乐在千禧一代群体中扮演的角色。第二,千禧一代不同职业群体网络娱乐消费的异同表现。第三,在创造网状文化关系结构新规则的同时,千禧一代对传统社会结构影响的表现。

一、以"职业"为指标体系的千禧一代

正如前文所述,职业是细分千禧一代的有效指标体系。那么结合中国网民职业结构分布情况,以及同样以职业为依据划分的中国社会十大阶层基本形态,可以将千禧一代做出如下划分。

---

① 中国网财经.2019胡润全球少壮派白手起家富豪榜发布中国16人上榜[EB/OL].[2019-03-19].http://finance.eastmoney.com/a/201903191073706213.html.

首先,根据第46次《中国互联网络发展状况报告》显示中国网民职业结构分布情况为:学生占比23.7%、个体户/自由职业者占比17.4%、农林牧渔劳动者占比15.3%、农村外出务工人员占比11.4%、企业/公司一般职员占比6.8%、专业技术人员占比6.3%、退休人员占比5.7%、商业服务业职工占比4.6%、制造生产型企业工人占比2.7%、企业/公司中高层管理人员占比2.5%、无业/下岗/失业占比1.9%、党政机关事业单位一般职员占比1.6%。

其次,根据中国社会职业结构的基本特征,其划分为:"国家与社会管理者阶层、经理人员阶层、私营企业主阶层、专业技术人员阶层、办事人员阶层、个体工商户阶层、商业服务业员工阶层、产业工人阶层、农业劳动者阶层和城乡无业失业半失业者阶层十大群体。"①

那么,基于千禧一代特指18~34岁年龄人群,本研究粗略将千禧一代归纳合并为九大身份属性群体。包括:学生、无业/下岗/失业、个体户/自由职业者、企业/公司一般职员和中层管理人员、专业技术人员、商业服务业职工及制造生产型企业工人、党政机关事业单位一般职员、农林牧渔劳动者及农村外出务工人员、商界精英及高资产人士。

根据传统社会分层的习惯,依据组织资源、经济资源、文化资源占有的多寡,结合中国社会十大阶层分层的规则,千禧一代八大群体(除去学生群体)在传统结构中也被分列为垂直性的等级(见表7-1)。

表7-1 千禧一代八大群体垂直等级

阶层群体	占有资源	在社会中比例	在网民结构中所占比例
经理人员阶层 (商界精英及高资产人士)	经济资源和文化资源	1.5%	0.6%
专业技术人员阶层	文化资源	5.1%	6.3%
办事人员阶层 (含企业/公司中层管理人员、一般职员;党政机关事业单位一般管理人员)	拥有少量文化资源	4.8%	8.4%
个体工商户阶层 (含自由职业者)	少量经济资源	4.2%	17.4%

---

① 陈永杰.改革开放30年与新的社会阶层的兴起——关于新的社会阶层的若干分析[J].福建省社会主义学院学报,2008(04):12-16.

续表

阶层群体	占有资源	在社会中比例	在网民结构中所占比例
商业服务业员工阶层	极少量经济资源和文化资源	12%	4.6%
产业工人阶层（含农村外出务工人员）	极少量经济资源和文化资源	22.6%	14.1%
农业劳动者阶层	极少量经济资源和文化资源	44%	15.3%
城乡无业失业半失业者阶层	基本不占有资源	3.1%	1.9%

从以上数据，可以发现：第一，互联网普及率渗透各大阶层，各阶层均有机会获取互联网资源；第二，中层群体（办事人员阶层和个体工商户阶层）是互联网中的活跃群体，所占比重较大；第三，移动互联网市场向下层群体渗透，农业劳动者阶层和产业工人阶层比重不断加大，尤其要对农村外出务工人员予以关注。第四，文化资源的重要性在互联网时代凸显。

另外，布迪厄在做文化分层研究时，创造了三维空间对不同阶级的文化分层进行研究。第一维是资本总量；第二维是资本的类型或资本构成（主要是经济资本和文化资本两种类型）；第三维是前两者在时间维度上的变迁。本研究在这样思路的基础上，拟以文化资本和经济资本的不同占有量将千禧一代合并归纳，并选取三个具有代表性的分析群体：

第一，高经济资本和高文化资本。代表群体如商界精英与高资产人士、专业技术人员。

第二，低经济资本和低文化资本。代表群体如农村外出务工人员（新生代农民工）、无业/下岗/失业群体。

第三，较低经济资本和高文化资本。代表群体如企业/公司一般职员、公务员。

特别要说明的两点是，第一，没有分析高经济资本和低文化资本人群的原因在于千禧一代受过正规教育的比例相对其他代际群体更高，高经济资本群体大多数情况下都受过正规教育，因此高经济资本和低文化资本人群属于非典型人群在研究中暂且将其排除在外。第二，大学生群体在本研究中并未被列入的原因在于很难去界定其经济资本属性。由于经济资本的代际流动，其存在非常复杂的多元情况。一般需要在大学生毕业进入职场后，才能判定其阶层属性。同时，根据《就业蓝皮书：2020年中国本科生就业报告》，

2019届本科毕业生在民营企业就业的比例达53%，其次是国有企业（20%）、政府机构/科研或其他事业单位（20%）；高职毕业生在民营企业就业的比例达68%，其后是国有企业（16%）、政府机构/科研或其他事业单位（10%）[①]。因此，从未来就业看，现有的样本群体（如专业技术人员、企业/公司一般职员、公务员等）基本已经能够覆盖大学生群体文化资本和经济资本的不同占有情况。

根据以上对千禧一代的分析，将研究对象确定为18～34岁之间已工作（含无业/失业/下岗人群）的群体并进行随机抽样调查。鉴于研究内容主要是调查网络娱乐使用情况及其影响，同时对调查对象的年龄有严格的限制，所以采用网络调查的方式。具体方式有两种：一种是进入网络游戏微信群、粉丝微信群等网络娱乐消费重点群体发放问卷进行针对性调查；另一种是依赖微信传播的人际关系网络，严格筛选被调查对象的年龄进行网络问卷调查。

调查收取有效问卷412份。样本构成如下：男性占53.2%，女性占46.8%，数据与互联网使用者中男女性别所占比例接近。职业范围覆盖八大群体，包括大型企事业单位经理人员5.8%；律师、教师、工程师、记者等专业技术人员25.5%；企业/公司一般职员和中层管理人员40%；公务员5.6%；商业服务业职工及制造生产型企业工人5.1%；农村外出务工人员2.2%；个体户/自由职业者12.1%；无业/失业/下岗人员3.6%。一线城市占67%、非一线城市占33%（根据新公布的中国城市分级榜单，一线城市包括北京、上海、广州、深圳、成都、杭州、武汉、天津、南京、重庆、西安、长沙、青岛、沈阳、大连、厦门、苏州、宁波、无锡），本调查中一线城市样本涵盖北京、上海、广州、厦门、杭州、南京、宁波、沈阳、天津、武汉、香港等城市。

二、不同职业的千禧一代娱乐"惯习"呈现趋同化

本研究里，网络文化消费行为是指利用网络来消费文化服务和文化产品的行为（如消费网络新闻、网络视频、网络音乐、网络游戏、网络文学、网络直播、在线教育等）。不同职业群体在网络娱乐消费的基本特征上，表现出

---

① 吉林日报.就业蓝皮书：2019届本科毕业生平均月收入5440元，大学毕业生升学比例持续上升[EB/OL].[2020-07-09].https://www.163.com/dy/article/FH3RS87005509UST.html.

趋同性,呈现出一致性的态度。

(一)与"互联网""娱乐"如影随形的千禧一代

1. 八成以上千禧一代将手机视为最常用的上网设备

利用频数分析样本的网络娱乐消费基本特征情况,包括常用上网设备、网络年龄(从第一次上网到今天大约已有几年)、每次上网持续时间、是否参与网络互动等。

根据统计数据显示,81.1%的调查对象选择手机为最常用的上网设备,17.5%选择电脑,1.5%选择平板电脑。可见,利用手机进行上网娱乐在千禧一代中成为主流,移动互联网影响力在深化。另外,选择电脑为最常上网设备的群体里,有69.4%为男性。

2. 85.4%的样本从第一次上网到今天已经超过9年以上

千禧一代是互联网基因深种的一代,85.4%从第一次上网到今天已有9年以上,4.1%为8年,2.2%为7年,3.6%为6年,2.4%为5年,0.7%为3年,0.2%为2年,1.2%不到1年。

3. 40%的人群每次上网持续时间超过4小时

每次上网时间在四小时以上的样本比例较高,达40%;3~4小时以内为9.5%;2~3小时以内占16%,1~2小时占24.3%,1小时以内占10.2%。可见,千禧一代已经被"数字化"结构时间深刻影响(见表7-2)。

表7-2 千禧一代网络娱乐使用习惯

问题	选项	频数	百分比(%)
常用上网设备	电脑	72	17.5
	手机	334	81.1
	平板电脑	6	1.5
网络年龄	不到1年	5	1.2
	2年	1	0.2
	3年	3	0.7
	5年	10	2.4
	6年	15	3.6
	7年	9	2.2
	8年	17	4.1
	9年以上	352	85.4

续表

问题	选项	频数	百分比（%）
每次上网持续时间	1小时以内	42	10.2
	1~2小时以内	100	24.3
	2~3小时以内	66	16.0
	3~4小时以内	39	9.5
	4小时以上	165	40.0
合计		412	100.0

4.千禧一代网络娱乐应用使用比率高

根据数据,样本经常使用的网络娱乐应用为网络视频和网络音乐,另外,网络文学和网络游戏这两项的选择比例也接近于四成。详细数据为:72.57%平均每天使用网络视频娱乐应用半小时以上,51.7%使用网络音乐,37.62%使用网络文学,36.89%使用网络游戏,19.42%使用网络直播,14.81%使用网络动漫。

(二)在娱乐消费"惯习"上呈现出一致性态度

根据上文对千禧一代的分析,下面将职业群体归类为三个类别,第一类别,包括大型企事业单位经理人员,律师、教师、工程师、记者等专业技术人员;第二类别为办事阶层人员,包括企业/公司一般职员和中层管理人员、公务员;第三类别,包括商业服务业职工及制造生产型企业工人、农村外出务工人员、个体户、无业/失业/下岗群体。

经分析,不同职业人群在对网络娱乐应用评价、经常的网络娱乐应用、网络娱乐消费的主要目的、是否参与互动、是否主动参与娱乐内容生产、是否接触到另一阶层群体、是否觉得网络娱乐应用有"文化品味"高低区别等问题上均表现为一致性态度,并没有差异。如表7-3所示。

表7-3 千禧一代娱乐"惯习"卡方检验

问题	选项	职业			合计	x^2	P
		第一大类	第二大类	第三大类			
你对网络娱乐的评价?	娱乐就是生活,娱乐是为了更好地工作	55(42.6)	91(48.4)	50(52.6)	196(47.6)	3.782	0.706
	娱乐就是不务正业	2(1.6)	3(1.6)	2(2.1)	7(1.7)		
	娱乐是工作的调剂	65(50.4)	88(46.8)	41(43.2)	194(47.1)		
	可有可无的东西	7(5.4)	6(3.2)	2(2.1)	15(3.6)		
	合计	129	188	95	412		

续表

问题	选项	职业			合计	x²	P
		第一大类	第二大类	第三大类			
是否觉得网络娱乐产品有"文化品味"高低的区别？	是	104（80.6）	142（75.5）	75（78.9）	321（77.9）	1.228	0.541
	否	25（19.4）	46（24.5）	20（21.1）	91（22.1）		
	合计	129	188	95	412		
是否有UGC内容生产经历？	是	46（35.7）	52（27.7）	27（28.4）	125（30.3）	2.531	0.282
	否	83（64.3）	136（72.3）	68（71.6）	287（69.7）		
	合计	129	188	95	412		
网络娱乐消费的主要目的？	打发时间	114（88.4）	165（87.8）	77（81.1）	—	21.526	0.089
	社交需要	58（45.0）	92（48.9）	45（47.4）			
	学习和自我提高	71（55.0）	94（50.0）	35（36.8）			
	逃避现实生活问题	18（14.0）	18（9.6）	7（7.4）			
	实现在现实无法实现的愿望	19（14.7）	18（9.6）	12（12.6）			
	工作需要	52（40.3）	64（34.0）	25（26.3）			
	参与互动评论	15（11.6）	16（8.5）	10（10.5）			
网上交往对象时看重因素？	与自己兴趣爱好相同	92（74.8）	122（67.0）	53（60.9）	—	15.516	0.114
	与自己对问题的看法相近	55（44.7）	83（45.6）	29（33.3）			
	性格好，容易接触	62（50.4）	93（51.1）	43（49.4）			
	有学问，知识丰富	68（55.3）	81（44.5）	36（41.4）			
	无所谓	14（11.4）	17（9.3）	13（14.9）			

注：*p＜0.05，**p＜0.01。

具体表现在以下几方面：

1.娱乐的态度：大部分样本对网络娱乐表现出中立和积极的态度

47.57%认为"娱乐就是生活，娱乐就是为了更好地工作"；47.09%认为"娱乐是工作之余的调剂"；3.64%认为娱乐是"可有可无的东西"；1.7%认为"娱乐是不务正业"。

2.愉悦感、提高自我、社交需求是千禧一代进行网络娱乐消费的重要原因

86.4%主张进行网络娱乐消费的主要目的是"打发时间，放松身心，获得愉悦感"；48.5%主张"通过娱乐进行学习和自我提高"；47.3%认为网络娱乐

消费主要目的是"社交需要,与朋友同事有共同话题";34.2%提到"工作需要"是选择网络娱乐消费的一个原因;11.9%认为是"实现自己在现实中无法实现的梦想";10.4%认为是"逃避现实生活中的问题";10.00%认为是"参与互动"(如图7-2)。

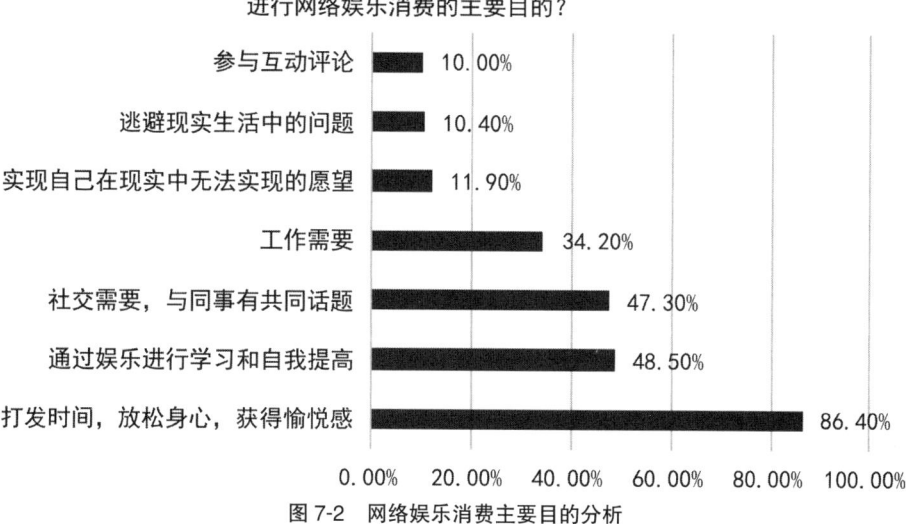

图7-2 网络娱乐消费主要目的分析

3.共同喜好是选择网上交往对象时,最看重对方的因素

在选择网上交往对象时,比较看重对方哪些方面? 64.81%选择"与自己的兴趣爱好相同";48.06%选择"性格好,容易接触";44.9%选择"有学问,知识丰富";40.53%选择"与自己对问题的看法相近";10.68%表示"无所谓"。

4.网络娱乐消费喜好趋同

从表7-4可以看出,不同职业样本对于网络娱乐五项的消费情况排名均不会表现出差异性态度,P值全部均高于0.05,因此说明不论职业如何,它们对于网络娱乐应用消费的排名情况均表现一致,没有差异性。也就是说,千禧一代网络娱乐消费喜好呈现趋同倾向。

表7-4 职业与网络娱乐占娱乐消费比重排名方差分析

网络娱乐	职业(平均值±标准差)			F	P
	第一大类(N=116)	第二大类(N=167)	第三大类(N=83)		
网络视频	1.63±0.89	1.56±0.74	1.58±0.81	0.28	0.76
网络文学	2.44±1.26	2.40±1.17	2.73±1.47	1.63	0.20

续表

网络娱乐	职业（平均值±标准差）			F	P
	第一大类(N=116)	第二大类(N=167)	第三大类(N=83)		
网络直播	3.48±1.23	3.24±1.30	3.26±1.19	1.08	0.34
网络游戏	2.92±1.51	2.81±1.38	2.55±1.53	1.27	0.28
网络动漫	3.78±1.10	4.04±1.05	3.85±0.97	1.68	0.19

注：$*p<0.05$，$**p<0.01$。

三、网状文化结构对千禧一代生活产生实质性影响

（一）让不同层级职业群体的思想得到碰撞交流

互联网打开了千禧一代与不同阶层群体交往的渠道。65.05%的人通过网络娱乐应用接触到现实生活中和自己并不处于一个阶层的群体，34.95%的人认为互联网并没有让自己与不同的阶层群体展开交流。超过六成千禧一代认同网络娱乐"对自我的世界观、人生观、价值观有所改变"。

（二）相较于下层群体，上层群体更容易通过网状文化结构发展社会资本

如表7-5所示，针对网络娱乐对生活的影响来看，第一类职业人群更加赞同可以"找到志趣相同的朋友"；但是第三类人群对"找到志趣相同朋友"的认可态度最低。可见，相较于下层群体，上层群体更容易通过网状文化结构发展社会资本。

表7-5 网络娱乐对你现实生活影响的卡方检验

问题	选项	职业			x^2	P
		第一大类(N=129)	第二大类(N=188)	第三大类(N=95)		
网络娱乐对你现实生活的影响？	找到志趣相同的朋友	69(53.5)	77(41.0)	30(31.6)	21.886*	0.016
	对自我的世界观、人生观、价值观有所改变	85(65.9)	126(67.0)	59(62.1)		
	学习到更多知识	76(58.9)	117(62.2)	47(49.5)		
	赚钱，获得经济资本	15(11.6)	15(8.0)	15(15.8)		
	过度沉溺网络娱乐对现实生活带来负面影响	16(12.4)	15(8.0)	10(10.5)		

注：$*p<0.05$，$**p<0.01$。

(三)上层群体更愿意用资本符号标榜自己

如表7-6,学历越高,样本对于文化品味有区别的认可态度越高。同时,第一类职业群体更乐意通过网络娱乐来丰富自己社会资本,寻找"志同道合的朋友"。

表7-6 不同属性对文化品味认知的逻辑回归分析

变量	B	S.E.	Wals	df	Sig.	Exp(B)
男	-0.518	0.255	4.133	1	0.042	0.596
第二大类职业	-0.302	0.289	1.097	1	0.295	0.739
第三大类职业	0.293	0.384	0.580	1	0.446	1.340
学历	0.474	0.225	4.441	1	0.035	1.607
月收入	0.058	0.073	0.619	1	0.431	1.059
网络年龄	0.149	0.079	3.524	1	0.061	1.161
每次上网持续时间	0.007	0.084	0.006	1	0.937	1.007
常量	-1.420	0.970	2.142	1	0.143	0.242
Cox & Snell R平方	0.038					
Nagelkerke R平方	0.058					
Hosmer and Lemeshow Test(sig)	7.315(0.503)					

从表7-6可知:进行Hosmer and Lemeshow Test时,P值为0.503>0.05,因而说明模型拟合情况与实际情况表现出一致性;另外从表7-6还可看出,Cox & Snell R平方值为0.038,即说明性别、职业、学历、月收入、网络使用年龄、上网持续时间总共六项可以解释样本是否有文化品味区别3.8%的原因。具体分析可知:

性别呈现出0.05水平的显著性;回归系数B值为-0.518,因而说明相对女性样本,男性对于文化品味区别的认可态度会更低;以及学历的回归系数B值是0.474,并且呈现出0.05水平的显著性,因而说明学历越高,样本对于文化品味有区别的认可态度越高。

四、性别是形成千禧一代内部差异的另一重要指标

(一)男性样本接触另一阶层人群的可能性明显更高

从表7-7可知:进行Hosmer and Lemeshow Test时,P值为0.954>0.05,因

而说明模型拟合情况与实际情况表现出一致性;另外从下表还可看出,Cox & Snell R平方值为0.034,即说明性别、职业、学历、月收入、网络使用年龄、上网持续时间总共六项可以解释样本是否接触另一阶层人群的原因。具体分析可知:

性别呈现出0.01水平的显著性,回归系数B值为0.628,因而说明相对女性样本,男性样本接触另一阶层人群的可能性明显更高。

表7-7　不同样本属性对接触另一阶层人群可能性的逻辑回归分析

变量	B	S.E.	Wals	df	Sig.	Exp(B)
男	0.628	0.216	8.446	1	0.004	1.874
第二大类职业	0.193	0.245	0.622	1	0.430	1.213
第三大类职业	0.426	0.320	1.768	1	0.184	1.531
学历	-0.028	0.197	0.020	1	0.887	0.972
月收入	0.077	0.063	1.483	1	0.223	1.080
网络年龄	-0.010	0.077	0.018	1	0.892	0.990
每次上网持续时间	0.141	0.074	3.652	1	0.056	1.151
常量	-0.522	0.904	0.333	1	0.564	0.593
Cox & Snell R平方	0.034					
Nagelkerke R平方	0.047					
Hosmer and Lemeshow Test (sig)	2.667(0.954)					

(二)男性女性在选择网络娱乐应用及娱乐社交上具有明显的差异性

从表7-8可知,不同性别人群对于"经常使用的网络娱乐应用?""通过网络娱乐应用在网上交往的对象?""网上交往对象时看重因素?"这3个题项呈现出显著性。具体对比差异可知:

针对网络娱乐使用情况看,男性样本对于网络游戏、网络直播、网络动漫这三项的使用频率会明显高于女性;同时,女性样本使用网络音乐的频率更高。针对网络交往对象上看,男性更可能与陌生人、网上认识的朋友进行交往,而女性样本更倾向于与家人和亲戚进行交往。从网上交往对象看重的因素看,男性样本对于兴趣是否相同、看法是否相同更为在乎;女性样本对于网络对象是否有学问、知识是否丰富的在乎程度明显更高。

表7-8 不同性别在网络娱乐应用及娱乐社交上差异性的卡方检验

问题	选项	性别		x^2	P
		男（N=219）	女（N=193）		
经常使用的网络娱乐应用？	网络视频	155(70.8)	144(74.6)	34.310**	0.000
	网络文学	79(36.1)	76(39.4)		
	网络游戏	101(46.1)	51(26.4)		
	网络音乐	109(49.8)	104(53.9)		
	网络直播	54(24.7)	26(13.5)		
	网络动漫	42(19.2)	19(9.8)		
通过网络娱乐应用在网上交往的对象？	家人和亲戚	69(34.0)	85(47.8)	34.970**	0.000
	陌生人	64(31.5)	25(14.0)		
	现实生活	141(69.5)	133(74.7)		
	网上认识的朋友	85(41.9)	47(26.4)		
网上交往对象时看重因素？	与自己的兴趣爱好相同	144(69.2)	123(66.8)	28.920**	0.000
	与自己对问题的看法相近	96(46.2)	71(38.6)		
	性格好，容易接触	112(53.8)	86(46.7)		
	有学问，知识丰富	78(37.5)	107(58.2)		
	无所谓	32(15.4)	12(6.5)		

注：*p<0.05，**p<0.01。

（三）不同性别在选择网络娱乐娱乐消费项目上存在差异性

利用方差分析去研究不同性别群体对于网络视频、网络文学、网络直播、网络游戏、网络动漫占娱乐消费比重的比例差异性情况。从表7-9可知：不同性别样本对于网络视频、网络文学、网络游戏这三项的消费排名均有着差异性。具体对比可知：相对来看，女性样本使用网络视频、网络文字消费的比重明显高于男性，而男性进行网络游戏消费的比重明显更高。

表7-9 性别与网络娱乐消费比重方差分析

	性别（平均值±标准差）		F	P
	男（N=193）	女（N=173）		
网络视频	1.69±0.86	1.46±0.73	7.70	0.01*
网络文学	2.80±1.34	2.13±1.09	23.76	0.00**

续表

	性别(平均值±标准差)		F	P
	男(N=193)	女(N=173)		
网络直播	3.20±1.31	3.48±1.17	3.39	0.07
网络游戏	2.53±1.43	3.14±1.41	13.91	0.00**
网络动漫	3.84±1.12	4.02±0.96	1.92	0.17

注:*$p<0.05$,**$p<0.01$。

综合以上分析,我们得出四个基本结论:

第一,中国千禧一代在网络文化消费上具有趋同性,以"惯习"作为区分文化分层的标志不妥当。

第二,传统社会分层中的下层群体,在网状文化关系结构中,获得了向上流动的可能。这种可能在极少部分群体中成为现实,但对下层群体心态的积极影响高于实际生活的改变。

第三,传统社会分层中的上层群体,更愿意用资本符号来标榜自己,与其他群体区分,维持自己的地位。

第四,网络娱乐在千禧一代中扮演着重要角色,对价值观、人生观的形成有重要影响。

第二节 基于拓展TPB模型的网络文化消费影响因素探究

一、问题的提出

数量庞大的中国网民用自己随心所欲的文化消费行为,编织出网状化文化消费图谱,推进中国的文化现代化进程。同时,网民作为社会性动物,消费行为的"从众"倾向,影响中国文化结构变革方向。此时,以消费者网络文化需求和计划行为作为出发点,剖析网络文化消费影响因素就有重要的意义与价值。

通过模型,验证网络文化消费行为的影响因素是近几年研究热点与趋势。有的学者从消费者行为理论入手,基于消费者的感知价值,构建消费行为驱动模型(杨秀云,2017[①]);有的从性别、受教育程度、年龄、社会阶层等入手,建立模型分析个体人口特征对互联网文化消费决策影响(李志兰,2019[②]);有的则利用技术接受模型TAM(杜青岳,2018[③];孙晓阳,2016[④])、技术接受和使用的统一模型UTAU(孙萍,2019[⑤];文书锋,2019[⑥];吴士健,2019[⑦])、信息系统用户期望确认模型ECM-ISC(董娜,2019[⑧])进行网络文化消费细分领域的实证研究。这些研究成果为探究网络文化消费行为提供多元化观测视角,具有启发价值。

但是,这些研究忽略了网络文化消费行为的个体计划性。我们需要深入网络文化消费过程中,去探究态度与行为之间的关系。因此,下文拟从TPB模型(Theory of Planeel Behavior),即计划行为理论视角,提高对网络文化消费行为的解释力与预测力。Icek Ajzen(1988,1991)的TPB模型解释了人类行为的一般决策过程,已被不同学科背景的学者运用大量研究证实其科学性和准确性。这一理论同样可以用来研究网民是如何改变自己的文化消费行为模式,做出网络文化消费行为决策。

值得注意的是,TPB模型主要是从个体行为层面展开讨论,但是在移动互联网时代,网络文化消费深受社会因素影响,消费主体是处于社会关系中

[①] 杨秀云,蒋园园,马思睿.网络文化产品消费意愿的影响因素研究[J].西安交通大学学报(社会科学版),2017,37(05):94-103.

[②] 李志兰.人口特征与互联网文化消费决策:基于两部分模型[J].消费经济,2019,35(02):43-50.

[③] 杜青岳.基于TAM模型的知乎用户接受与使用行为研究[J].广州大学学报(社会科学版),2018,17(06):38-43.

[④] 孙晓阳,冯缨,樊茗玥.TAM移动社交媒体使用行为影响因素的统计检验[J].统计与决策,2016(17):101-104.

[⑤] 孙萍,牛天.知识获取V.S.娱乐享受——基于UTAUT拓展模型的网络课堂使用探究[J].新闻与传播研究,2019,26(05):77-95,127-128.

[⑥] 文书锋,赵丽红,孙道金.基于UTAUT模型的移动学习APP使用意愿研究[J].成人教育,2019,39(10):19-23.

[⑦] 吴士健,刘国欣,权英.基于UTAUT模型的学术虚拟社区知识共享行为研究——感知知识优势的调节作用[J].现代情报,2019,39(06):48-58.

[⑧] 董娜.基于扩展ECM-ISC模型的移动教育游戏用户粘性提升策略研究[J].通化师范学院学报,2019,40(04):87-91.

的人。正如,李志兰(2019)①采用Cragg跨栏模型,已验证社会性价值对文化传媒金钱和时间支出决策具有正向影响。因此,本节将基于TPB模型,融入社会因素思考,从社会认同、社会动机、社会互动视角,新增"趣味""感知价值""社会交往"等变量,建构网络文化消费影响因素结构方程SEM模型,探讨互联网语境中影响网络文化消费的因素及其在现实层面对网络文化供给侧改革的启示,回应习近平总书记在十九大报告中提出的"要加强互联网内容建设"的要求,提高网民在网络空间的获得感、幸福感和安全感。

二、文献综述与研究假设

针对影响网络文化消费的因素,学者们从消费者行为学、认知心理学、传播学等角度进行了深入研究。傅才武等(2017)②提出文化资本、机会成本;杨秀云等(2017)③主张基于消费者感知价值的感知利得、感知有用性、感知易用性、感知利失等因素;魏雪飞(2018)④主张粉丝文化;王亚楠,虞重立(2018)⑤主张文化环境、观念阶层、流行趋势、心理状态等非理性因素;杜香丽(2019)⑥提出个体因素、群体影响、消费观、地区差异均对网络文化消费行为具有较强的影响。这些多角度研究成果对理解网络文化消费影响因素具有启示意义。整体上看,研究成果基本可以归类入个体因素和社会因素的两大层面。

(一)TPB模型下网络文化消费"个体行为"影响因素研究

现有研究主要从个体人口特征、个体心理、消费观等角度切入"个体行为"分析,TPB模型为从个体计划视角,构建研究网络文化消费"个体行

---

① 李志兰.人口特征与互联网文化消费决策:基于两部分模型[J].消费经济,2019,35(02):43-50.

② 傅才武,侯雪言.文化资本对居民文化消费行为的影响研究——基于"线上"和"线下"两类文化消费群体的比较[J].艺术百家,2017,33(05):39-46.

③ 杨秀云,蒋园园,马思睿.网络文化产品消费意愿的影响因素研究[J].西安交通大学学报(社会科学版),2017,37(05):94-103.

④ 魏雪飞.数字传播背景下粉文化对大学生消费观的影响[J].西南石油大学学报(社会科学版),2018,20(05):82-86.

⑤ 王亚楠,虞重立.文化创意产业集群的网络结构与创新知识流动——基于社会网络视角的分析[J].科技管理研究,2017,37(11):158-163.

⑥ 杜香丽.影响我国公民网络文化消费的因素分析[J].科学咨询(科技·管理),2019(08):67-68.

为"影响因素提供新视角。计划行为理论（Icek Ajzen,1991）①认为行为态度（Attitudes towards Use）、主观规范（Subjective Norms）和知觉行为控制（Perceived Behavioral Control）是行为意图（Behavioral Intention）的直接决定因素，行为意向又是影响行为最直接的因素。这一研究理论在互联网领域得到证实。在网络视频、网络新闻、网络直播等网络文化消费领域，学者们采用TPB模型，分别从虚拟社区里的知识分享（黄顺铭,2018）②、互联网内容付费使用意愿（温淇,2018）③、互联网在线视频网站用户付费行为意愿（徐梦莹,2017）④、微信信息流广告接受意向（周雪,2016）⑤、自拍行为（刘璐,2016）⑥等细分领域验证，行为态度、主观规范、知觉行为控制等变量正向影响网络文化消费行为意向，网络文化消费行为意向影响网络文化消费行为。

具体来说，行为态度指个人实行某特定行为的正向或负向的评价。席林娜（2019）⑦通过对微博用户转发行为研究，丁文剑（2019）⑧对社交电子商务消费研究，王金涛（2015）⑨对大学生采纳移动学习行为影响因素研究，马凌（2015）⑩对农村信息服务消费者意愿研究，均证实使用者的行为态度对行为意图具有显著影响。也就是说，个人实行网络文化消费行为的正向或负向的评价会对网民采取网络文化消费行为的行动倾向产生影响。主观规范是

---

① Ajzen I.The Theory of Planned Behavior[J].Organizational Behavior and Human Decision Processes,1991(50):179-211.

② 黄顺铭.虚拟社区里的知识分享：基于两个竞争性计划行为理论模型的分析[J].新闻与传播研究,2018,25(06):52-76,127.

③ 温淇.互联网内容付费使用意愿和影响因素探析[D].广州:暨南大学,2018.

④ 徐梦莹.基于计划行为理论的互联网在线视频网站用户付费行为意愿影响机理研究[D].南京:南京理工大学,2017.

⑤ 周雪.基于计划行为理论的用户微信信息流广告接受意向研究[D].南宁:广西大学,2016.

⑥ 刘璐,萧丞杰.试论消费者自拍行为的影响因素——基于计划行为理论与自我概念的整合框架[J].新闻界,2016(04):50-56,65.

⑦ 席林娜,窦永香.基于计划行为理论的微博用户转发行为影响因素研究[J].数据分析与知识发现,2019,3(02):13-20.

⑧ 丁文剑.计划行为理论下社交电子商务消费者行为分析[J].商业经济研究,2019(03):50-53.

⑨ 王金涛.大学生采纳移动学习行为影响因素研究——以高等师范院校为例[J].中国远程教育,2015(01):49-54.

⑩ 马凌,许建雷,潘泉宏.基于三网融合的农村信息服务消费者意愿研究——以重庆农村为例[J].情报科学,2015,33(02):109-114.

个体对执行或不执行某行为所感知到的重要他人或群体的影响,即他人行为对个体行为发挥影响作用的大小。知觉行为控制指个人预期在采取某一特定行为时自己所感受到的可以控制的程度。劳帼龄(2013)[①]通过建立移动阅读用户接受模型、孙晓阳(2016)[②]通过建立TAM移动社交媒体使用行为模型、蔡冬松(2017)[③]通过建立微信公益信息传播影响因素模型,均证实主观规范、知觉行为控制对行为意向具有较为显著的影响。行为意图指个人想要采取某一特性行为的行动倾向。王萌(2009)[④]以网络游戏为例,证实数字化精神产品的消费者参与意图直接影响消费行为。李钢等(2018)[⑤]通过用户在线知识付费行为研究,证实付费行为受到付费意愿的直接影响。

从以上文献可以看出,行为态度、主观规范和知觉行为控制、行为意图是影响网络文化消费行为的核心变量。为此,本研究从个体行为计划性视角,针对影响网络文化消费行为的因素,提出以下研究假设:

H1:行为态度对网络文化消费行为意向有显著影响;

H2:主观规范对网络文化消费行为意向有显著影响;

H3:知觉行为控制对网络文化消费行为意向有显著影响;

H4:网络消费行为意向对网络文化消费行为有显著影响。

(二)网络文化消费"从众行为"影响因素研究

目前对网络文化消费影响因素的分析主要是从消费者主体出发,消费行为的"从众"倾向和社会层面视角研究较少。从众行为已经是很成熟的社会心理学理论,从美国心理学家所罗门·阿希1952年设计实施的"阿希实验"验证了从众的力量开始,从众理论被运用到各大领域。随着互联网发展,当网络空间成为人类生活的重要场域,"从众行为"再度引起重视。在网络文化消费领域,从众行为被应用到朋友圈刷屏现象(王位,2018)[⑥]、社交互动平台

---

① 劳帼龄,高仲雷.移动互联网时代消费者采纳移动阅读的影响因素分析[J].消费经济,2013,29(05):36-39.

② 孙晓阳,冯缨,樊茗玥.TAM移动社交媒体使用行为影响因素的统计检验[J].统计与决策,2016(17):101-104.

③ 蔡冬松,吴玉浩,张春燕.公益微信的信息传播行为研究[J].情报科学,2017,35(12):55-60,85.

④ 王萌.数字化精神产品的消费者参与行为研究[D].南京:南京航空航天大学,2009.

⑤ 李钢,卢艳强,滕树元.用户在线知识付费行为研究——基于计划行为理论[J].图书馆学研究,2018(10):49-60.

⑥ 王位.基于朋友圈刷屏现象的网络从众行为分析[J].法制与社会,2018(26):145-146.

(沈玢，2017[①])、社会网络持续使用(曹欢欢，2015[②])等研究,验证从众行为的影响力,以及从众行为与社会动因的关联。那么,从社会心理学角度,可以从社会认同、社会动机、社会互动视角去考察网络文化消费的从众行为倾向。

第一,从众行为源自"获取他人"认同的动机。从社会认同视角,消费的社会学意义在于选择某种生活方式和消费方式以建构认同。布迪厄(2017)[③]把这种生活方式的认同用"趣味"一词来表示,用来区隔不同阶级的文化品味。诚然,布迪厄"趣味与阶层对应论"并不适用于网络空间及转型期中国现状,但是"趣味"仍是影响网络文化消费行为态度的重要因素。在网络文化消费空间里,这种认同同样会以"趣味"的方式呈现:一个网络文化平台就是一个"节点",聚集着一群趣味相投的人,并每天留下他们的行为路径。王宁(2017)[④]从社会认同层面,提出了"文化消费趣味的横向分享型扩散机制"。一定程度上,"趣味"呈现社会认同,也影响从众行为。

第二,从社会动机视角,动机是行为差异最直接、最基本的因素,影响从众行为。祝建华(2003)[⑤]认为网际互动中青年的社会动机因素主要表现为亲和动机、权力动机和成就动机。这三大动机的最终目的都在于提升自我价值,在消费领域表现为"消费者价值认知"。也就是说,消费者消费文化产品,不仅在于文化体验,而且在于消费后带来的社会价值提升。张倩倩(2015)[⑥]就曾讨论感知价值对网络消费者购买意愿的影响,发现感知社会价值对提升冲动性购买意愿有显著的诱发和刺激作用。

第三,从众行为大致可分为信息性影响和规范性影响。从社会互动视角,消费是社会产物,消费者作为社会人,其消费行为必然受到参照群体影响。这一方面体现为TPB模型计划行为理论里"主观规范"这一因素带来的

---

① 沈玢.社交媒体时代的从众效应研究——以拼趣为例[J].新闻大学,2017(03):70-78,150.

② 曹欢欢,姜锦虎,胡立斌.社交网络持续使用:从众行为和习惯调节作用[J].华东经济管理,2015,29(04):156-162.

③ 皮埃尔·布迪厄.区分:判断力的社会批判[M].刘晖,译.北京:商务印书馆,2017:370-385.

④ 王宁.音乐消费趣味的横向分享型扩散机制——基于85后大学(毕业)生的外国流行音乐消费的质性研究[J].山东社会科学,2017(10):5-15.

⑤ 祝建华.网际互动中青年的社会动机因素[J].社会,2003(03):61-63.

⑥ 张倩倩.感知价值对网络消费者冲动性购买意愿的内部影响机制研究——基于下行预期后悔的中介作用[J].市场论坛,2015(12):60-62,77.

规范性影响;另一方面是信息性影响,也就是可以延伸出"社会交往"对从众行为态度的影响。此时,许多学者基于社会交往验证了网络口碑对网络消费行为的影响(胡发刚,2018①;刘萍,2015②;张敏,2015③)。

为此,从社会因素视角,结合互联网文化消费特性,提取"趣味""感知价值""社会交往"为影响网络文化消费行为态度的关键变量。趣味指网络文化消费中的兴趣偏好及趣味感。感知价值指网络文化消费行为对自身的提高与帮助;社会交往指在网络文化消费过程中发生的个体间、个体与群体间相互联系、交流和交换。在概念界定基础上,提出假设:

H5:趣味对网络文化消费行为态度有显著影响;

H6:感知价值对网络文化消费行为态度有显著影响;

H7:社会交往对网络文化消费行为态度有显著影响。

三、构建模型与研究设计

本研究在上述大量文献基础上,拓展计划行为理论,加入社会因素,主张"行为态度""主观规范""知觉行为控制"等变量影响网络文化消费意图,进而影响网络文化消费行为。同时,影响"行为态度"的变量可以细分为"趣味""感知价值""社会交往"(如图7-3所示)。

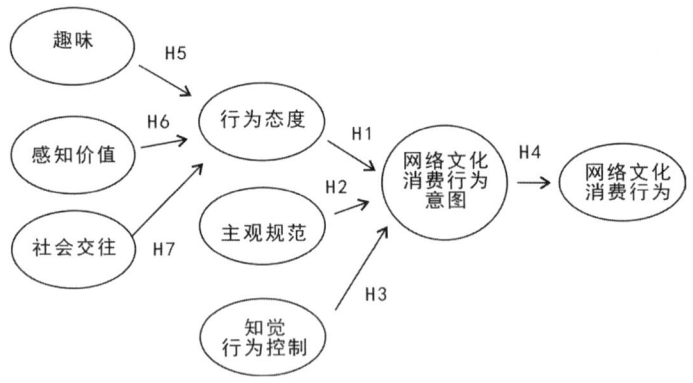

图7-3 网络文化消费行为影响因素模型

---

① 胡发刚,张英彦.网络口碑的内涵、分类及其对消费者购买意愿的影响[J].编辑之友,2018(09):68-72.

② 刘萍.网络口碑对消费者行为意愿的影响研究——以网络涉入为调节的中介模型[J].消费经济,2015,31(06):74-80,86.

③ 张敏,张哲.网络环境下口碑对消费者冲动性购买的影响[J].软科学,2015,29(10):110-114.

(一)样本与抽样

在2019年5月,通过调研团队在福建、上海、河南、四川等地采用专业的问卷调查网站"问卷星"搜集问卷,重点覆盖职业结构中排名靠前的四类千禧一代群体,包括学生(29.5%)、企业一般职员和中层管理人员(21.1%)、个体户/职业者(12.5%)、商业服务业职工及制造企业工人(7.2%)。因作者能力和客观条件所限,未能进行随机抽样,而是采用配额加便利的抽样方法。本次共回收有效问卷526份,样本基本情况如表7-10所示。

表7-10 样本基本资料表(n=526)

背景	组别	次数	百分比(%)	背景	组别	次数	百分比(%)
性别	男性	229	43.5	职业	大型企事业单位经理人员	30	5.7
	女性	297	56.5		专业技术人员	49	9.3
年龄	18岁以下	2	0.4		企业一般职员和中层管理人员	111	21.1
	18~25岁	232	44.1		公务员	24	4.6
	26~30岁	86	16.3		商业服务业职工及制造企业工人	38	7.2
	30~35岁	70	13.3		农村外出务工人员	36	6.8
	35~40岁	136	25.9		个体户/职业者	66	12.5
月收入	2000元以下	144	27.4		无业/失业/下岗	17	3.2
	2000~3000元	69	13.1		学生	155	29.5
	3000~4000元	65	12.4	受教育程度	初中及以下	42	8.0
	4000~6000元	76	14.4		高中/中专/技校	97	18.4
	6000~8000元	67	12.7		大专/本科	338	64.3
	8000~10000元	44	8.4		研究生及以上	49	9.3
	10000~20000元	41	7.8				
	20000元以上	20	3.8				

(二)问卷设计

研究所用量表包含网络文化消费行为(CB)、网络文化消费行为意图(CI)、行为态度(ATT)、主观规范(SN)、知觉行为控制(PBC)、感知价值(USE)、社会交往(SOC)、趣味(IN)、人口特征统计共计九个部分。本研究的量表均采用Likert七级量表的形式:1、2、3、4、5、6、7分别代表"非常不同意""不同意""有点不同意""无意见""有点同意""同意""非常同意"。调查问卷的人口统计特征包括：性别、年龄、职业、月收入和受教育程度等。

研究对各变量进行了多指标衡量法测量。具体测量方法是：网络文化消费行为（CB）的测量主要参考了张红明等人（2015）[1]关于网络社群参与行为研究的问卷，设计了3个测量问题；网络文化消费行为意图（CI）的测量主要参考了陈育亮等人（2010）[2]关于网络教学与社群学习在成人教育应用的问卷，设计了4个测量问题；行为态度（ATT）变量的测量主要参考了邱宏亮（2017）[3]关于出境游客文明旅游行为意向影响的问卷，设计了3个测量问题；主观规范（SN）变量的测量从媒体影响、群体影响、人际影响等角度入手设计问卷，主要参考了赵杨等人（2017）[4]关于用户参与可穿戴式设备创新影响因素研究，彭希羡等人（2012）[5]关于微博用户持续使用意向研究的相关问卷，设计了5个测量问题；知觉行为控制（PBC）变量的测量主要参考了刘璐等人（2016）[6]关于消费者自拍行为影响因素研究的问卷，设计了4个测量问题；感知价值（USE）变量的测量主要参考了熊巍等人（2015）[7]关于微信移动社交用户心流体验对用户粘性影响研究的问卷，设计了7个测量问题；社会交往（SOC）变量的测量主要参考了翟玥等人（2016）[8]关于突发事件中公众参与应对社会化媒体——不实信息的意愿研究的问卷，设计了4个测量问题；趣

---

[1] 张红明,刘超,冯文红,等.基于整合型科技接受与使用模型的网络社群参与行为研究：以豆瓣网为例[J].国际新闻界,2015,37(06):59-73.

[2] 陈育亮,郑淑慧.网路教学与社群学习在成人教育的应用——以混成式网路学习探讨其行为意向[J].资讯管理学报,2010,17(1):177-196.

[3] 邱宏亮.基于TPB拓展模型的出境游客文明旅游行为意向影响机制研究[J].旅游学刊,2017,32(06):75-85.

[4] 赵杨,谭道勋.用户参与可穿戴式设备创新的影响因素研究[J].信息资源管理学报,2017,7(02):31-39,49.

[5] 彭希羡,冯祝斌,孙霄凌,等.微博用户持续使用意向的理论模型及实证研究[J].现代图书情报技术,2012(11):78-85.

[6] 刘璐,萧丞杰.试论消费者自拍行为的影响因素——基于计划行为理论与自我概念的整合框架[J].新闻界,2016(04):50-56,65.

[7] 熊巍,王舒盼,潘琼.微信移动社交用户心流体验对用户粘性的影响研究[J].新闻界,2015(07):13-18,59.

[8] 翟玥,夏志杰,王筱莉,等.突发事件中公众参与应对社会化媒体不实信息的意愿研究[J].情报杂志,2016,35(09):104-110.

味(IN)变量的测量主要参考了许丽玲等人(2010)[①]关于Blog体验价值对使用者持续使用意向研究的问卷,设计了4个测量问题。

为保证研究质量,问卷大部分指标均以已有文献为基础,以保证量表的内容效度。并且,通过访谈调研与咨询相关专家学者,对部分问项描述进行适当修改,确保指标表述的准确性和可理解性,删除不能很好反应理论的问项。在预调研阶段,通过发放少量问卷,尽量覆盖各职业背景的受访者,通过让受访者填写问卷,并与受访者讨论问项的语义表述,修改问卷中存在的语义歧义的问项,减少专业术语的使用。最终形成一个包含8个构面、39个问项(含5个人口统计问项)的调查问卷。

四、统计与分析

研究采用结构方程模型(Structural Equation Model,SEM)。根据Anderson与Gerbing的建议,一个完整的结构方程模型评估应该包含测量模型(Measurement Model)评估和结构模型(Structural model)评估。只有当测量模型通过拟合度检验,才能进行完整的SEM模型分析。同时,验证式因素分析(Confirmatory Factor Analysis,CFA)等同于结构方程模型(Structural Equation Model,SEM)中的测量模型估计。因此,采用二阶段模型Kline(2001)[②]对CFA测量模型进行评估与修正,先后进行测量模型评估、结构模型评估,同时进行构面变量关系验证。

(一)测量模型评估

测量模型采用极大似然估计法,估计的参数包括因素负荷量、信度、会聚效度及区分效度。Hair,Anderson,Tatham与Black(1998)[③]、Nunnally与Bernstein(1994)[④]和Fornell与Larcker(1981)[⑤]提出收敛效度的标准是:第一,

---

① 许丽玲,徐村和,唐嘉伟,等.Blog体验价值对使用者持续使用意向之研究[J].资讯管理学报,2010,17(4):89-117.

② Kline R B.Principles and Practice of Structural Equation Modeling [M].New York: Guilford,2001.

③ Hair J J F, Anderson R E, Tatham T L, Black W C. Multivariate Data Analysis [M]. Upper Saddle River: Prentice-Hall,1998.

④ Nunnally J C, Bernstein I H. Psychometric Theory [M].New York:McGraw-Hil,1994.

⑤ Fornell C, Larcker D F. Evaluating Structural Equation Models with Unobservable Variables and Measurement Error [J]. Journal of Marketing Research,1981, 18(1), 39-50.

每个指标变量的标准化因素负荷量高于0.50;第二,合成信度高于0.60;第三,平均方差抽取量高于0.50。

表7-11 测量模型评估之收敛效度验证

构面	指标	标准化因素负荷量	合成信度	平均方差抽取量	构面	指标	标准化因素负荷量	合成信度	平均方差抽取量
网络文化消费行为	CB1	0.797	0.829	0.617	感知有用性	USE1	0.729	0.919	0.623
	CB2	0.829				USE2	0.868		
	CB3	0.728				USE3	0.855		
网络文化消费行为意图	CI1	0.837	0.891	0.673		USE4	0.885		
	CI2	0.877				USE5	0.757		
	CI3	0.779				USE6	0.800		
	CI4	0.784				USE7	0.590		
行为态度	ATT1	0.814	0.884	0.717	社会交往	SOC1	0.848	0.905	0.704
	ATT2	0.866				SOC2	0.858		
	ATT3	0.859				SOC3	0.838		
主观规范	SN1	0.740	0.884	0.605		SOC4	0.812		
	SN2	0.792			趣味	IN1	0.805	0.908	0.713
	SN3	0.871				IN2	0.801		
	SN4	0.789				IN3	0.877		
	SN5	0.684				IN4	0.890		
知觉行为控制	PBC1	0.783	0.846	0.579					
	PBC2	0.790							
	PBC3	0.768							
	PBC4	0.700							

根据学者们的建议,研究进行非标准化因素负荷量、标准误、显著性检验、标准化因素负荷量、多元相关平方、合成信度与平均方差抽取量的检验,检测测量问题及潜在变量的信度和效度。如表7-11所示,根据检验结果,本研究标准化因素负荷量介于0.700~0.89之间,均符合范围,显示每个题目均具有题目信度;研究构面合成信度介于0.829~0.919之间,符合学者所建议的标准,显示构面具有内部一致性,属于可接受范围;最后,平均方差抽取量范围为0.579~0.717,全部高于0.5,显示全部构面具有良好的会聚效度,属于接受范围。

(三)结构模型评估

结构模型分析以极大似然估计法进行。SEM的研究假设为样本协方差矩阵＝模型协方差矩阵。但是SEM样本大于200以上通常造成卡方值[x^2＝(n-1)Fmin]过大。样本数过大卡方值自然就大,因此P值容易拒绝(张伟豪,2011)。因此,Bollenand & Stine(1992)[①]提出Bootstrape修正。本研究经过修正符合要求,各数值处于可容许范围(见表7-12)。

表7-12 模型拟合度

Model fit 拟合指标	Criteria 可容许范围	Model fit of research model 研究模型拟合度
ML x^2 卡方值	The small the better	895.43
df自由度	The large the better	510.00
Normed Chi-sqr(x^2/df)卡方值/自由度	1＜x^2/df＜3	1.76
GFI拟合优度指标	≤0.9	0.94
AGFI调整后的拟合优度指标	≥0.9	0.93
RMSEA近似误差均方根	≤0.08	0.04
SRMR标准化残差均方根	≤0.08	0.0688
TLI(NNFI)塔克-刘易斯指标 (非规范拟合指标)	≥0.9	0.97
CFI比较拟合指标	≥0.9	0.97

(三)构面关系验证

分析研究模型中自变量对因变量直接效果。如表7-13所示,网络文化消费行为意图(CI)显著影响网络文化消费行为(CB),路径系数为0.94;行为态度(ATT)显著影响网络文化消费行为意图(CI),路径系数为0.44;主观规范(SN)显著影响网络文化消费行为意图(CI),路径系数为0.127;知觉行为控制(PBC)显著影响网络文化消费行为意图(CI),路径系数为0.305。感知价值(USE)显著影响行为态度(ATT),路径系数为0.545;社会交往(SOC)显著影响行为态度(ATT),路径系数为0.227;趣味(IN)显著影响行为态度(ATT),路径系数为0.335。

---

① Bollen K A and Stine R.Bootstrapping Goodness of Fit Measures in Structural Equation Models[J]. Sociological Methods and Research, 1992, 21 (2): 205-229.

表 7-13 结构模型回归系数

	标准化回归系数	S.E.标准误	C.R.	P值(P-value)	R^2可解释方差量
CB→CI	0.940	0.067	14.106	***	0.648
CI→ATT	0.440	0.044	10.082	***	0.685
CI→SN	0.127	0.054	2.328	0.020	
CI→PBC	0.305	0.060	5.068	***	
ATT→USE	0.545	0.080	6.793	***	0.610
ATT→SOC	0.227	0.071	3.1777	0.001	
ATT→IN	0.335	0.056	6.019	***	

因此，综合以上统计分析，本研究的七条假设成立，即：

H1：行为态度正向影响网络文化消费行为意向；

H2：主观规范正向影响网络文化消费行为意向；

H3：知觉行为控制正向影响网络文化消费行为意向；

H4：网络消费行为意向正向影响网络文化消费行为；

H5：趣味正向影响网络文化消费行为态度；

H6：感知价值正向影响网络文化消费行为态度；

H7：社会交往正向影响网络文化消费行为态度。

具体路径系数图，如图 7-4 所示。

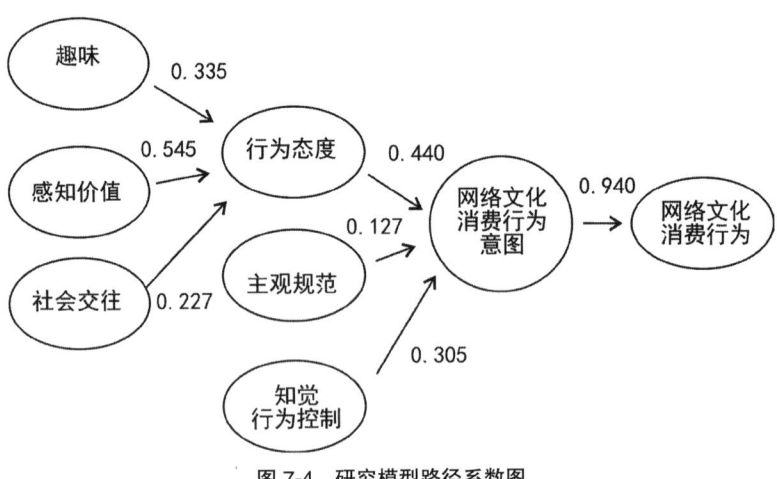

图 7-4 研究模型路径系数图

五、结论与思考

(一)网络文化消费行为模型的验证结论

通过调研与统计数据分析,网络文化消费行为影响因素模型具有较强的解释力。网络文化消费行为意图(CI)对解释网络文化消费行为(CB)的解释力是64.8%。行为态度(ATT)、主观规范(SN)、知觉行为控制(PBC)对解释网络文化消费行为意图(CI)的解释力是68.5%。感知有用性(USE)、社会交往(SOC)与趣味(IN)对解释行为态度(ATT)的解释力是61%。因此,可以得出结论:网络文化消费行为意图正面影响网络文化消费行为;行为态度、主观规范、知觉行为控制正面影响网络文化消费行为意图;趣味、社会交往、感知价值正面影响网络文化消费行为态度。网络文化消费行为同时具有个人行为属性和从众行为属性特征。

1.个体行为层面:网络文化消费行为支持计划行为理论假设

网络文化消费行为是有意识的行为,网络文化消费行为意向越强烈,产生网络文化消费行为的可能性就越大。在网络文化消费者理性行为决策过程中,行为态度、自身主观规范以及感知到的控制感都对行为意图起正向影响作用。在行为态度层面,网络文化消费者对某种网络文化消费行为的正向或负向评价会影响行为意图,也是就说,网络文化消费者对行为的评价越正面,越能促发期望值,越能促成消费意向。在主观规范层面,网络文化消费者的消费行为会受到可感知重要他人或群体的期望影响,也就是说,个体的消费行为要服从于这些重要个体、群体的期望,包括直接参考群体(家人、好友等)和间接参照群体(向往群体、意见领袖等)。由这些期望形成的主观规范,对行为意向产生影响。在知觉行为控制上,消费者对完成网络文化消费行为时困难或容易的感知会影响到网络文化消费行为意图的产生。

2.从众行为层面:社会因素影响网络文化消费行为

除去基于社会群体期望值构成的主观规范对网络文化消费行为意图影响外,"趣味""感知价值""社会交往"等因素透过行为态度对网络文化消费行为意图及行为产生影响。这与杨秀云(2017)[①]的验证结果感知有用性、感知易用

---

① 杨秀云,蒋园园,马思睿.网络文化产品消费意愿的影响因素研究[J].西安交通大学学报(社会科学版),2017,37(05):94-103.

性、感知娱乐性正向影响网络文化产品的消费意愿,曹欢欢(2015)[①]关注从众行为增强了感知有用性对用户持续使用意向的影响作用的研究成果一致。

网络文化消费者对消费行为的评价和使用态度,还受到社会认同、社会动机、社会互动等社会因素的影响。在社会认同层面,网络文化消费群体在网络文化消费中呈现的趣味偏好和生活方式正向影响行为态度;在社会动机层面,互联网信息获取的便捷性与知识丰富性,让消费者更加看重自我社会"价值"提升,以是否"感知价值"的社会动机判断影响行为态度。在社会交往层面,基于网络文化消费,让不同层级职业群体的思想得到碰撞交流。在网络空间中,基于互联网"去中心化"的文化传播与社会交往方式,个体间、个体与群体间相互交往、信息交流与情绪感染,会影响行为态度。

(二)融入社会因素的网络文化消费影响因子的思考

第一,调动从众行为的理性因素,提供优质文化产品,引导优质文化消费。在互联网语境下,我们分析受众文化消费行为,要注重网状传播模式,带来的文化新生态、新消费与新结构。互联网造就的网状文化空间强调的是以关系为纽带的网状化社会交往模式。文化空间不仅为人们提供了虚拟、私密、自由进出的私人空间,而且最大程度上实现了以关系为纽带的自主、同质、灵活的关系网络。在网状化的社会交往中,社会认同、社会动机、社会交往因素得到体现,大比例调查对象赞成:网络文化消费,能结识更多陌生人;网络文化信息能够获得更多资讯,得到自我提升;网络文化消费,能促进和朋友们的联系,享受交流的乐趣;网络文化消费,能接触到不同社会阶层群体;网络文化消费,能找到志趣相同的朋友,形成有共同兴趣的圈子。网状化社会交往,影响着网络文化消费行为态度,这是互联网时代很重要的文化特征,也是培育文化市场的重要突破口。因此,引导受众消费优质文化时,可以从人际影响、群体影响、媒体影响、趣味提升、强化优质文化产品价值等方面加以改进。

第二,强调个体主观能动性,关注新型文化分层结构。结合访谈,我们也意识到,当把社会因素融入网络文化消费影响因子进行分析时,传统文化分层所主张的个体职业、收入、学历代表的社会分层,将影响其文化消费行为意向的观点在互联网时代也发生改变。在互联网时代,社会分层不再是决定文化消费行为意向的唯一变量,而是有更多元化的因素,强调个体的主观

---

① 曹欢欢,姜锦虎,胡立斌.社交网络持续使用:从众行为和习惯调节作用[J].华东经济管理,2015,29(04):156-162.

能动性,包括行为态度、主观规范、知觉行为控制等变量都会影响。因此,我们在提供文化产品和服务时,在做文化产业供给侧改革时,不应该片面地以社会分层为划分标准,互联网文化产品的消费与以经济收入为代表的社会分层是脱离的。高收入不一定就消费"精英文化";低收入也不代表不可以消费"精英文化"。总之,我们在分析新时代文化市场变化时,要更加关注新型文化分层结构,明确影响网络文化消费行为的因素日益多元化。

第三节 千禧一代不同群体的社会行动图谱

列夫·托尔斯泰在《战争与和平》中说道:"不懂机器构造的人,无法想象机器最重要的部分之一,是那个无声转动的小小的连接齿轮。"

网状文化空间怎样运转?这要看以千禧一代为中坚力量的社会行动者将怎样的程式(规则和资源)编入网络结构之中。在社会结构转型中,千禧一代的每一个个体就是这小小的连接齿轮,而不会因为他/她的个体属性属于传统社会结构的边缘层而被剔除在"网状文化空间"结构外。也就是说,每个千禧一代的分群体都值得去关注、去探究。

在此,千禧一代中的新生代农民工、大学生、白领这三大标志性群体作为新时期社会行动的典型代表,笔者对他们进行了深入访谈和田野调查。原本处于边缘层级的农民工是否还属于边缘群体?网状文化空间里最活跃的大学生群体行为特点是什么?处于中下层并努力向上层流动的白领群体又有怎样的特征呢?这都值得深入探讨。

一、网络社会边缘者:新生代农民工

网状文化空间中,资源分配和规则制定是否仍存在不平等?过去,学者常用"数字鸿沟"的概念将信息富有者和信息贫困者进行区分,而农民工往往被划归为信息贫困者,他们被认为很少有机会能够参与到以信息为基础的新经济中。这种二极化的区分方式并不是网状文化空间里信息共享的真实写照。尤其是当新生代农民工早已和互联网紧紧结合在一起时,情况变得更加复杂而多元。

"新生代农民工"是指"出生于1980年以后,在异地以非农就业为主的农业户籍人口。这是全国总工会界定的"[①]。笔者走进厦门5个装修工地、3个房产中介、3个工厂车间,透过观察记录下他们的网络娱乐行为路径。

在劳工之余,他们静静地坐在地上、板凳上,全神贯注地操弄着自己的手机,而无暇顾及近在眼前的工友们。

小陈坐在墙角,掏出他的山寨手机NOKIR,熟练地把耳机塞进耳朵里,听着网络音乐,望向窗外。他说:"我喜欢听周杰伦和汪峰的歌,够带劲。"

小李登录了QQ,刷着QQ空间里朋友的新信息,不时嘴角上扬。她说:"因为打工呆了八个城市,换了8个手机号码。也就是QQ让我还能和老朋友一直保持着联系。"小李还兴致勃勃地给我展示着她为自己的QQ形象新买的皮肤和衣服,并且骄傲地说:"每个月我都要花上200元在QQ上,朋友都羡慕我的形象好看,呵呵。"

小林在午饭时,拿出手机,打开自己最近在看的网络小说《完美世界》,饶有兴致地认真翻看着。他说:"我喜欢玄幻小说,很喜欢。但是我没什么时间,一年也就只能看完一部。看着看着,觉得很轻松,很带感。"

小周和工友聊天:"哥们,晚上去网吧吧,昨天玩LOL(英雄联盟)被队友坑惨了!今天要去血战!"

从田野观察中发现,每一个新生代农民工都有智能手机,透过移动终端网络娱乐可以最大限度地满足他们娱乐消遣的欲求,排遣进城后的心理压力。当进一步追问,新生代农民工在网状文化空间里到底得到了什么?研究选取了五个有代表性的个体(见表7-14),进行了深度访谈,走进他们的世界。

表7-14 新生代农民工采访对象情况列表

编号	称呼	性别	年龄	受教育程度	家庭婚姻	工作种类	籍贯
1	小周	男	25岁	高中	未婚	无业	泉州
2	小向	男	23岁	初中	未婚	房产中介	湖北

---

① 周葆华,吕舒宁.上海市新生代农民工新媒体使用与评价的实证研究[J].新闻大学,2011(02):145-150.

编表

编号	称呼	性别	年龄	受教育程度	家庭婚姻	工作种类	籍贯
3	白师傅	男	30岁	初中	已婚	工人（木工）	安溪
4	小曾	男	24岁	高中	未婚	装修工人	江西
5	小苏	男	28岁	初中	已婚	涂料工人	安溪

访谈对象小周高中毕业后，就开始搬砖，打过七八种零工。现在25岁的他来到厦门跟随自己的表哥学习售卖铝合金材料，处于无业状态。受过一定教育的他，还是对自己的未来充满想象和憧憬。

小向，湖北人，年龄虽然才23岁，但从初中毕业后，16岁就开始走出农村到各地工作，20岁时来到厦门做起房产中介的工作。现如今，月入7000~8000元的收入，让小向充满自信。他更愿意称自己为"白领"。

白师傅，30岁，安溪人，一名木工，每天7点多就要到工地干活，晚上七八点到家。虽然日常工作耗费体力，但工作之余，白师傅也喜欢玩手机，养成了看网络小说的习惯，玄幻小说是他的最爱。

小曾，一个来自江西的腼腆小伙子。哪里有活就到哪个城市、哪个工地工作。平时喜欢用手机看视频，最喜欢娱乐节目和电视剧。

小苏，28岁的涂料工，每天重复着相同的工作内容，奔波在各个工地。在工地间隙休息时最喜欢做的事就是泡一杯茶（安溪人的生活习惯），翻一翻手机，刷刷抖音。

在田野调查和深度访谈的基础上，得出如下结论：

第一，智能手机的普及为新生代农民工加入网络社会起到革命性作用。20世纪80年代，电话是奢侈品和权力的象征，一般仅安装在重要的办公室和高级干部住所；2万元一部的"大哥大"电话、6000元的开机入网费、每月至少五位数的电话费，更是本事、权力、资本的象征，让中下阶层"望洋兴叹"；山寨机、小灵通的出现则开启了手机平民化的进程，满足了中下阶层传播需求；智能手机的普及，传播媒介由图文向视频的转化，才真正让下沉市场的新生代农民工群体得以链接入网。当新生代农民工作为节点也被链接入巨大的网络社会系统时，新传播生态颠覆着劳动者的交流方式、生活状态和文化诉求。

第二,新生代农民工也有自己的精神追求,娱乐已不是奢侈品,而是必备品。

新生代农民工背井离乡、工作单调、收入有限,20~30岁的年纪,让他们对生活充满了好奇感,对未来充满了憧憬。在社交群体、广告等市场因素的外部影响下,他们渴望融入城市生活,对温饱以外的精神世界有着越来越浓烈的"欲求"。

娱乐对于他们而言,不再是奢侈品,而是必备品。他们与城市同龄人一样,沉浸在无穷无尽的网络娱乐海洋里,追求身心的愉悦之感。娱乐属性越强烈的文化产品在他们中间越具有极强的传播力。在访谈中,较大比例的新生代农民工访谈对象提到喜欢看"内涵段子""搞笑视频",这种直接、直观的娱乐体验让他们感到放松。同时,在经济条件有限的情况下,新生代农民工同样也愿意将金钱花费在网络娱乐上。

> 小周:"初中开始我就用手机,当时用的是山寨机。我和我的朋友都会用手机娱乐,玩玩游戏,看看搞笑视频,也算消磨时间。"
>
> 小向:"我从小学开始就用手机,现在养成习惯,每天基本要看看视频,玩点小游戏,比如《球球大作战》。一天下来大约有3小时在玩手机,也成为一种习惯。"
>
> 白师傅:"没有手机度日如年啊,时间好像过得都慢了。我最近在看网络小说《武破云霄》,从工地回家后,晚上八九点时就会躺在床上看上一两个小时。"
>
> 小苏:"现在这个年龄,哪个人不看看视频,刷刷抖音,玩玩手机,这都是必需的。"

第三,网络娱乐产业也成为新生代农民工可以发展自我事业、实现人生目标的平台。

在"数字鸿沟"的思维定式下,中下阶层是无法占用信息经济成果的观点也被现实击破。越来越多新生代农民工开始从事"灰领"劳工的职业,如"短信写手""网游代练""微博刷粉"等,有的甚至自己当起网络视频的导演、从事网络直播、开设微博成为博主或成为网络作家。

被称为农民"大V"的宁学明是一名网络作家。他出生在清原县枸乃甸乡筐子沟村,16岁时迫于生计,放弃求学,外出打工,上过机械流水线,下过建筑工地,还在饭店里打过杂。真正改变命运的是,当网络"村村通"工程推进到他的家乡,他立即成为村里用网的"第一人",并且从2006年起开始以"花千芳"的笔名在网上写作,并先后与17K、起点、铁血等网络小说发布平台签约。作品《我们的征途是星辰大海》在天涯上当日点击量就突破十万次[1]。

又比如新生代农民歌手"大军",出生于湖南省江永县的边远瑶乡,对音乐的执着热爱,让其在打工之余并未放弃梦想,以一首《哥是农民工》的音乐作品红遍网络,尤其在农民工圈层里反响热烈。两天内该网络视频的点击率就达到60多万。同样为我们所熟知的农民工组合"旭日阳刚",他们的成名经历也有类似的特点,都是依靠网状传播,在互联网平台上实现了传统传播模式下无法实现的人生价值。

还有大量的青年农民群体涌入网络直播行业,试水直播带货,比如江西"90后"潘秋霞每天直播七八个小时,将自家果园的百香果销往新疆、青海、内蒙古多地,每月有几万元的销售额,被网友称为"百香姐"。

对于大多数普通农民工而言,网络娱乐也许并不能成为自身发展事业的途径,实现经济资本的增值,但是已成为学习知识的重要渠道。

> 小周:"网络时代,不懂得上网就跟不上时代。网络上能更好地学习。我会上uc、百度、B站学习行业知识,很自由,也能学到点自己想学的知识。""我喜欢打台球,也会上网看教学视频。"
>
> 小向:"手机和网络很方便,我能学到很多东西,现在感觉没有网络不行。和以前上学时候的教育相比,我更喜欢现在这种学习的感觉。"
>
> 小苏:"我有时候看网络视频,对我自己触动蛮大的,一句话、一个观点都能让我有所思考,真的感觉很不错。"

第四,网络帮助建立新社交网络,但由于缺乏网络生存能力,大部分群体仍处于网络社会边缘。

我们总是用"缺乏理性""只求温饱""孤立无援"这样的字眼来描述农民工这样的弱势群体。新的技术手段,让新生代农民工可以互相联系、支持,他们借助自己的能动性,建构起自己的关系空间。

---

[1] 白姗.历尽艰辛见芳华——记网络作家、农民"大V"宁学明[EB/OL].[2015-9-25]. http://news.china.com.cn/txt/2015-09/29/content_36710861.htm.

小周:"我有一个朋友通过玩《传奇》(网络游戏)时,认识了全国各地的朋友。有一个朋友是新疆人,我们就一起商量着可以把新疆特产拿来卖,赚点钱。"

小向:"通过玩网络游戏我认识了一个朋友,还帮我介绍过一个房产生意呢。"

小苏:"我刷抖音认识了几个朋友,我们还建了个微信群,平时聊聊天。他们都是在公司上班,也不嫌弃我。"

这种关系空间,可能仅是人际网络的拓展,也可能形成更广阔的共享关系网和共享空间。新工人艺术团就是一支由打工者发起创办的公益性民间艺术团体,它用文艺的方式表达着3亿打工人群的心声。他们的演出视频、原创歌曲、影视作品在网络上广泛传播。另外,新工人网这样的平台,主张用"新工人的眼睛看世界",以工人为中心,连接起工人间的传播空间。曾成功策划《打工春晚》这一打工群体自己的春晚品牌,受到广大新生代农民工的关注。

当然,这并不能彻底改变新生代农民工现实的弱势地位。由于生活压力,娱乐天性也还未充分释放,该群体还是普遍认为娱乐只是工作之余的调剂。也由于信息获取能力的有限性,大多数新生代农民工对网络娱乐的消费仍处于最低层次的娱乐消遣。也就是说,虽然新生代农民工被链接入网络文化空间,但是仍然处于网络社会边缘,距离通过娱乐实现自我价值还有很大差距。这样的差距,一定程度上会使社会阶层的分隔愈加明显。

二、网络空间畅游者:大学生群体

大学生是一个非常特殊的群体,因还未进入职场,而无法用传统的社会分层结构进行划分。但是,大学生,尤其是985、211高校的学生被看成是"预备中产阶层",也就是他们所拥有的文化资本、社会资本是能够帮助其在以经济资本为划分依据的传统结构里占据到中层以上地位。

暂且不论"预备中产阶层"的说法是否恰当,但是大学生群体无疑是网络娱乐的重要消费群体,也是推动网络娱乐发展的动力源。正如B站宣传视频《后浪》里对青年群体的描述:"……人与人之间的壁垒被打破,你们只凭相同的爱好就能结交千万个值得干杯的朋友……更年轻的身体,容得下更多元的文化、审美和价值观……"大学生群体活跃的思维,较充足的时间,较高的知识储备,让他们更加游刃有余地在网络世界里驰骋,通过符号消费、参与网络流行文化和亚文化网络群体建构,冲破传统社会阶层的分隔。

笔者采访了20余名来自上海、浙江、福建的大学生,对他们的网络娱乐消费情况、对网络娱乐的看法及网络娱乐消费对现实生活的影响等话题进行了深度访谈。具体问题包括:

1. 你每天花费在网络娱乐上的时间有多少?大概是分布在每天的哪个时间段?

2. 你觉得网络娱乐在你大学日常生活中扮演着怎样的角色?为什么?

3. 在网络娱乐消费过程中,你是否有学习到新的知识或者道理?请举个案例?

4. 网络是个纷繁复杂的万花筒世界。你是否通过这个平台认识到各个生活层面的人群?网络中的知识是否对你的现实生活和价值观产生触动与影响?请举个例子。

5. 你希望自己能在网络中获得什么(在目前还未实现的)?

6. 你是否曾经参加过不同网络群组的互动交流?是否有参加这些群组的线下活动?具体介绍下。

7. 你觉得和其他人相比,自己在网络中是平等的吗?是否和其他群体一样能享受到所有的网络资源?

8. 你觉得什么样的人(具有哪些特征)能够在互联网中获取更多的资源?

在访谈后,选取有代表性的11位大学生(见表7-15),进行观点总结。

表7-15 大学生访谈对象基本情况列表

编号	称呼	性别	年龄	月生活费
1	曹同学	女	22	4000
2	王同学	女	21	3000
3	陈同学	男	20	4000
4	梁同学	男	23	1500

编表

编号	称呼	性别	年龄	月生活费
5	余同学	男	18	3000
6	黄同学	男	22	1800
7	李同学	男	20	2000
8	林同学	女	20	1500
9	韩同学	男	20	2000
10	沈同学	女	22	2000
11	郑同学	女	19	2000

曹同学：在大学里，就成为腾讯的签约作家，网络小说代表作《丞相下下签》点击率达200万。同时，自己也是一个热爱网络娱乐的小女生，每天有5个小时以上进行网络娱乐消费。

王同学：一个网络娱乐的忠实粉，自己会通过5sing原创音乐网、bilibili网站发布音乐作品，喜欢二次元文化，"Cosplay""唱见舞见""CV"都是她常上的群组。

陈同学：每天花3个小时以上时间观看网络视频、玩网游、看直播，乐于在网络中学习知识、分享观点。

梁同学：23岁电子商务专业的大学生，对直播平台有特殊的消费偏好，斗鱼TV、熊猫TV、虎牙TV都是他常上的站点，每天要花费5个小时在网络娱乐上。认为网络让自己拥有不一样的人生。

余同学：18岁的大一新生，最爱玩"英雄联盟"网络游戏，比较喜欢通过网络关注一些政治敏感内容。

黄同学：每天都要听网络音乐，刷刷抖音、快手，逛逛斗鱼TV、熊猫TV，在直播平台上消遣时间、学习知识。

李同学：喜欢二次元文化的大一新生，常上bilibili。经常在B站上发布一些自己制作的短视频。

林同学：喜欢直播、喜欢娱乐，随时随地都在玩手机。极度认可手机已经成为自己的编外器官。

韩同学：一个希望能够通过网络获得更多知识的大一新生。他把空余时间的百分之七十都花在网络娱乐上。

沈同学：每天花4个小时进行网络娱乐的女生,喜欢橙光游戏、快漫、lofter。

郑同学：经常观看网络视频,特别喜欢网络自制综艺节目,每天花费6个小时,甚至更多时间。

在访谈后,发现当大学生群体游走于网络娱乐的网状文化空间时,呈现出以下共性特征：

第一,大学生群体是娱乐基因深种的一代,娱乐就是生活。

目前大学生的核心人群基本都是"95后"。"95后"是真正随着互联网成长起来的一代,他们从小生活在互联网环境中,塑造着这一代人的生活方式、审美趣味以及娱乐态度。他们的玩伴不再是弹球、跳皮筋、跳方格、玩泥巴,而是网络世界里的电子游戏、网络音乐、网络小说、网络视频、网络直播。他们对互联网的依赖之深,远远超过我们的想象。

在他们眼里,娱乐就是生活本身,网络娱乐是"伴随式"的伙伴,不可或缺。

陈同学："我们通常因为无聊所以靠网络娱乐来打发时间,在虚拟世界里驰骋,我觉得网络娱乐在大学日常生活里,扮演着一个小伙伴的角色。"

谢同学："我每天要花3个小时在娱乐上,中午半个小时,晚上两个半小时。现在网络发达,大学生在宿舍玩电脑,出门玩手机,基本上不可分离。"

余同学："假期大约花6~10小时,上课期间为2~4小时。我喜欢看网综,一天不看就浑身难受。"

唐同学："假期无聊没事干,醒了就玩手机。"

梁同学："每天花5个小时网络娱乐。网络娱乐让生活更加精彩,也可以拥有不一样的生活方式。"

王同学："胡思乱想的时候一般都沉浸网络,因为闲啊。"

第二,通过网络符号消费建构身份认同,形成网络趣缘群体。

在校园里,我们会看到二次元女生穿着cosplay的衣服来上课;"无兄弟,不篮球"这一在男学生间非常具有号召力的口号,逐渐被"无兄弟,不魔兽"取代,网络游戏里共同"厮杀"成为维系情感的重要渠道;大学生追星族为了自己的偶像会彻夜制作宣传视频、照片集,翻墙看剧追偶像的instagram更是信手拈来的本领。大学生群体会倾向于通过网络符号消费的"示同"和"示异"来建构身份认同。同时,以网络趣缘群体为认同的"聚类"也是强调身份的主要方式。

> 王同学:"我特喜欢喊麦!也经常去直播间看主播喊麦,也加入了好几个喊麦的社群。我并不觉得这是俗文化。它代表了我们这些青年群体与主流文化之间的对话。"
>
> 李同学:"我因为喜欢JK制服,喜欢小格裙,进入了JK圈。千万别小看我们JK圈,之前有一款格子裙——温柔一刀,在淘宝上19分钟就卖了2500万元。我们JK圈可是比汉服、Lolita群的粉丝多多了。"

我们会发现大学生群体会因为"人""物""事件"或"文化情怀"被以标签的形式链接入社会形态。算法技术推荐建构的壁垒进一步深化了信息茧房效应,让趣缘成为网络社会连接的基础范式。同时,这种影响还植入更深层次的价值观。我们会发现网络娱乐等文化工业里所建构的生活方式,已经成为大学生追逐的生活样本。科学家、公务员不再是他们心目中理想的职业,网红、自由职业者、网络作家这些职业有着更致命的吸引力。

第三,大学生是独立个体,享受网络娱乐的过程就是表达自我主张的通道。

虽然我们常用"95后"来形容这个整体,但是该群体并无法用统一的标准进行定义。每个人都是独立的个体,都有自己的趣味标签,他们活跃在互联网的各个角落,编织起网络娱乐文化空间的网状结构。他们往往最具创新意识、对现有运行规则具有极强的破坏力,他们善于自我表达,强调自我主张。

他们喜欢吐槽与批判,他们以观看和参与弹幕吐槽为乐。比如乐视网低成本制作的《太子妃升职记》在2016年意外走红,很多网友评价看弹幕是该剧一大乐趣。弹幕既被看成是表达个性的工具,也逐渐形成弹幕文化,实现超越个体娱乐的群体狂欢和情感共鸣。

> 林同学:"我看网络综艺或电视剧时,一定要打开弹幕。那才是快乐的源泉。弹幕世界里,有太多有趣的灵魂了!"
>
> 唐同学:"我会发弹幕,表达自己的观点;也喜欢看弹幕,因为我会找到和我有共鸣的人和观点。"

>谢同学:"我发现弹幕里有些评论挺有营养的,让我能更好地理解作品,也缓解一个人看剧的孤独感。"

第四,参与到亚文化网络建构,看中圈层中的精神给养。

大学生群体在加入亚文化群体的过程中,已不自觉地加入亚文化建构。亚文化网络群体的圈层效应日益凸显,为兴趣付费是青年普遍认同的观点。同时,更看重圈层中的精神给养。

>林同学:"我喜欢宫崎骏的动漫作品,也加入了豆瓣小组,找到了许多同伴。我们都觉得在宫崎骏的作品里,看到了勇气和信心,我们可以一起追寻奇幻、纯真的宫崎骏世界!"
>
>沈同学:"我喜欢中华传统文化,尤其是汉文化。汉文化让我着迷,当我和志同道合的人一起穿上汉服,参加汉服活动时,我的内心得到了最大的满足。"

当然这种精神给养有双面性。比如,"丧文化"是青年群体中常见的亚文化,大学生群体就是重要的参与者。"丧文化"的产生与社会转型带来的青年集体焦虑有关,更多青年采用自嘲的方式解压。这种"丧文化"的影响,在以大学生为主要传播群体的推动下迅速占领以"音乐+社交"为主打模式的"网易云音乐平台",形成了"网抑云"现象。"网抑云"也被《青年文摘》评选为"2020十大网络热词"。观察音乐评论区,会发现有许多抑郁情绪发言,通过音乐媒介的互动场域,情感在共享空间里传递形成集体兴奋的聚集效应。

第五,网络娱乐是大学生提升资本的有效通道。

一是大学生群体更加赞同网络是一个充满知识的宝库,网络娱乐过程中也有知识的渗透。尤其是会通过直播平台或B站,进行知识学习。

>陈同学:"我有很多电脑、手机的硬件、软件的检测和维修都是在网络视频中学习到的。"
>
>黄同学:"通过直播平台能学习到一些知识。一些有营养的直播号,引发了我很多深层次的思考。"
>
>梁同学:"在网络娱乐中我关注到网红经济现象及其背后的营销方法,还有游戏的技术和解说风格,这对我的专业学习和兴趣提升有很大

帮助。"

　　沈同学:"网上看别人写的文章,之后自己也能写出一些。"

　　林同学:"网络确实有可以借鉴的东西。我喜欢上B站看看摄影技巧。"

二是娱乐能够促进大学生群体社会资本的提升,包括与陌生人和生活中熟悉人群的社会关联。

　　李同学:"通过网络认识了各行各业的人,可以从他们身上学习很多不一样的经验,从而提高自己的阅历。"

　　梁同学:"网络娱乐在大学生活中扮演着一种凝聚力的角色。会给大学生活带来一种乐趣,让同学间建立更深层次的友谊。同时,参加直播平台的粉丝群也扩大了我的交际面。"

　　韩同学:"通过网络认识了许多志同道合的人。有拥有相同爱好的人,也有相同偶像的人。感觉让自己的三观更加正确了。"

　　王同学:"通过网络能找到和自己兴趣爱好相投的一群小伙伴,相互鼓励,充满正能量。"

　　曹同学:"在写网络小说过程中,我认识了很多已经出版作品、小说拍成电视剧的作者,还包括一些编剧、编辑。同时,我会和签约的网站、编辑、我的粉丝、书迷,还有一起写书的作家们有联系。"

三是大学生群体对通过网络能够提升经济资本持正面、积极的态度。

　　李同学:"我希望能够在网络中获得金钱。"

　　王同学:"希望有一天自己能够做一些原创音乐,发专辑,就可以赚钱啦。我周围朋友里,有些做coser出写真,有些会画一些同人图、头像、人设图这类的赚钱。"

　　曹同学:"读书阶段,一个月运气好(小说受欢迎的话)就能赚四五千。当同寝室的人早出晚归打工的时候,我在寝室工作每天两个小时(写4000~6000字)就可以有这样的钱赚。"

整体上,作为在互联网随意遨游的大学生群体,更懂得将网络看成自己链接世界的权利,不仅是娱乐的工具,也是社交的载体,还是自我资本提升的通道。互联网塑造的网络文化空间,也为大学生群体的发展开辟了多元化成长空间。

三、网络空间实践者:白领群体

"复星集团董事长郭广昌称,中国内地不断壮大的中产阶级将使中国成为全球娱乐业皇冠上的宝石。"[①]一直以来,对中产阶级的划定标准没有统一的明确认同,但基本上对"新中产阶级"的身份特征有一些共识:"即从事白领职业、受过中高等教育、处于中等收入水平的人群。在欧美发达社会,符合这三种身份特征的人统一于一身,在中国,这三个身份特征并没有完全统一。"[②]

白领并不等于中产阶级,也因个体在职业、受过教育程度及收入水平高低被分为三六九等。千禧一代中的白领基本属于中产阶级的中下层。他们虽过着衣食无忧的生活,但是在现实生活中却面临很多的问题。买房安家、买车代步这些被认为是白领生活标配的准则让千禧一代白领深感压力,极易产生"挫折心态"。在这种困境下,网络娱乐让他们找到了新的情绪"发泄"通道。同时,这部分群体还是网络空间实践者,直接或间接地参与到网络空间建构。

笔者采访了10余位白领,并对其中5名白领群体代表(见表7-16)进行了田野调查,结合访谈,得出以下观察结果。

表7-16 白领群体基本情况列表

编号	称呼	性别	年龄	职业	工资月收入
1	陈先生	男	34	平面设计	8000
2	贾先生	男	30	公务员	6000
3	缪女士	女	27	宣传专员	7500
4	巫女士	女	32	文化传媒	10000
5	邱先生	男	33	公关	15000

---

① 参考消息网.郭广昌:中国中产阶级娱乐支出提高坐大商[EB/OL].[2015-06-22]. http://www.pinchain.com/article/38434.
② 罗东.对话李春玲"中产"虚幻而焦虑,你是那个高薪穷人吗?[EB/OL].[2016-10-31].https://www.ssap.com.cn/c/2016-10-31/1042690.shtml.

陈先生，某航空文化传媒有限公司的一名平面设计师，平时网络娱乐主要是上B站，一礼拜有两三天时间收看，观看日本组合"岚"的线性综艺节目，每次一小时左右。

贾先生，某市国土资源局公务员，喜欢看玄幻小说，也会通过网络视频观看综艺节目。希望自己能够创作网络小说，获得稿酬收入。

缪女士，某市第五医院宣传专员，是网络娱乐消费重度人群，每天大概有四五个小时花费在网络娱乐上。喜欢《奇葩说》等网络视频节目，会玩"大话西游""节奏大师"等网络游戏，经常看科幻悬疑类网络文学。

巫女士，喜欢利用网络娱乐进行学习的一名文化传媒白领。

邱先生，某航空公司PR公关专员，喜欢体育，把娱乐当作释放压力、调剂生活节奏的重要途径。

第一，网络娱乐是新中产阶级工作之余重要的生活调剂，或者说工作就是为了更好地娱乐。

"世界上最远的距离，是我在你面前，你却在看手机。"越来越多的白领加入了低头一族。交通枢纽运载着白领从生活空间转移到工作空间，在这空间转换的时间里，网络娱乐成为白领一族非常重要的陪伴。站在地铁里，我们会看到赶往上班路的白领，低头看着网络视频，沉浸在泡沫剧的世界里；或者玩上几局手机小游戏"开心消消乐"打发时间；或者翻阅着自己喜爱的网络小说。当然，不仅在上班途中，快节奏的生活、繁重的工作压力，使得白领群体在任何可能的碎片时间都有网络娱乐相随。

巫女士："我现在在工作中负的项目就是网络游戏推广。所以，我只要有空就会玩游戏，一是娱乐，二是为了工作，在体验中想出更好的案子。"

缪女士："刷剧、看抖音的过程，让我很放松，能有更好的精力投入到工作中。"

贾先生："每次上班，有时候坐地铁或公交，我都喜欢观察。发现每个人都沉浸在自己的手机世界里。有的戴着耳机听歌，有的在看剧，时不时还能听到他们笑出声。我觉得这些特别有意思。"

第二，白领群体作为网络空间实践者，更加看重网络娱乐带来的认知能力和自我价值提升。

白领群体往往向往更高阶层的生活状态。现实生活的压力也鞭策他们更加努力地提高自身技能迎合社会发展。相对于大学生群体,白领透过网络娱乐进行学习的意识更加强烈。他们更加渴望能够在娱乐中提高个人能力,实现自我增值。

> 陈先生:"在网络娱乐消费过程中,我通过新浪科学大V或在知乎观看问题问答,并比对实体书以及百度百科,对感兴趣的历史问题通透了解,例如对中国古代历史的通透了解,以及系统学习东亚历史、西欧历史和古罗马历史等。"
>
> 缪女士:"通过关注自己感兴趣的微信公众号,了解近期热门电影、纪录片、书目推荐等。阅读一些相对受欢迎的个人公众号,获取一些志同道合的价值观和理念。"
>
> 巫女士:"得到和喜马拉雅App可以学到很多东西,Ted和网易公开课可以拓宽视野,英语流利说随时随地可以趣味练习口语。"
>
> 邱先生:"得到App中李笑来的付费订阅专栏,对个人的时间管理产生比较深的影响,人最重要的财富是注意力,所以不应该把注意力放在与自己的人生目标不相关的东西上。"

第三,网络娱乐是部分白领获取经济资本的有效通道。

我们经常会看到这样的新闻:白天上班是白领,晚上下班兼职当写手,每日码万字收入万余元,赚取第二份工资。当然,依靠从事网络娱乐产业工作,获取经济资本,提高个人名气的例子仍然是凤毛麟角。不过,白领群体都不会否认这是可行的有效通道。

> 陈先生:"互联网对我自身来说,只是一个知识储备的来源地和集散地,它在很大程度上代替了实体书对我的意义。"
>
> 贾先生:"希望创作网络小说,获得稿酬收入。"
>
> 巫女士:"辅助学习的作用,利用耳朵进行学习,通勤路上听节目,节省时间。"
>
> 邱先生:"互联网基础设施的完善,让每个人都可以方便获取想要了解的知识,不断提升自我价值。"

第四,对能够通过网络资源获得阶层流动机会的观点持中立或悲观态度。

《经济学人》杂志在2016年7月刊指出:中国的中产阶级有2.25亿人,他们是目前全球最焦虑的人。他们的焦虑更多的在于个体间的对比以及对向上阶层流动的强烈愿望①。"优越感和压力"并存于一身:较高的收入和社会地位,使得他们有较强的优越感,但是与高收入阶层相比,巨大的差距又让他们倍感压力。

他们在网络中张扬个性,但在现实中都相对消极,对能够通过网络资源获得阶层流动机会持中立或悲观态度。

> 贾先生:"对于往更高阶层流动的话单靠网络很难实现,最重要的还是现实中的资源。但也不排除有个例存在,但我是普通人,还是要靠现实中的资源实现流动。"
>
> 巫女士:"互联网提供了一个平台,让注重个人品牌建设的人更容易获得曝光,但曝光率变现成财富和人脉,并且持续变现,需要不断投入产出。个人无意于此。"

白领群体作为网络空间的实践者,既消费网络娱乐,也服务于网络娱乐产业的发展。他们更能体会到互联网背后蕴藏的资本逻辑和运作规则,也希望通过互联网去改善生存环境。

综合以上分析,之所以提出千禧一代的"多面性"催生网状文化正在于以下几个原因。

第一,千禧一代是具有能动性的社会行动者,他们对传统社会结构具有极强的破坏力和创新力。他们渴望建构符合其价值观的结构体系。无论是垂直结构、扁平结构,都不是他们追求的理想模式,他们渴望以自我为中心,能够以"我"去拓展和编织自己的行为疆域,而不再被传统的条规束缚。

第二,千禧一代又是一个复杂的群体结构,不同的划分标准能够将他们划分为不同的类群。不同类群受到传统文化基因、资源占有差异等客观影响而呈现出层级性、差异性的行为轨迹。但是,不同类群又不是完全区隔的,他们甚至有着趋向一致的娱乐"惯习"。这也要得益于互联网时代让信息资

---

① 财经头条.中国中产阶级:全球2.25亿最焦虑的人[EB/OL].[2016-07-15].https://cj.sina.com.cn/article/detail/1010236564/29204?column=china&ch=9.

源的获取更加的平等、开放,优势资源不再被紧紧牢握于上层阶级手中,这打破了垂直分层的理论基础。

第三,千禧一代每个类群的个体无法用统一的标签进行描述,所谓类群的"品味"差异在千禧一代也失灵。因为每个个体本身是"多面性"的,他们既喜欢精英文化,也热爱大众娱乐带来的纯粹愉悦之感。也就是我们常说的"文化杂食主义"。至此,扁平文化的理论基础——"物以类聚,人以群分"又被打破。千禧一代更加随心所欲地以自主行为编织出网状的、无规律的、无边界的、动态化的网状结构。

第八章　网状传播颠覆文化分层

面对社会秩序是如何改变的,"世界是如何运行的"这一基本的哲学问题,著名未来学家尼葛洛庞帝发出了互联网络正创造着一个崭新的、全球性的社会结构的论断。也就是说,当我们把网络看作由具有无固定结构性质的节点与相互作用关系构成的体系时,互联网技术架构了全新的网络社会结构形态。

对于今天的文化结构而言,互联网已经彻底颠覆了印刷技术时代主导的垂直文化分层结构,扬弃了电子技术时代主导的扁平文化区隔结构,形成了互联网时代主导的网状文化关系结构。

当延续以人、传播、社会时空三者互动来观测中国娱乐文化变迁的理论脉络时,发现网状传播是形成网状文化关系结构、网状文化空间的基石。在第二部分的分析中,我们已经知道无论是由千禧一代行为路径勾画出的行为空间,还是以知识为生产和流动模式的信息空间,或是以社会关系为着力点的关系空间,都是在网状传播的模式下形塑出的全新文化结构模式和时空形态。

那么,网状传播到底是怎样的传播模式?它的来源与形态又呈现出怎样的特征?它带来的网状文化关系结构模式与垂直、扁平文化结构模式区别在哪?这些关键问题在本章节中将给出答案。

第一节　网状传播:文化分层蜕变的动力源

在第一部分的分析中我们已经明确了一个基本观点:媒介形态影响着社会结构;传播模式重塑时空关系,并且在时空再结构化中形成新的社会结构。从平行传播到垂直传播到立体传播再到网状传播,每一种传播模式都是社会蜕变的动力源。尤其是基于互联网特性的网状传播为社会发展注入强有力的变革能量,成为文化分层蜕变的动力源。

一、网状传播的来源与形态

正如上文所述与图8-1所示,网状传播的发生与发展是与垂直传播、横向传播建构的立体空间结合在一起的。

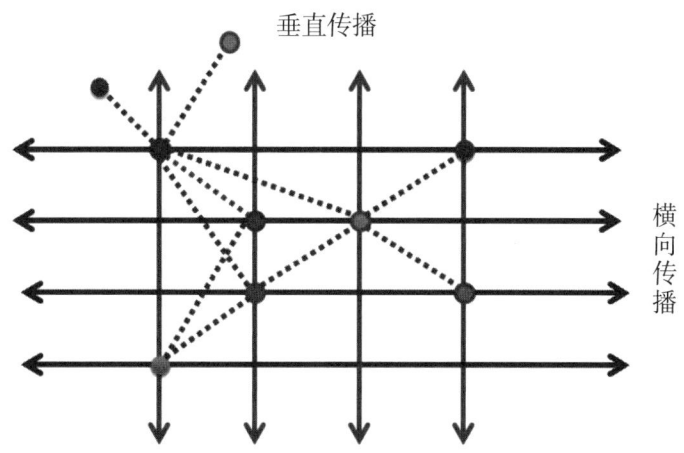

图 8-1　横向传播与垂直传播交叉示意图

(一)垂直传播是多系统的,发源点是各种资本的占有者

垂直文化分层结构成就了垂直传播。垂直传播的发源点是基于对文化资本、经济资本、社会资本的占有而获取能力,实现信息自上而下的传播。此时,传播能量是逐级弱化,直至消亡。

(二)扁平文化形态是类群集合,是横向传播的载体

扁平文化区隔结构成就了横向传播。横向传播是指流动于具有相对对等载体间的传播方式。例如电视栏目同样也是横向传播模式,不同的受众定位,圈起不同的群体。群体与群体间的个体有部分交集,但群体与群体间没有互动。在扁平文化区隔结构里,横向传播力是有边界的,局限于传播可达的扁平文化区隔结构范围内。

(三)垂直传播与横向传播交叉形成立体传播

垂直传播与横向传播交叉形成的立体传播网,正是电子传媒阶段的形象写照。垂直传播技术（印刷技术）仍然有强大的生命力，而横向传播则越来越多地满足了不同细分群体的信息需求。这样的垂直、横向交叉形成了立体传播，随着这种传播方式繁衍的量变，正等待新的传播技术的出现，实现其质的飞跃。

如果把垂直传播与横向传播的交叉点当作是网状传播的起源点，那么这些起源点，在网状传播里就变化成一个个"节点"。这些节点在垂直传播、横向传播里由于占据资源的多寡，而有等级上的差异。但是，在网状结构里，这些节点的优势不再明显。

（四）以交叉点向外无限散射，形成网状传播

以交叉点为中心建立传播网络时，原本在垂直传播与横向传播中不可能发生关联的个体或组织间突破限制，建立起关系网络。并且，任何一个交叉点都可以发生多向传播，建立新的连接。此时，网状传播成为动态的、不断丰富拓展的宇宙式传播。

（五）网状结构的传播力是无限的，节点与节点间是相互加力的过程

区别于垂直传播的传播能量是逐级弱化的，也不同于横向（立体）传播局限于可传达范围内。网状结构的传播力是无限的，任何点都可以不断加能量，让影响力无限放大。在这一动态过程中，最大能量点可能并不是传播的起源点，也不是资源最优者，而可能是一个随意链接进入传播结构的任一节点。

当然，网状中的节点链接入网络也分为"自主性"和"有组织"两种。有组织的"水军"是网状传播中隐含的需要关注的问题。

二、网状传播力的娱乐空间实践

网状传播带来的无限传播力是对网状文化空间拓展产生颠覆性影响的关键所在。它突破了垂直传播与立体传播的有限传播半径，射出无限的想象空间，为社会变革开启了"潘多拉魔盒"。在现实中，这个"潘多拉魔盒"效应最先在娱乐行业出现，释放出人们追求娱乐文化天性的自我解放。娱乐作为与互联网最先融合的行业，娱乐文化的变化对社会发展有很强的先导性和启示性。

为了更好地理解网状传播力的表现，将选取一个具体的娱乐现象进行分析，也就是主要以立体传播模式延伸的约瑟翰·庞麦郎的作品《我的滑板鞋》，如何通过歌手华晨宇这一节点的链接改编歌曲《我的滑板鞋2016》，爆发出网状传播的巨大能量,实现娱乐产品跨越不同层次的文化需求,打破文化分层"惯习"加以区分不同阶层人群的理论基础。

(一)《我的滑板鞋》的"先赋地位"处于中下层文化

"魔鬼的步伐,摩擦,摩擦,摩擦摩擦似爪牙"这一魔性的旋律从2014年开始就不断地听到。这一旋律是来自约瑟翰·庞麦郎创作并演唱的作品《我的滑板鞋》。刚一看到"约瑟翰·庞麦郎"这一名字时,会以为是某位外国歌手创作并演唱了一首中文歌曲。怀着强烈的好奇心搜索这位歌手,你会大跌眼镜。以"约瑟翰·庞麦郎"这一文化符号进行自我包装的歌手其实是陕西省汉中市宁强县的普通农民。他被网友评价为:长相民工、口音街头。他将嘻哈、电子、叙事民谣等元素集为一体,唱着有一天他买到了梦寐以求的滑板鞋的快乐心情。

但是作品制作之粗糙,有人评价其音准不行、节奏错位、根本不是音乐,导致其不会进入对文化品质有较高需求群体的收听列表里。在传播体系里,处于垂直传播的中下层,可以说,它的"先赋地位"处于中下层文化。

(二)选对传播平台,达到立体传播能量的初始聚集

2014年5月13日,庞麦郎在"虾米音乐"平台上传了作品《我的滑板鞋》。虾米音乐的用户被认为文艺范、有调性、口味多元化、乐于接受主流歌曲以外丰富异样的作品。《我的滑板鞋》成功的第一步正在于选择了"虾米音乐"平台,对接上潜在的听众群体,完成横向传播能量的初始聚集。在虾米平台上试听7946602次,分享476次,评论6352条(截至2017年2月28日)。在评论里,有赞扬之声,也有批评之词,也有人在这首歌里找到了心灵的共鸣。

> 网名"陈金龙":"仔细听几次这首歌真的触动我的心灵,其实听了很多翻唱的版本都没有原唱的那种孤独落寞、不甘平凡的味道。向原创精神致敬,向为音乐奋斗的无数幕后工作人员致敬!这歌编曲真心棒,神曲能编的这么好,高手!"
>
> 网名"香沁人心":"听这首歌有种落寞、独孤感,就像自己是走在大街上大家看着穿到破烂的要饭的一种取笑,被人耻笑的感觉。"
>
> 网名"小白":"一开始会爆笑,但听到后面想哭。"
>
> 网名"素人.":"去你妈这也算说唱?"
>
> 网名"dudu":"你收手吧!别再唱了!你真的不适合唱歌。"

无论评价如何，这首有争议的作品以及演唱者身份的特殊性在更大的范围内得到关注。这首歌和同年上线的《小苹果》《小鸡小鸡》并列年度"网络神曲榜"。

（三）《我的滑板鞋》实现不同节点的相互链接，形成网状传播

随着《我的滑板鞋》在各大社交平台广泛传播，增强了其巨大的传播力，用网络流行语描述就是"红出翔"。随后，民间各种版本也相继出现，比如《我的滑板鞋》南京话恶搞版《我的挖掘机》、西青仔天津话版《我的破球鞋》、《我的滑板鞋》鬼畜级改编等。这样的网状传播，不断给传播力增加能量，让影响力无限扩张。

（四）新的重要节点的出现，网状传播力量无限升级

无论是《我的滑板鞋》还是各种改编版本，其吸引人群都相对有限，一般是喜爱流行文化、关注娱乐动向的群体。在2016年，歌星华晨宇在《天籁之战》节目里改编了《我的滑板鞋》一歌，创作了《我的滑板鞋2016》。改编后的歌曲为原曲注入了摇滚曲风和流行说唱元素，在专业艺术化创作后，焕发出新的生命，吸引了有更高文化艺术需求人的关注。

同时，《我的滑板鞋2016》还占据香港和台湾的热搜第一，在Google、Facebook、Instagram、twitter、YouTube上的数据热度高居不下。在Facebook上，观看总数超过1000万次；YouTube平台播放量达950万次。众多节点的链接、分享，引来越来越多外媒和路人的高度关注，传播力量无限升级。

从约瑟翰·庞麦郎创作并演唱的作品《我的滑板鞋》，到歌星华晨宇改编的《我的滑板鞋2016》呈几何级的传播力和影响力，生动地体现网状传播前所未有的传播力和生产力。

总之，网状传播的出现有其历史必然性，是技术进步与社会时空积淀的结果，不以人的意志为转移。网状传播最大限度地融合了各种社会、技术力量，并释放了个体的自主性，凝结出巨大的破坏力和重塑力。

第二节　网状文化关系结构：文化结构发展新趋向

在互联网出现时，中国社会正陷入多种因素交织的复杂文化社会中，传统文化期待复兴、外来文化不断侵入，移动互联网又如暴风雪般席卷整个文化结构。

当人的"惯习"、时空结构赖以的资本基础内涵均发生改变时,文化分层在网络社会时空中也显现出新趋向。在网状传播巨大的能量叠加下,逐渐形成了"网状文化关系结构",其与垂直分层结构、扁平区隔结构相比较展现出不同的特征。

一、网状文化关系结构是文化结构发展的新里程

网状结构最早是解剖学家给出的概念,它用来描述人脑中央区网状外观组织。这部分组织细胞分散、大小不等、形态各异,因而被称为网状结构。在计算机通信领域里,"网状结构"被用来形容网络的连接状态,分为全连接网状和不完全连接网状,影响着节点的通信连接。

综观以上对"网状结构"概念的使用,可以得出网状结构形态的基本特征:由不可计数的分散的节点构成;各节点形态各异、大小不等、功能有别;原则上,每个节点都可以被看成是中心,与其他节点产生关联(对整个网络结构而言,是"去中心化"的);结构错综复杂,节点与节点是否取得连接的随意性大。

当我们把网状结构用来形容互联网文化关系结构时,可以做出如下定义:网状文化关系结构是基于互联网平等、自由、去中心化的内在属性,强调每个个体和组织都是一个节点,并以个体行动力而编织出来的以"关系"为核心要素的结构模式。在互联网世界里,这一文化结构已完全打破现实社会"垂直""扁平"的静态的文化形态,以一种自由、可变、相互联动的网状形态呈现。

(一)三种文化结构在对"人"认知上的差异

垂直文化分层,认为人是存在阶级、阶层差异的。人本质是社会关系的总和,由于生产资料的不同占有,人在实践中形成了阶级对立。在鲁迅小说《孔乙己》里描述的短衣帮和长衣帮就代表着两大对立的阶级。长衣帮是上层阶级,短衣帮代表着是社会底端阶级。他们有着截然不同的消费方式,体现着悬殊的社会地位和经济地位。"长衣帮"可以在里屋坐着喝酒,而"短衣帮"只能在外面站着喝酒。"长衣衫""短衣衫"正是阶级文化强烈对抗的符号表征。在娱乐文化上,"阳春白雪"表征"极雅","下里巴人"表征"极俗","极雅"的文化产品是上层阶级的享有物,"极俗"的文化产品则是下层群体的消费品。"阳春白雪"和"下里巴人"常被用来描述不同等级群体的文化消费观。

扁平文化区隔结构,认为人是"社会集合体"。将人看作社会人,看作与他人发生联系的人。梅奥说过:"人是独特的社会动物,只有把自己完全投入到集体之中才能实现彻底的自由。"①娱乐的天性就是追求愉悦和自由之感。那么,当人被看作"社会人"时,人在"社会化"过程中就体现出群体特性。个体希望借助娱乐过程实现"社会化",去参与社会生活、学习社会规范,逐渐认识自我,并获得社会认可。这时候,以生活形态、社会风格为区隔的扁平文化区隔模式就凸显出来。比如,朋克、嬉皮士、摩登族这样的风格就成为划分不同社会集合体的专有符号名词。当然,此时个体归入哪个社会集合体是与其现实生活不可分离的。

网状文化关系结构,很重要的一点就是将人与人的关系融合看成是生命"共同体"和行动者力量的聚集体。相较于前两种结构模式,在网状文化的关系结构里,个体人被赋予更强大的力量,个体能够以自我为中心,与超越现实生活圈的其他个体、组织产生关系。至此,个人的文化消费既不能被简单地用经济资本、社会地位划入不同的垂直层级结构,也不能够单一地被区隔归入某个"社会集合体"。同时,基于互联网的网状文化关系结构特性,其聚集速度之快,具有很强的破坏性和建设性。

(二)三种文化结构在传播模式上的差异

自古以来,传媒技术就是中国社会不平等的基石之一。当文字没有出现,文明社会还未建构时,原生态文化无法形成固化的文化结构,传播是平行模式,即口口相传。但这种传播模式受制于语言是否相通、区域是否阻隔。

垂直文化分层结构时期,传播模式上表现为文字单向传播,并受信息获取和传播条件局限。传播方式传递的不仅是内容,更重要的是对社会结构改变带来的深刻影响。当文字传播为主流模式时,其无形中已形成社会隔阂,识字者与不识字者间存在信息获取的不对称性,久而久之则构成一种等级性极强的线性社会结构。可以说,此时的传媒技术只是为少数权贵阶层服务的奢侈品。

扁平文化区隔模式下,大众传媒迅速发展,信息获取的时空依赖性减弱。大众传媒的发展,尤其是电子媒介的出现,打破了传播的文化条件限制,电子媒介的使用者不再与既定的身份和地位相关联。都市报、细分类杂志、

---

① 乔治·埃尔顿·梅奥工业文明的社会问题[M].时勘,译.北京:机械工业出版社,2016:8-23.

以群体为目标对象制作的多元化电视节目,影响着人对自身和他人的"想象"——在这个世界上,有一群人和我一起生活在这个城市里,享受着都市报媒体传递给我们的资讯和服务;有一类群体和我一起欣赏着这个节目,我们有共同的喜好,而不在乎经济资本与职业区别,进而构成了一种扁平化的文化区隔结构的立体传播现象。

网状文化关系结构时期,个体网络节点传播成为主流模式,赋予个体更多表达自我的渠道和方式。互联网让传媒文化从专业人员创作和社会精英掌握并享受终端信息,变成"公民记者"共创共享的文化产品。个体在传播领域不仅仅是生产者,也是传播者和经营者。

(三)三种文化结构在社会时空背景上的差异

三种文化结构在社会时空背景上存在差异,这种差异是"时空"作为内生变量对社会结构变迁带来的影响。具体来说,垂直文化分层结构和扁平文化区隔结构,大体都强调时间的延续性和连贯性,主张时间的线性模式。尤其在大众生产和消费时代,也就是扁平文化区隔模式的典型时期,主张时间和金钱是平等的,时间属于稀缺商品。而网状文化空间享有的时间观是:时间成为不断加速创新的一部分,时间呈现出解耦(uncoupling)和去中心化(decentralization),并取代着时间的线性模式。

在空间上,垂直文化分层结构所代表的时期主张空间的有限和稳固,社会发展较慢,呈现出一种稳定性较强的特征,倾向于固守自身的特殊性。扁平文化区隔结构下,对空间的认知有所拓展,不再局限于有限空间,而跨时空成为可能。网状文化关系结构则彻底摆脱"此时此地"的限制,实现时间和空间的虚拟真实。

二、量子化思维模式下网状文化结构趋向思考

我们总在谈论:互联网彻底变革了信息传播方式,乃至深层次的网络社会关系结构。那么,这种变革的动因是什么?究竟重塑了何种传播模式和社会空间结构?解答这一问题,若仅仅从传播表象去描述,很难触及根源。因为经验总是基于对过去时空认知的归纳。当时空以非连续性的姿态呈现给生活在互联网乃至物联网时代的我们时,一切用于解决网络实际问题,按过去那种经验思维方式行事,也许可能失效,也许会给人带来更大的困惑。正如丹娜·左哈尔(Danah Zohar)所言,"牛顿思维是工业时代的产物,量子思维

是信息时代的宠儿"。生活在21世纪的我们,不能把眼光停留在过去时空来看当今的世界。面对越来越清晰呈现的网络时空和不断涌现的互联网空间治理难题,以量子化网状传播模式的认知作为探索途径,将更清晰呈现网络时空的网状传播规律与过去的传播规律间存在的差异,对现实社会关系建构具有重要意义。

(一)量子思维下的网络时空

从古至今,人类时空观在文明发展的历程中不断演进,折射出从几何学到古典力学再到物理学的认知路径。古代时空观具有鲜明的几何学特征:古希腊哲学家亚里士多德在《范畴篇》里,将空间与点、线、面、立体这些几何概念放在一起,讨论空间是有限空间,指事物占有的位置总和。中国古代先哲倡导的是"和合",讲究的是天人、社会和自我的和合,追求的是"天人合一",是有限与无限结合的概念。

近代时空观与古典力学理论密不可分,是一种绝对空间的概念。牛顿为了解释宇宙的机械运动,设立了一个绝对静止的参照体系(绝对空间),主张时间是匀速的,空间是均匀的,是独立于实体的外在形式或观念的抽象。[①]"时空就像一个舞台,上演着物理学里的作用,演员是各种动力学实体。"[②]

现代时空观更贴近物理学的宇宙观和物质观,以黑格尔为代表的哲学家认为时间、空间、物质、能量、运动之间是相互作用的,并不是彼此独立的,并且逐步把人的主体立场放到了重要的位置。现代时空观接近于爱因斯坦所主张的相对时空观。

进入后现代,我们将以怎样的观念来理解互联网时代的时空特征?量子力学开启对未来世界的思考方式,它形成了一种微时空观。德国物理学家普朗克提出了量子假说,假定微观领域中,"能量的传递不是连续的,而是以一个一个的能量单位传递的"。这种最小能量的单位就是量子。量子力学的特点是交互的、非决定论的和不确定的,这颠覆了我们对传播规律的思维方式和认知系统。同时,它的影响将不仅局限于对微观世界的考量,而且将颠覆我们对宏观世界的思考。

1.量子化的网络时间

---

① 冯雷.理解空间——20世纪空间观念的激变[M].北京:中央编译出版社,2017:30-33.
② 卡洛·罗弗利.量子时空:我们知道些什么?[M]//克雷格·卡伦德,尼克·赫盖特.物理与哲学相遇在普朗克标度.长沙:湖南科学技术出版社,2013:112.

远古时期，人们用自然事物的运动过程来标志时间，日出而作，日落而息，候鸟迁徙，四季更替。时间不是均匀流逝，而是在万物运动中有快有慢、有节奏地流逝。现代社会，更是把钟表作为时间隐喻。一天24小时，一年365天"永远向前"。时间连续、不间断地表现着物质的运动与变化。网络时空的时间则不然，时间不是简单地流逝，是由分立的量子时段组成。也就是说，时间更像是电影一样，是由一帧一帧的"画面"组成。每个画面，就像是构成电影片段的"量子"。

每个个体在网络时空里，既受到自然时间的约束，也日益被互联网所内含的量子化时间所影响，甚至形成具有个体色彩的量子化时间频谱。

第一，时间是非连续的。在互联网世界里，时间甚至是可以暂停、倒退的。我们可以利用多媒体技术去还原过去时间里发生的事情。利用碎片化时间，以"在场"与"缺场"的方式，参与网络生活。数字化生存已从一个概念变成了一种生存方式。这种时间的不连续性，还表现在我们连接进入互联网时空的设备和智能应用时的非连续性：从电脑终端到手机移动终端到物联网智能终端，从门户网站到移动社交平台再到未来人工智能（AI）平台。时间是由不同的量子时段组合而成。

第二，时间是跃迁的。也就是说，未来和过去是不一样的。就如同英国天体物理学家爱丁顿"时间之箭"的概念一样，时间在跃迁中从一个状态到另一个状态变化。比如，中国传统时间观——二十四节气就具有明显的跃迁特质，每一个节气就像是一个量子时段。在互联网中，这种时间的跃迁也很明显，个体自主的行为，跃迁于互联网世界里，组成出变化多端的图景。时间是具有能量的。时间因为跨越了非连续性，而蕴含出巨大的创新能量。

第三，量子化时间频谱。每个个体的量子化时段组成了独有的"电影"，这个"电影"呈现出的时间频谱，不同于自然时间，而更加具有社会时间的特质，是一种社会产物，会影响到个体的价值观和行动方向。

2. 量子化的网络空间

基于生活经验，我们习惯于将空间认定为连续的不可分割的物理空间。它就像是一个剧院舞台，各种事件在上面轮番上演，或像是一个空仓库，准备好被用于堆满货物。比如，宋代以后勾栏瓦肆以一种商业性专业文艺市场的身份出现。瓦肆这个时空，就像是一个"舞台"，在固定的时间里，大量的人群聚集到固定的空间中。随着时间的流逝，人群从固定的空间里散开。但量子化空间不同于物理空间，它不是连续的、逐点相互作用的局域性实体的集合,而是以非局域性的形式存在的。

第一,网络空间是非连续的。空间是离散的块而非连续的,是以特定量子单元存在。网络"游牧民"作为独立的量子单元,漫游在这个无边界的宇宙式的网络世界里,用自己随心所欲的文化行为,编织出网状化空间形态。这一空间不是扁平的,也不是球状的,而是网状的,是非对称、非均衡的组合。

第二,网络空间是可生产的。在数字世界,空间具有量子化属性,应该是一个动态的存在,是可生产的"能量包"。空间生产是空间本身的生产,而不是空间中的生产,是空间本身的量子激发,而不是空间中的量子激发。也就是说,空间是可以扩张的,在空间中产生更多的空间。这就是我们常常在网络结构中看到,某个节点会突然扩容,爆发出巨大能量的原因。

第三,网络空间存在曲率。空间因为物质和能量的存在会产生扭曲,这种扭曲会改变内部物质的运动路径。空间也有可能会随着引力波产生涟漪。这种量子引力特质所蕴含的能量在网络事件,尤其是网络舆论事件中可以窥见。

(二)量子化网状传播规律

在网络时空里,传播被赋予了更重要的内涵意义。我们不仅需要强调传播的信息共享;强调传播是信息交流的互动过程;抑或强调传播是社会关系的体现。只有从量子化的角度来认知传播,才更能触及当下网络传播现象的本质。在量子思维下,网络中的一个个节点就是量子单位,呈现出全新的网状传播规律。

1.量子化网状传播的运动

第一,用量子运动来定义传播。传播与时间、空间、运动一样,是一个具有普遍性的哲学范畴概念。若从运动力学的角度来理解传播时,认为运动是物质的根本属性,"A运动"是没有意义的,除非我们指明了是相对哪些物体它在运动。而在网络空间里,量子力学却有不同的定义,它认为每一个"量子运动"都存在意义,它的意义取决于何时被"激活",从而带动其他各个量子节点间的瞬间"关联"。

第二,网状传播是量子时空的特质运动。在传统物理学里,时间和空间是运动着的物质的存在形式;时间空间和运动着的物质不可分割。在量子力学里,网络时空中,时间与空间都是非连续的,是量子化的,"时空更像是一个组合网络,而不是标准的连续流形"①。在这种离散状态下,传播也不再是连续性传播,而是具有离散型特征的传播。

第三,传播不仅传递"经典信息",还传递"量子信息"。当我们从量子力学来重新理解"信息"时,不同于香农经典信息的概念,认为信息分为两种类型,一类是经典信息,一类是量子信息。经典信息是可记录、可传播、可描述、可复制的;量子信息描述的则是物质的关联,量子信息被测量时会发生改变,不能被复制②。互联网时代赋予个体充分的权利。我们在研究社会运转时,已经不仅仅是把目光聚焦到机构、组织这样的大"原子"节点,而是由数十亿万人作为微观粒子拼接成的传播网络。

2."非局域"网状传播的超距作用

远古时代的传播是平行传播模式,人与人以身体或工具为媒介在面对面交流中表达情感与信息。农耕时代的传播是垂直传播模式,由不同的顶层人作为"信源"向下传播娱乐信息,形成不同系统的垂直。大众传媒的发展,在受众细分传播理念的影响下,横向传播成为重要的模式。垂直传播与横向传播相结合,组成立方体,形成有边界的网格传播。无论是平行传播、垂直传播还是立体传播,其依靠的都是"从一点到下一点连续作用"的方式,也就是局域性传播。

在量子思维下,节点相连已经打破这种固有模式,并不完全以连续的、点对点的方式相互作用,而是通过"非局域"的方式相连接。这种非局域的相连被爱因斯坦称为"幽灵般的超距作用"。这种"非局域"相连在网络空间为何能够成立呢?非局域是对无法分割成彼此独立的、局域在各自空间区域的两部分的物体的性质描述③。也就是说,不同节点在空间上被分开,而在逻辑上并没有被分开,是一个非局域的整体。

3."跃迁"式网状传播的不确定性本质

互联网充斥着不确定性和不安全感。并非像工业时代一样,万物都是

---

① 杰瑞米·巴特菲尔德,克里斯托弗·艾沙姆.时空和量子引力论的哲学挑战[M]//克雷格·卡伦德,尼克·赫盖特.物理与哲学相遇在普朗克标度.长沙:湖南科学技术出版社,2013:38.

② 马兆远.量子大唠嗑:开启未来世界的思维方式[M].北京:中信出版集团,2016:267-272.

③ 尼古拉·吉桑.跨越时空的骰子:量子通信/量子密码背后的原理[M].周荣庭,译.上海:上海科学技术出版社,2016:39-42.

有确定的运行轨迹。在工业时代我们习惯于用牛顿思维看待世界,强调在定律下维持着"静态"不变的生产规则和稳定的成果。而量子思维强调的"动态""跃迁"更符合互联网不确定性的本质。

当我们把互联网中每个用户看成是一个个量子单位,他们是充满能量的能量包,自由而灵活,富有自我的创造力。同时,量子系统复杂多元的因果联系,又让整体充满了不稳定性,变得不可控。在平行传播、垂直传播、立体传播这些局域性传播模式下,对于传播内容和效果,我们可以准确地测定出它的传播渠道,有效地控制住传播信源和内容,并且利用媒介经营手段对传播效果实施自上而下的影响。然而,这一切在量子思维主导的互联网世界里,是不可能的。我们没法事先勾画出网状传播的路径图谱,它是一个自我生长和消亡的系统。

每个个体作为量子单位,在量子"跃迁"特质的影响下,可能出现在互联网世界的任何角落,行为不再具有连续性,其关注的传播内容也可能相距甚远。同时,量子的行为是"概率"性事件。个体在互联网传播中的行为与状态不像机械那样确定,也存在一个概率波的问题,我们无法事先确定行为轨迹。

第九章 网状文化空间的新娱乐时空形态

网状文化空间并不是互联网时代的特有产物,它的出现也不是一蹴而就的。它的形成蕴含在整个社会时空的发展脉络里;它的演变过程折射出的是传播模式的交融进化;它是基于垂直结构、扁平结构衍生发展的新时空形态。网状文化关系结构不管在人的自致地位、行动能力,传播介质的速度和广度,还是关系空间的形态,都呈现出独特的运作机制和特征。

当下,呈现在我们面前的"真实景象"是:"网状文化"形塑了一个网络社会中的文化世界,网络"游牧民"漫游在这个无边界的宇宙式的世界里,用自己随心所欲的娱乐文化行为,编织出全新的社会关系结构和时空形态。

第一节 网状文化空间的宇宙式传播图景

网状传播催生了以"关系"为核心要素的网状文化关系结构,进而以"网状文化空间"的形态呈现,彻底颠覆了传统的文化分层格局。也就是,"空间"的再生产性,取代了"分层"与"区隔"的固化结构模式。

网状文化空间的概念比较抽象,为了更好地理解它的存在形态、特征与运作规则,将其与宇宙图景进行类比将更为贴切与传神。

一、"空间"取代"分层"与"区隔"

"网状文化空间"不是垂直的,不是扁平的,也不是球状的,而是网状的。该空间既是立体多维的,又不均匀分布,因而既不能用"层"来区别,也不能简单地用"区隔"加以描述,而应该用"空间"的概念加以概括,因为"空间"是非对称、非均衡的组合。

"分层"一词来源于地质学,指的是地质的沉积成层现象。后来,引入社会学来比喻人类社会各社会群体之间的层化现象。"分层"必然存在高低差异,是由于对社会资源占有的不同而区分出的不同高低层次。在阶层社会里,文化资源占有者是高高在上的,而在网状文化空间中,它不过是另外一名工作者。

"区隔"是区分和隔开的意思。在市场营销学里,区隔常用来表示对某一特定对象群体的认知。也就是说,区隔代表着对某个类群的关注,是在某个类群中的沟通交流。按照区隔观点,对象是被分类为不同的群体,进而在不同群体间展开交流,而群与群之间不存在互动关系,彼此是隔开的。

可以说,在网络社会,传统层级模式和有区隔的扁平模式已经不再有效,而是被网状化的交往模式取代。此时,单纯的分层、区隔概念无法描述社会结构特征,而"空间"一词更能涵盖网状交往模式下的社会形态。因为空间是可以生产的,而分层、区隔是相对固定化的结构。

二、宇宙形态的网状文化空间

网状传播是宇宙式传播,所以网状文化空间用宇宙图景来描述也更为贴切。虽然网状文化空间和宇宙是两个完全不同的网络,但是却在形态上展示出相似的生产趋向,也许这可归结为他们都拥有相同的自然生产动力。

为了方便理解,可以将宇宙现象和网状文化空间做出以下类比(见表9-1),并表现出以下特征:

表9-1 宇宙与网状文化空间类比表

宇宙	宇宙万物"天体"	引力、引力波	黑洞	吸积	能量
网状文化空间	无以计数的节点	传播引力	突然爆发的人、事、物	增强节点影响力	传播效力

第一,去中心化、无边界、永恒变动的网状文化空间。宇宙是时空的统一,在时间视野里,宇宙没有开端也没有结束;在空间视野里,宇宙没有中心也没有边界。网状文化空间也同样是处于永恒变动中,是去中心化和无边界的,富有强大的野蛮生长力。

第二,网状文化空间由无以计数、形态各异、功能不一的节点(个人或组织)组成。我们都熟知,宇宙由形态、大小各异的恒星、行星、星系等天体构成。网状文化空间同样是由差异化的个体或组织(我们统称为"节点")组成。这些节点分散在网状文化空间中,扮演着不同的角色。

第三,各节点的传播能量决定了其在网状文化空间里的影响力。在宇宙中,各天体有大小的区别,一般认为质量越大引力越强。那么,在网状文化空间里,节点也有大小、能量的差异。当节点的影响力大时,我们可以想象为更具传播力的大节点。用宇宙空间作比喻,地球的体积大于水星、火星,而远远小于太阳系里其余四颗类地行星如海王星、天王星、土星和木星等。但八个行星都围绕着太阳转,太阳就是这个系里的大节点。当我们把地球看作一个节点时,人们都认为它是宇宙的中心,其实不然,它只不过起到太阳系里的一个行星的影响力。同样,在文化空间里,网状节点的大小,也决定了其在网状文化空间中的影响力。

第四,传播"引力"是网状文化空间节点产生关联的关键因素。宇宙间天体的联系依靠引力达成相互吸引、相互绕转。那么,网状文化空间中的传播引力就是传播效果实现的关键要素。

第五,离散、聚集是网状文化空间总节点间的基本连接形态。宇宙里的星系团不规则地聚集在一起,少的十几个,多的无以计数。这在网状文化空间里同样存在,各个节点会因为某个因素被聚集到一起。同时,与聚集相对的就是离散,当节点排斥某个因素时则表现为离散状态。

第六,网状文化空间是充满能量的聚合体。宇宙充满能量,而且并不确定在哪个时空里会突然爆发巨大能量。网状文化空间同样如此,网状传播的过程是能量不断叠加、累积的过程,而且任何一个节点都可能突然爆发出巨大的能量。

第七,网状文化空间里存在"黑洞"现象。在宇宙里存在黑洞现象,黑洞是一种具有超强吸引力的天体。在网状文化空间里同样存在"黑洞",这个"黑洞"就是基于某个节点突然爆发的、短时间内吸引大量关注的人、事、物。

第八,节点依靠不断"吸积",增强自身影响力。宇宙中天体依靠引力作用不断从外界环境中聚集物质,也就是在吸积过程中,不断增大质量,为下一步演化提供物质基础。同样,网状文化空间中的节点也是依靠不断的节点间力的叠加,提升自身的影响力,促进量变到质变的转换。

第九,网状文化空间中每个节点都存在以自我为中心而展开的图景。

宇宙之大，从不同视角看到的图景也不尽相同，以地球为观看点和以月球为观看点呈现的景象也存在差异。网状文化空间是去中心化的，以不同节点向外散射时，看到的景象完全不同，我们不能以唯一的图景、观点涵盖所有节点的视角。

第十，网状文化空间处于永恒变动和生产中。当然，与宇宙图景不同，网状文化空间更加的复杂，因为个体的能动性，这个结构永远处在不断的生产与变动中。各个节点被何种能量吸引，被吸引到何处也是永恒变动的。

经过上面分析，可以尝试性给出网状文化空间的概念：网状文化空间是由无以计数、大小不一、功能不同的节点构成的，在传播引力的作用下，相互间产生集聚或离散的状态，并且处在永恒变动中。

三、网状文化空间的特征

在每一个网络"空间"中，每一个人不再是被阶层或文化层次固化的人，而是可以自由发挥思想与情感的人，从而真实地表现出人的思想和性格的多重性，这种自由表现不是人的分裂而是重合；这种"重合"，更真实地表现了"这个人"在网络世界的状态。因此"空间"更能涵盖网状社会交往的超真实。

基于人的能动表现，网状文化空间也呈现出五大特征：虚拟真实的传播方式、自我想象的心灵空间、网状化的社交模式、传递与跳跃的"文化基因"、文化杂食主义的消费倾向。

(一)虚拟真实的传播方式

虚拟与真实的交织，是网状文化空间的鲜明特征。虚拟真实本质上是一种全新的传播方式和交流工具。尤其娱乐体验强调的是身体感官的愉悦和精神心智的快乐，通过这种传播交流方式，娱乐天性在虚拟真实的数字世界得到充分的体现，进而构造出一个前所未有的网络文化多元融合的娱乐形态和日常娱乐生活空间。

娱乐体验者以虚拟的身份进入网状文化空间，作为传播者和网民，他们在自己营造的网络世界里与人交往，获得真实的存在感，又给别人真实的存在感。由此可见，网状文化空间消除了虚拟与真实的界限，导致虚拟取代真实，甚至比真实更真实，也就是形成了鲍德里亚（Jean Baudrillard）所说的超真实（hyperreal）。

在数字娱乐世界，虚拟与真空的传播方式使"超真实"感更加明显。许多网游玩家认为自己在网络空间比在现实世界中更容易获得真实感和临场感。

(二)自我想象的心灵空间

按照福柯(Michel Foucault)的说法,人的自我是被发明出来的,而不是被发现的。网状文化空间的虚拟性、匿名性和开放性,让娱乐文化的亲历者,既是观众,又像演员似的塑造着自我想象的空间。在网络游戏、网络聊天等的娱乐体验中,他们隐匿了传统的社会地位甚至性别、年龄、职业的差别,"而仅以网名作为区分个体的标记,用屏幕上的字符来承载和传递自己的思想,在与他人的交往和互动过程中不断地发明自我、生产自我和展示自我"[①]。

网状文化空间更像是没有身体在场的心灵空间。在这想象空间,既是对自我的想象,也是对他人的想象,同时人际互动也是通过想象达成的。正如德克霍夫(Derrick de Kerckhove)所说:网络空间的重要影响在于把自我从它的私人精神空间扩展到联机共享的精神空间,同时为隐私保留目前的社会空间。

(三)网状化的社交模式

网状文化空间强调的是以关系为纽带的网状化社会交往模式。文化空间不仅为人们提供了虚拟、私密、自由进出的私人空间,而且最大程度上实现了"物以类聚,人以群分",有共同兴趣的群体集结到某个网络空间,以关系为纽带建构起自主、同质、灵活的关系网络。这样,原本属于个人的网络娱乐行为具有了面向社会的意义。

在网状化的社会交往中,这种全新的社会关系结构,与腾尼斯所说的"community"(以血缘、邻里和情感关系为纽带的社会,即传统社区社会)和"society"(以契约、交换和计算等理性关系为纽带的社会,即现代工业社会)有着不同的特征。

(四)传递与跳跃的"文化基因"

与物理空间不同,网状文化空间主要由信息的、心灵的、想象的构成。从深层次看,网状文化空间在传播中,传递了"文化基因",并通过沟通实现了从心灵到心灵的跳跃,为文化认同与形塑提供了重要渠道。

在网状文化空间中,每一个个体特定的文化基因和价值、观念、规律、喜

---

① 黄少华.论网络社会的结构转型[J].淮阴师范学院学报(哲学社会科学版),2005,(06):764-768,839.

好被重新组合,建构出特殊的文化蓝图,深深地刻画在网民的记忆中。但这种特殊文化蓝图和关系也是靠集体记忆维护的,它是一种集体行为,它维系着群体,并营造着归属感。正如卡斯特所说,网络空间为集体认同的建构和表达,提供了新的社会场景,各种集体认同力量,正在日益广泛地利用互联网这种新的、强大的全球媒介,来表达自己的集体认同,增强和凝聚集体的力量。但是,这一凝聚力量的核心正在于文化基因的传承。

网状文化空间里虚拟真实的活动场域,传递、跳跃的文化基因,正是维系集体记忆的"核",从而强化了某一人群组合的凝聚力和向心力。

(五)文化杂食主义倾向

在网状文化空间里,个体的娱乐消费呈现出杂食主义倾向,也就是同一个个体可能既喜欢高雅艺术形式,也喜欢大众化产品。皮特森(A Peterson)在《理解受众分化:精英—大众到杂食—非杂食》一文中就把"精英们并不只消费高雅文化"的现象归纳为"文化杂食主义"。

同时,在创作方面,也出现高雅艺术和草根文化的杂糅,通过大众化表达打通不同受众群体的区隔。比如成立于2010年的上海彩虹室内合唱团,其成员主要由上海音乐学院指挥系学生和社会各界合唱爱好者组成,其创作的作品《感觉身体被掏空》《春节自救指南》等将高雅的艺术演唱形式与现代性话题融合,以幽默调侃的方式得到大众群体的喜爱。

四、网状文化空间的运作机制

(一)创造力定义文化资源的价值

在网络文化世界中,什么是资源?什么是价值?首先,资源是为人们所需求的;其次,资源是稀缺的。在互联网时代,创造力成为网络文化资源的核心价值。由创造力带来的网络文化价值增长的案例不为少数。

"兔斯基"是网络漫画表情的经典作品。这只兔子不仅在网上有大批拥趸和粉丝(每天百万人使用"兔斯基"表情包),还被摩托罗拉、惠普等品牌看中当代言,代言费高达百万。兔斯基的创作者王卯卯,在创作出"兔斯基"这个卡通形象时还是中国传媒大学动画系的一名学生,也是千禧一代中的一员。王卯卯自述说道:"自己对用一般的文字记录生活不太感冒,就画了一只兔子来表达自己对生活的感受和想法。"这来源于生活的创造力,让王卯卯还没毕业时就签约时代华纳,成为香港优才计划的引进者之一。兔斯基形象也以不菲的价格卖给了时代华纳,并且将以该形象拍摄3D真人动画电影。

网络文学作品《盗墓笔记》作者南派三叔,本名徐磊,出生于1982年,曾是一名外贸公司职员,2006年开始创作《盗墓笔记》,用写作方式建构自己想象中的世界。这一原创作品,如今已经发展成知识产权价值达200亿元的超级IP,创下许多出版界奇迹:第一本实体小说出版至今总销售量超过2000万册,漫画版三年销量再次突破2000万册。同时,这些成绩也把南派三叔送上中国作家富豪榜第2名。2014年,南派三叔也已成立南派影视投资管理公司,开始文化产业运作。

(二)文化流动更加明显

网状文化空间的文化流动更加频繁,这种流动是基于多元化的文化产品刺激,是基于个体自我塑造的认知;是基于网状结构模式带来的便利流动;是对于现实生活中不同阶层群体生活方式探求的欲望。

熊彼特(Schumpeter)这样描述过20世纪现代化工业社会:"既有的社会结构或职业结构就像一个旅馆,旅馆总是要住人的,但是,居住在旅馆客房里的人却总是流动的,不同的人都可能住在一个高档的客房或一个低档的客房里(转引自Giddens,1975:107)。"

现如今在网络社会时空里,社会结构更富变化性,它没有固定的客房,也不以高档、低档做主要区分,而是一种自由进出、接入的过程。只要人对这个场所有兴趣,都可以接入,既没有距离远近的区别,也没有利用到该场所资源服务多与寡的区别。

Nielsen的数据称,一个月里用户使用的APP数量大概为30个。受用户持续关注的微信公众号大概有120万个。在网络自制综艺节目方面,仅仅2016年爱奇艺推出的网络综艺节目高达20档、腾讯视频15档、优酷土豆18档、芒果TV11档、乐视视频13档、搜狐视频6档……这一个个娱乐空间,平等、自由地供网民自由出入。然而,出入这些空间的群体越来越难用一个属性特征予以概括,可见文化流动现象十分明显。

(三)个体在网状文化空间中的位置决定了资源的分配

在前文分析中,我们已论述过网状文化空间是由不同节点相互连接而形成的空间。虽然个体/组织能够非常自由、平等地以"在场"或"缺场"的方式与空间链接,但是每个个体/组织在结构中的位置仍有差异,并且基于位置差异能够获取的资源也不尽相同。

用更加形象的比喻来说,核心节点就类似于网络中"群主"的概念,他作为关系的创建者或者关系源头,在群内拥有最高的权限,依靠自身的资源优势与不同的群体、个人发生关联。而其他的节点,则因为对群内资源享有的差异而被分列为不同层次。这种关联性异常复杂,正像是宇宙星空图景。为了研究方便,简要地用图9-1进行展示。

节点特征表现为以下几点:第一,每个节点在网状结构中的作用不同,力量越大,节点就越大。也就是说,离核心资源越近,其优势越大,影响越大。第二,核心节点是结构中最重要的角色,扮演"群主"角色,正因为它的存在,建立了"群",将原本互相不关联的节点链接起来。第三,无论节点大小,与核心节点产生关联的方式,可以是直接与核心节点链接,也可能是通过不同层级的节点依次相关联。第四,节点的关系可能是临时性的,持续时间短暂。

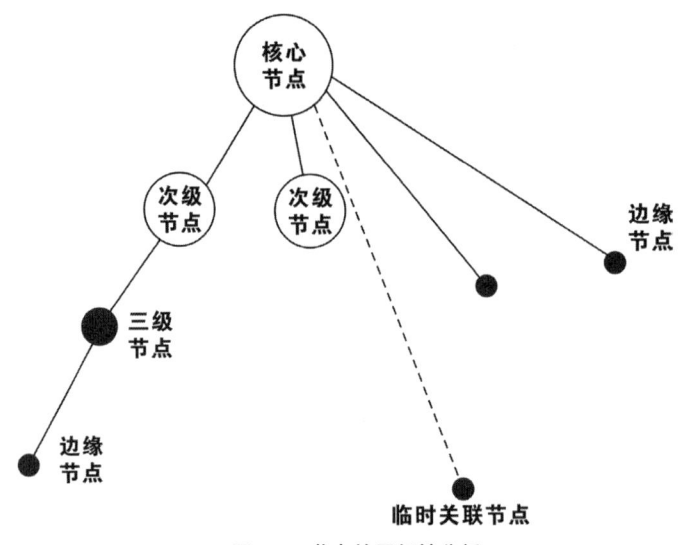

图 9-1 节点的层级性分析

第二节 网状文化空间的行为规则

网状文化空间中,随着人与人的关系互动,人与社会时空的关系互动,新的规则被再生产出来,影响着社会结构,进而又再对人的交往与观念产生固化式影响。那么,对于网状文化空间如何重建文化结构,我们需要关注两个基本问题:第一,谁得到了什么?第二,为什么得到?为了解释清楚这两点,就需要对网状文化空间的行为规则进行剖析,进一步把握网络社会的"秩序问题"。

一、传统力量:基本属性影响个体在空间的"先赋地位"

正如曼纽尔·卡斯特在《认同的力量》一书中所述:"在网络社会里,对大部分的社会行动者而言,意义是环绕着一个跨越时间和空间并自我维系的原初认同而建构的。"①原初认同影响着社会行动者的认知与行为轨迹。这里的原初认同来源于传统力量以及个体的基本属性,包括个体的收入水平、教育背景、家庭状况、城乡差异等。这些因素被传统社会分层认为是阶层划分的重要指标,即所谓"先赋地位"。"先赋地位",是非自愿获得的。你不需要去追求,也不能去选择,它潜移默化地在影响着个体在网状文化空间的行为。

一般情况下,学历越高文化资本越丰富,城市群体相较于农村群体获得的文化资本也相对丰富。家庭经济状况和父辈的身份属性同样造成个体初始文化资本的差异。简单而言,千禧一代的个体在进入网状文化空间前,就因为"先赋地位"的不同被置放在空间结构中的不同位置。高资产人士、高文化资本人群在结构中的核心端,而低文化资本人群处在边缘端。

"先赋地位"决定了对互联网资源的使用力和掌控力。第一,从互联网技术的接入角度看,越来越多低文化资本人群被链接入网。十年(2010—2020年)来农村网民规模数不断增长:根据《第25次中国互联网络发展状况统计报告》②,农村网民规模截至2010年1月为10681万,《第46次中国互联网络发展状况统计报告》③数据显示截至2020年6月,农村网民规模达2.55亿。十年增长量达1.4819亿,增长率为139%。同时,根据第46次中国互联网络发展状况统计报告显示,全国非网民规模仍有4.63亿,最主要原因在于技能缺乏、文化程度限制和设备不足。其中,不懂电脑/网络占比48.9%、不

---

① 曼纽尔·卡斯特.认同的力量[M].夏铸,译.北京:社会科学文献出版社,2003:3.
② 中国网信网.第25次中国互联网络发展状况统计报告[EB/OL].[2014-05-26].http://www.cac.gov.cn/2014-05/26/c_126548692.htm.
③ 中国网信网.第46次中国互联网络发展状况统计报告[EB/OL].[2020-09-29].http://www.cac.gov.cn/2020-09/29/c_1602939918747816.htm.

懂拼音等文化程度限制占18.2%，没有电脑等上网设备占14.8%，年龄太大/太小占12.9%。这部分群体由于"先赋地位"的缺失，因"信息鸿沟"处于网络结构边缘之外，无法享受互联网时代红利。

"先致地位"影响互联网技术的使用，让个体间存在"素养鸿沟"差异。一、二线城市和三、四线城市、城乡之间仍存在互联网技术使用的差异。在第七章第三节关于千禧一代不同群体社会行动图谱的探讨里，我们已经发现，新生代农民工对互联网娱乐应用的使用，更多局限于单纯的感官享受和工作之余的放松；大学生和白领群体在娱乐同时，更关注用娱乐为自己赋能，利用互联网进行创造性内容生产和自我价值提升。

需要注意的一点是，在网状文化空间中，"先赋地位"因素虽然在发挥重要影响，但已不是决定因素。"先赋地位"的影响因子只能决定个体在网络文化空间中的初始文化资本地位，但不能决定和巩固他在网状文化关系结构中的稳定"先赋地位"优势。总之，网状文化区而不隔的形态，加速了文化符号流动和变化。这种现象虽然不影响现实资本的占有，但人为的客观分层在网络世界的"先赋地位"得到削弱，乃至被颠覆。在网络世界，同一个文化产品作为节点，连接起现实社会中不同阶层的群体，知识、价值观念在这一结构体系中流转、激荡、冲击，从而打破了文化分层、文化区隔。

二、行动者力量：个体网络时空开拓力决定"自致地位"

自致地位、地位象征和角色是行为空间的关键衡量因素。与"先赋地位"相反，自致地位是意愿性的，是你赢得或取得的地位。当个体以先赋地位的差异进入网状文化空间时，完全可能通过自己的行动改变所属地位。

个体行动力受到网络时空的影响。一方面，在社会时间上，网络时间的非连续性和可逆性特征，打破社会时间的统一限定与规则约束，赋予个体更多可支配的时间权利，有更多时间参与到网状文化空间生产。另外，网络社会时间打破了工业时代线性的秩序规范，进入数字化生存时代，一切变得易变、不确定、复杂和模糊，这影响着千禧一代对时间的感知和价值观。正是对于未来不确定的焦虑，千禧一代有强烈的愿望去打破旧有秩序的限制，渴望实现传统社会阶层突破。

另一方面，网络空间是没有中心的网状化空间。千禧一代进入网络空间后，通过"在场""缺场"的方式与其他群体进行交流。这种松散性造就了千禧一代在网络空间并没有固定的位置,而是具备无限的空间开拓力。

在这种情况下,个体在网络时空的开拓力就决定了"自致地位"。我们可以从几个特殊群体得到一些洞见,比如新生代农民工和空巢青年。在大众消费主义盛行的时代,农民工是整个社会结构里较低端和边缘的群体,他们的文化资本较少,"先赋地位"处于劣势。互联网,尤其是移动互联网的出现让新生代农民工群体可以依靠自身的行动力改善现状。新生代农民工,往往没有务农经验,与父辈相比,新生代农民工的文化水平高,更容易接受新事物,对城市的依赖感和归属感要远大于农村,也更加注重精神文化生活。他们对自己的定位是"白领"。新生代农民工渴望丰富且高层次的精神文化生活,关注新鲜事物、渴望学习知识。网络娱乐丰富内心世界,也更加自信,对生活更有信心。传统农民工上工干活、下工睡觉的枯燥生活模式已经改变,手机上网的普及,让新生代农民工能看视频、听音乐,促进了新生代农民工的城市化。

23岁、初中毕业的新生代农民工王玉明就曾说:"虽然我来自农村,但这并不代表我对生活质量没有要求。我同样需要娱乐,需要交友,需要上网来了解全国各地的信息。"像王玉明一样受到互联网影响的新生代农民工,在娱乐生活上,除了每天守着电视追剧外,有了更多的选择,学会了上网下载音乐、玩网络游戏、观看视频。这为他们打开了一个全新的世界,他们用自己的行动更加靠拢文化的中心。

当然,也有反向的例子。原本占有文化资本的个体,在网状文化空间里,不愿意接触新鲜事物,缺乏行动,而跟不上时代的步伐。比如一代鞋王百丽在2013年市值达1500亿港元,最快时创下两天开一家店铺的记录,可是2015年起业绩下滑,2017年宣布退出香港联合交易所。这背后的原因和时代转型有关,也和网络空间开拓力息息相关。据华尔街见闻,百丽首席执行官盛百椒表示,过往百丽未能转型成功,自己仍然不会开电脑,连微信都没有,对市场的变化没有做出很好的预判,欠缺目前应对市场更加复杂情况的能力,进而导致了如此局面,"没有找到转型路径,主要责任在我"[①]。

---

① 顶级企业家的思维.一代鞋王,再见!百丽宣布退市![EB/OL].[2020-09-25].https://www.sohu.com/a/420871740_679027.

三、市场力量：知识生产力决定个体在空间的影响力

在信息网络技术突破了传统物质生产的域界后，知识逐渐成为生产力的主导性因素，并逐渐替代了有300多年历史的工业经济。知识作为一种新型的生产力形态在网络文化产业中尤为突出，成为市场的主导力量。资金逐渐向具备知识生产力的组织和个体靠拢。

在过去的垂直社会结构中，影响力和权威性来源于"先赋地位"授予的特殊资源。在传播空间里，最直观的就是由于信息不对称和资本的占用，大众媒体在单向传播模式下，拥有"魔弹论"般的渗透力。而在网状文化空间里，传统媒体的单向传播模式影响力在减弱，而具有知识生产力的个体和群体的传播力量在崛起。

以网络文学作家为例。根据艾瑞咨询报告《2016年中国网络文学作者洞察报告》网文作家平均年龄28岁，千禧一代占比达到86.4%。在地域分布上，二、三线城市更易出网文作者，北上广深占比仅16.8%，更令人惊喜的是9.3%的网文作者来自乡/镇/村。46.8%人赞同写作的意义是提高了收入。突破"先赋地位"的限制，知识生产力让个体在传播空间中的影响力提升。

在网络娱乐中，对"知识"的定义更加广泛，这种知识并非单指传统的文化知识，还包括由某些技能、个人魅力演化成的知识生产力。比如电竞主播卢本伟，在电竞圈几乎无人不知、无人不晓，关注度高达百万，影响着一大批网络游戏玩家。他的知识生产力来源于其高超的游戏竞技技能，其10岁便开始接触电竞游戏，16岁就开始接触大大小小的比赛，接受专业的职业训练，目前身价高达千万。

来源于公众号"作家助手"的数据，"鱼人大大"《校花的贴身高手》一书的总收入达964251.82元，"叶非夜大大"《隔壁有男神》一书的总收入达到807016.38元（收入来自自有平台、集团平台、版权收入、第三方渠道等）。网络作家安嬛在朋友圈发文："感谢阅文，三个月让我把房贷还完了，新无债一身轻的感觉，棒棒哒。"

同时，网络"链接力"决定个体在关系空间中的作用力。网状文化空间，从本质上看就是人与人间相互链接，构建着网络关系空间。它打破了传统社会空间里社会资本的内涵，突破了"关系"交往的阶层限制。不同阶层间的互动更加频繁。频繁的互动增长了文化资本、社会资本，进而为转换成经济

资本创造可能。专业市场机构组织也在扩大个体网络"链接力"。比如,营销类、内容类、电商类MCN(Multi-Channel Network)机构近些年在中国的出现,依靠资本和资源优势,帮助内容生产者个体进行持续性内容生产和变现。根据相关数据统计,中国MCN行业的整体规模、业态及呈现形式等早已远超海外,整体市场规模已达百亿级。李子柒的走红和她背后的MCN公司——杭州微念品牌管理有限公司紧密相关。

总之,行动力、知识生产力、链接力这些新指标,突破了"先赋地位"的划分,成为衡量个体"自致地位"的标尺。个体的能动性,让其在行动力、知识生产力、链接力上的表现处于灵活变动中,也让"自致地位"流转与多变。这也让网络世界异常复杂,而无法形成一种固态的分层表象。

第三部分小结

在以人的关系为主导的网络时空设置里,千禧一代的娱乐传播行为及网状交往关系,促使社会时空再结构化,生成网状文化关系结构。网状文化关系结构是文化结构发展的新里程,是基于互联网平等、自由、去中心化的内在属性,强调每个个体和组织都是一个节点,并以个体行动力编织出来的以"关系"为核心要素的结构模式。其与垂直文化分层结构、扁平文化分层结构在对人的认知、传播模式及时空特征上表现出极大差异。

在第三部分里,我们想要探寻的就是:到底什么力量在推动文化分层的变革?新文化分层有哪些特征?又改变了哪些文化生产规则和资源分配机制?通过问卷调查、深度访谈,结合理论分析,我们找寻到一些答案。

第一,文化分层不再由传统文化分层主张的个体职业、收入、学历等社会分层因素决定,而更强调个体主观能动性,也就是由千禧一代的个体行为、社会行为等多元因素共同决定。通过量化分析,发现千禧一代的网络文化消费行为,在个体行为层面,受网络文化消费行为意图、行为态度、主观规范、知觉行为控制等因素影响。同时,千禧一代在网络文化消费上呈现趋同性倾向,不能简单以"惯习"作为区分文化分层的标志。在社会层面上,受社会认同、社会动机、社会互动等因素影响,不同千禧一代群体也展现出具有标志性特征的社会行动图谱。

第二,新文化分层——网状文化空间具有与传统文化分层相区别的特征和运作机制。在特征上,呈现出虚拟真实的传播方式、自我想象的心灵空间、网状化的社交模式、传递与跳跃的"文化基因"、文化杂食主义的消费倾向。在运作机制上,强调创造力定义文化资源的价值、文化流动更加明显、个体在网状文化空间中的位置决定了资源的分配。

第三,在网状文化空间的新文化分层里,传统力量、行动者力量、市场力量共同影响文化资源的分配。影响着谁得到了什么以及为什么得到。比如，在传统力量上，基本属性影响个体在空间的"先赋地位"；在行动者力量上，个体网络时空开拓力决定"自致地位"；在市场力量上，知识生产力决定个体在空间的影响力。

结语：网状传播是社会变革转型的推动力

互联网时代文化分层的蜕变，是以网状传播模式、网状文化时空和网状文化关系结构的形成为标志的。对文化分层在网络时空中如何实现蜕变，本研究以社会时空理论为依托，在纵向上，从人、传播、社会时空三者互动的视角，追述了中国娱乐文化变迁的内在动力；在横向上，以网络娱乐空间的三重纬度为观测点，解析在互联网行为空间、信息空间、关系空间里，人们是如何共同形塑全新的网络社会、文化关系。同时关注贯穿于娱乐时空中的传播模式是如何在每一阶段技术进步时相应诞生了新的传播模式。阐述了从平行传播、垂直传播、立体传播向网状传播递进的过程，以及它们之间的交集、合并、共存与发展。

本研究明确指出网状传播的存在意义，不仅是一种新的传播模式的出现，更重要的是改变了人们的思维方式，将对社会生活各领域带来持续的颠覆性影响。可以说，网状传播是促进社会变革转型的先锋和推动力。

下面将对互联网时代文化分层蜕变过程中发现的十个热点议题，以及网状文化关系结构对社会产生深远影响后，需要继续研究的四大问题，作为本书的结语。

一、互联网时代文化分层蜕变的十大发现

发现一：对千禧一代而言，娱乐的意义认知不再是放松身心、自我愉悦的天性需求，而是如何利用个体在网络中的自致地位，用"行动力"打开前往另一阶层的流动通道，以实现自我存在的价值。

发现二："人""传播""娱乐时空"三者的互动演化是娱乐文化变迁和转型的内在动力。其中，传播发挥着重要角色，建构着沟通之网、意义之网、关

系之网;人创造了娱乐文化,娱乐文化建构着人。

发现三:文化传播经历了从平行传播—垂直传播—立体传播—网状传播的模式进化过程。

发现四:娱乐空间生产由在戏台、茶馆、影院等实体空间的娱乐文化生产,转向对娱乐空间本身的生产。娱乐空间是一种生产资料,生产着行为模式、信息知识和社会关系。

发现五:网状文化关系结构形态,区别于垂直文化分层结构和扁平文化区隔结构,其特征在于:网状文化不存在分层,且区而不隔。个体通过文化杂食主义消费倾向,通过"在场""缺场"方式谱写复杂的网状图谱。

发现六:基于网状文化关系结构的网状文化空间已经形成。网状文化空间有自身的运作机制,其特征包括:创造力定义了文化资源的价值;文化流动更加明显;个体在网状文化空间中的行动力,决定了资源的分配和自致地位。

发现七:网状文化空间的结构形态正塑造着千禧一代的行为,对"我是谁""我是什么样的人"有重要的影响。网状文化空间还影响着千禧一代看待世界的方式。在互联网上,千禧一代不断接触不同阶层人的生活方式,习得了看待世界的不同方式,重塑着自身的观念和愿望。千禧一代行为和态度的差异不是由生物特征(性别或任何一种所谓基因因素)决定的,而是由个体在网络社会中的节点位置所决定。

发现八:网状文化空间的行为规则:在传统力量、行动者力量、市场力量的共通作用下,基本属性不能决定群体在空间中的"先赋地位",行动力才能决定自致地位;在网络空间中,知识生产力决定个体在传播空间中的影响力;网络"链接力"决定个体在关系空间中的作用力;个体的能动性,成为衡量"自致地位"的标尺。

发现九:网络看似平等,仍存在着不平等。"先赋地位"在网络世界中获得更多的优先权。我们不仅要关注互联网技术的接入,更要关注互联网技术的使用,也就是数字鸿沟的"素养鸿沟",才能更好地解决互联网平等问题。

发现十:文化分层的动因来源于上层社会想要标志出自己的不同。下层想要突破,原来方式是模仿,现在是重建。中产阶层是重建网络娱乐文化关系中最活跃的群体,网络为他们提供了打破严格的社会文化分层的物质条件。中产阶层作为最焦虑的群体,在互联网世界,他们强大的行动力,是主导网络社会发展的主要力量。

二、网状文化关系结构的影响探究

网状文化空间的宇宙式传播图景,对未来的影响是深远的。它折射的是社会结构模式变革的方向,将对个体、社会、时空传播产生持续性影响。

(一)问题一:网状结构影响个体自我认知和行动方向

网状文化关系结构里个体作为节点的重要性和能动性凸显。对于个体而言,在心理层面上,强化了个体的自主意识和以"我"为核心建构生活、工作场景的愿望和行动。如职业,对于"95后"而言,科学家、天文学家、律师这些职业已经不是他们心目中理想的职业,而网红、网络主播等新兴职业被他们认为是非常酷和值得追求的职业。

在现实生活层面上,网状文化关系结构开始打破了传统文化分层结构的固有格局,为个体打开通往各个阶层的流动通道,这是在互联网时代来临前不曾想象的现实。技术进步在促进社会变革中,决定性作用的比重越来越大。

基于此,我们需要思考与关注的是不同属性的个体在进入网状文化空间时,是否都能公平、合理地享有资源?网络生态秩序和机制的建构是否有利于个体自我价值实现?

(二)问题二:网状文化关系结构对社会结构发展的启示

理想的社会结构是橄榄型社会,也就是两头小、中间大的结构模式。这样的社会结构相对稳定,有利于社会的可持续发展。当下,中国社会的结构模式类似于"倒丁字型",表现出由工人、农民、农民工组成的社会底层、中下层以庞大的数量占据了社会群体的大比例。值得注意的是,随着农转非、城镇化、新生代农民工的成长,社会结构中底层群体开始向上流动。

中国社会结构是否能够发展至稳定的橄榄型社会,保证经济、社会的可持续和稳定发展,网状文化关系结构也许可以给出一些启示。我们要尊重每个个体,不管身份,不论经济资本、文化资本、社会资本的占有量,每个个体虽然不能拥有平等享受机会,也应该受到公平的对待。在互联网时代,要承认掌握网络技术的每个个体都有可能蕴含着调动社会巨大变革的力量,如何调动个体的积极因子,压制消极因子值得深思。

(三)问题三:网状文化空间宇宙传播图景对舆论宣传的启发

习近平总书记在2015年12月25日视察解放军报社时指出:"今天,宣传思想工作的社会条件已大不一样了,我们有些做法过去有效,现在未必有效;有些过去不合时宜,现在却势在必行;有些过去不可逾越,现在则需要突破。"没有哪个领域,像新闻传媒一样需要如此认真对待互联网触发的变革。

传统媒体在主动迎合互联网冲击时,不断地发问:今天的受众到底发生了怎样的变化?怎样才能抢占舆论高地,强化宣传效果,走进已被"互联网化"的千禧一代受众的内心?网状文化空间的宇宙传播图景给出了一些答案。

第一,网状传播模式里,传媒平台的影响力来自自身的"吸引力"。在垂直模式里由资源占有带来的"权威式"宣传效果在网状结构里已经失灵。传媒只有通过了解受众需求,修炼内力才能打开增强传播效果的第一道阀门。

第二,尊重每个个体的知识生产力,在不断"吸积"的过程中,扩大宣传平台影响力。"吸积"指的是吸收外界能量,这个能量是来自热点事件、热点人物或是任何可能成为关注点的载体。

第三,离散、聚集是网状文化空间节点之间的基本连接形态。如何强化凝聚力是宣传平台的核心课题。

(四)问题四:新型文化分层亟须网络文化供给侧改革

新型文化分层结构里个体作为节点的重要性和能动性凸显。对于个体而言,在心理层面上,强化了个体的自主意识和以"我"为核心建构生活、工作场景的愿望和行动。在现实生活层面上,新型文化分层结构开始打破传统文化分层结构的固有格局,为个体打开通往各个阶层的流动通道,这是在互联网时代来临前不曾想象的现实。毋庸置疑的是不同层级职业群体的思想得到碰撞交流;成为中下层群体提升文化资本、经济资本的有效途径;多元化的网络文化消费能够帮助学习到更多知识。

在网络文化供给时,我们要尊重每个个体,不管身份,不论经济资本、文化资本、社会资本的占有量,每个个体虽然不能拥有平等享受机会,也应该受到公平的对待。我们在提供文化产品和服务时,在做文化产业供给侧改革时,不应该片面地以社会分层为划分标准。高收入不一定就消费"精英文化";低收入也不代表不可以消费"精英文化"。我们要注重提供更加优质的网络文化内容,引导大众文化消费,从人际影响、群体影响、媒体影响、趣味提升、强化优质文化产品价值等方面加以改进。

这里需要特别说明的是,虽然整本书是以娱乐,尤其是网络娱乐作为关注焦点,但并非就娱乐说娱乐,而是透过不同形态的文化传播模式,去解析当下文化交流模式给人与人、人与时空的关系带来怎样的改变,从而去思考网络社会结构再生产化对人类未来生活的影响。

对于网状文化空间的研究也远不止于此。这些发现与问题的提出,与其说是对本书的总结,不如说是还需要进一步从不同视角深入研究的课题。网状结构对社会生活、社会结构的深入影响仍值得持续性研究。

参考文献

中文文献

A.连续出版

[1]周琭璐.休闲区隔:中国居民休闲参与的社会分层机制及其代际差异研究[J].四川轻化工大学学报(社会科学版),2020,35(06):17-36.

[2]陈彦均.20世纪80年代国产娱乐片的"伤痕"叙事[J].北京电影学院学报,2020(11):67-74.

[3]王"3"娟,刘文雅.泛娱乐主义的审视与超越[J].思想教育研究,2020(11):62-66.

[4]吴理财,解胜利.当代中国大众娱乐习惯变迁[J].华中师范大学学报(人文社会科学版)2020,59(06):31-44.

[5]苏静婷,董晨宇."娱乐"何以"至死"——尼尔·波兹曼在流行义化中的误读[J].中国图书评论,2020(11):32-40.

[6]孟建.提升中华文化影响力——建构跨文化分层传播体系的思考[J].中国编辑,2020(11):31-34.

[7]林吉安.消费文化与娱乐政治:中国电影市场的多方博弈(1945—1949年)[J].电影评介,2020(15):30-34.

[8]马满福,员欣森,李勇,等.虚拟空间中社会分层行为研究[J].计算机工程与科学,2020,42(05):803-811.

[9]赵万里,谢榕.数字不平等与社会分层:信息沟通技术的社会不平等效应探析[J].科学与社会,2020,10(01):32-45.

[10]汤景泰.话语竞争与集体协同——论网络娱乐式抗争的行动机制[J].西北师大学报(社会科学版),2020,57(01):65-70.

[11]姚凯波,杨海平.媒介融合视角下我国泛娱乐产业发展模式与机制研究[J].中国编辑,2019,(12):40-43.

[12]李春玲.中国社会分层与流动研究70年[J].社会学研究,2019,34(06):27-40,243.

[13]李建峰,何文海.传统与现代:文化分层中的非遗保护[J].四川戏剧,2019(05):133-135.

[14]张铮,吴福仲.从社会分层到文化消费分层:基于职业视角的考察[J].全球传媒学刊,2019,6(02):129-146.

[15]张丽华,鲍宗豪.践行核心价值观的助推器:社会分层视角下的公共文化服务体系建设[J].华东理工大学学报(社会科学版),2019,34(03):109-116.

[16]钟烨,赵渺希.社会分层视角下广州职住空间失配的趋势演化[J].城市规划,2019,43(01):100-108.

[17]鞠高雅,林一."文化杂食主义"视角下的网络舞蹈视频与"互联网+"时代的文化分层[J].北京舞蹈学院学报,2018(04):71-77.

[18]吴娟,石琬若,梁越,等.青少年网络娱乐行为与人际交往的关系研究——以对晋冀鲁部分地区中小学生的调查为例[J].中国电化教育,2018(08):18-25.

[19]黄国群,楚一莎.娱乐产业IP运营机理及其规制研究[J].艺术百家,2018,34(02):99-104.

[20]王学军.文化与建设和平:文化分层的视角[J].教学与研究,2017(11):31-37.

[21]宋美杰.网络直播的娱乐狂欢与知识分享[J].中国报业,2016(21):28-31.

[22]马溧,马振霖.报业转型建构平台型媒体的模式研究[J].科技传播,2016,8(15):87,236.

[23]乔玉为.论大众媒介对"网游青少年"形象的建构[J].新闻研究导刊,2016,7(11):303-304.

[24]谢静.微信新闻:一个交往生成观的分析[J].新闻与传播研究,2016,23(04):10-28,126.

[25]张梦晗.重塑惯例:媒介化时间对新媒体社会的建构[J].浙江传媒学院学报,2016,23(01):8-14,149.

[26]马薇薇.开埠前上海娱乐仪式化的文化思考[J].宁夏社会科学,2015(06):168-173.

[27]马溧.基于网络社会概念的网络自制节目反思[J].新闻传播,2015(19):4-5.

[28]景天魁.时空压缩与中国社会建设[J].兰州大学学报(社会科学版),2015,43(05):1-9.

[29]宋国恺.时空社会学:中国社会发展研究的新视角——以景天魁的时空社会学研究为例[J].社会建设,2015,2(05):3-10.

[30]武学军,杜慧芳.网络自制娱乐视频节目品牌特色的构建——以搜狐视频主持人大鹏的"鹏式幽默"为例[J].传媒观察,2015(09):35-37.

[31]罗美晨,朱媛.克里斯蒂娃的符号学和互文性研究[J].传播与版权,2015(08):139-141.

[32]马溧.新娱乐生活形态下网络自制节目的解读[J].新闻研究导刊,2015,6(15):177-178.

[33]林聚任,王兰.时空研究的社会学理论意蕴——社会建构论视角[J].人文杂志,2015(07):110-115.

[34]郑震.时空社会学的基本问题——迈向当代中国社会的研究路径[J].人文杂志,2015(07):116-124.

[35]李希光,郭晓科.互联网时代的群众路线复兴——扁平化舆论引导机制初探[J].人民论坛·学术前沿,2015(07):82-95.

[36]范成杰,龚继红.空间重组与农村代际关系变迁——基于华北李村农民"上楼"的分析[J].青年研究,2015(02):85-93,96.

[37]康宝.基于"钻石模型"的中国电视娱乐产业竞争力研究[J].科学决策,2015(02):66-94.

[38]黄旦.重造新闻学——网络化关系的视角[J].国际新闻界,2015,37(01):75-88.

[39]张宗蓝.中西合璧的近代上海公园[J].枣庄学院学报,2014,31(06):60-65.

[40]许鸿艳,金毅.从弹出式资讯网页看网络娱乐文化[J].青年记者,2014(32):75-76.

[41]陈莲洁.从主题互文链和副文本互文性解读电影《北京遇上西雅图》[J].南京理工大学学报(社会科学版),2014,27(06):48-54.

[42]冯莉,许妍怡.网络传播中粉丝的自我呈现——以百度娱乐明星贴吧为例[J].传媒观察,2014(11):43-45.

[43]姚星阳.网络视频与传统电视的差异性对比研究——以网络视频自制节目《晓说》为例[J].新闻界,2014(14):51-53,57.

[44]高嘉阳.中国数字娱乐产业区域集聚的动态比较优势研究[J].学术研究,2014(07):78-83,139.

[45]周后燕.朱熹对《大学》的改造[J].科学经济社会,2014,32(02):11-15,44.

[46]姚成贺,张辉.动态·多元·互文——克里斯蒂娃的文本理论[J].中外企业家,2014,(17):252.

[47]何镇飚,王润.新媒体时空观与社会变化:时空思想史的视角[J].国际新闻界,2014,36(05):33-47.

[48]牛俊伟.从城市空间到流动空间——卡斯特空间理论述评[J].中南大学学报(社会科学版),2014,20(02):143-148,189.

[49]翟媛丽,袁颖.时空的社会视角及其当代意义[J].北京交通大学学报(社会科学版),2014,13(02):85-90.

[50]刘涛,杨有庆.社会化媒体与空间的社会化生产——卡斯特"流动空间思想"的当代阐释[J].文艺理论与批评,2014(02):73-78.

[51]刘琴.主体间性视域中的文化"拼贴"与文化迎合——以徐克《东方不败》、于正《新笑傲江湖》为核心[J].艺苑,2013(06):47-50.

[52]樊青丽,尚俊杰.青年群体网络娱乐行为研究述评[J].思想教育研究,2013(11):109-111.

[53]刘宁.电视媒介空间的审美特征[J].中国电视,2013(09):13-18.

[54]王林平,高云涌.时空二元论的理论困难及其解决出路——对国内有关马克思社会时空观研究的前提批判[J].哲学研究,2013(08):10-14,20.

[55]景天魁.时空社会学:一门前景无限的新兴学科[J].人文杂志,2013(07):99-106.

[56]顾金土.社会时空分析的类型、范例及特点[J].人文杂志,2013(07):107-113.

[57]孙玮.传播:编织关系网络——基于城市研究的分析[J].新闻大学,2013,(03):1-12.

[58]欧阳友权.当下网络文学的十个关键词[J].求是学刊,2013,40(03):125-130.

[59]郭强.吉登斯社会行动时空向度模型的知识社会学改造[J].创新,2013,7(03):5-9,15,126.

[60]胡吉.直面转型中国探索城市传播——"传播与中国·复旦论坛"(2012)会议综述[J].新闻大学,2013(02):142-147.

[61]王珠珠,李素丽,尚俊杰.青少年网络娱乐方式调查研究[J].中国电化教育,2013(03):35-41.

[62]植静.青年网络亚文化对网络视频广告传播效果的影响探究——以胡戈七喜系列网络视频广告为例[J].新闻界,2013(03):46-49.

[63]黄秀兰.网络时空中学习共同体的社会建构[J].中国教育技术装备,2013(03):23-24.

[64]苏涛.缺席的在场:网络社会运动的时空逻辑[J].当代传播,2013(01):23-26.

[65]朱莉娅·克里斯蒂娃,祝克懿,宋姝锦.词语、对话和小说[J].当代修辞学,2012(04):33-48.

[66]邵书龙.等级的、文化的分层模式:中国社会结构变迁机制分析[J].社会科学战线,2012(07):154-169.

[67]丁大尉,李正风.网络信息空间中的知识建构——以维基百科知识生成机制为例[J].自然辩证法研究,2012,28(05):61-65.

[68]牛俊伟,刘怀玉.论吉登斯、哈维、卡斯特对现代社会的时空诊断[J].山东社会科学,2012(03):24-29.

[69]马薇薇.传播学视野下的娱乐研究[J].东南传播,2012(01):10-13.

[70]叶良茂.社会时空与生产方式[J].东南学术,2012(01):43-49.

[71]李俊文.马克思主义哲学中国化的社会时空问题研究[J].哲学动态,2011(12):18-23.

[72]吴玥.数字娱乐产业园区的生发模式研究[J].生产力研究,2011(12):233-234,259.

[73]邓秀军,刘静.基于流媒体技术的网络视频用户自制传播模式分析[J].现代传播(中国传媒大学学报),2011(10):107-112.

[74]王建民.从"道听途说"到"转载搜索"——信息获取方式变迁的时空社会学分析[J].江淮论坛,2011(05):20-24,85.

[75]刘永兵,赵杰.布迪厄文化资本理论——外语教育研究与理论建构的社会学视角[J].外语学刊,2011(04):121-125.

[76]周葆华,吕舒宁.上海市新生代农民工新媒体使用与评价的实证研究[J].新闻大学,2011(02):145-150.

[77]王铭玉.符号的互文性与解析符号学——克里斯蒂娃符号学研究[J].求是学刊,2011,38(03):17-26.

[78]李芊,杜庆华.电视娱乐产业价值链发展趋势分析[J].编辑之友,2011(04):61-64.

[79]张红娟,谢思全,林润辉.网络创新过程中的知识流动与传播——基于信息空间理论的分析[J].科学管理研究,2011,29(01):21-26.

[80]王悦晨.从社会学角度看翻译现象:布迪厄社会学理论关键词解读[J].中国翻译,2011,32(01):5-13,93.

[81]钟智锦.使用与满足:网络游戏动机及其对游戏行为的影响[J].国际新闻界,2010,32(10):99-105.

[82]纪江明.消费文化的社会意义及消费文化阶层结构的形成[J].上海管理科学,2010,32(05):49-53.

[83]袁玥.美国娱乐经纪公司商业运行模式分析——从中介视角透视美国娱乐产业[J].艺术百家,2010,26(S1):31-33,45.

[84]毛颖辉.网络娱乐文化背后的利益与责任[J].新闻爱好者,2010(14):64-65.

[85]杨天瑜.从"犀利哥"看网络娱乐文化狂欢[J].新闻知识,2010(07):78-79.

[86]刘蕙.从《娱乐至死》到《童年的消逝》——网络是否模糊了儿童与成年的界限[J].新闻世界,2010(04):96-97.

[87]晏捷.移动互联网的传播互动空间发展现状与趋势分析[J].东南传播,2010(03):21-23.

[88]周冬霞.论布迪厄理论的三个概念工具——对实践、惯习、场域概念的解析[J].改革与开放,2010(02):192-193.

[89]陈天桥:打造网络娱乐帝国[J].中外企业家,2009(Z2):45.

[90]吴志荣.人类信息交流的变革和社会文明的变迁[J].上海师范大学学报(哲学社会科学版),2009,38(06):67-75.

[91]孙秀丽.符号实践的前符号态与符号象征态研究——克里斯蒂娃研究之三[J].外语学刊,2009(06):146-149.

[92]孙秀丽.克里斯蒂娃广义互文性初探[J].黑龙江社会科学,2009(05):106-109.

[93]姜传领,陈洪.古代小说的娱乐功能考论[J].明清小说研究,2009(03):24-36.

[94]孙宝国.娱乐·娱乐化·娱乐文化辨析[J].声屏世界,2009(10):11-13.

[95]柴彦威,赵莹.时间地理学研究最新进展[J].地理科学,2009,29(04):593-600.

[96]王晓红,赵希婧.网络视频传播特性探析[J].中国广播电视学刊,2009(05):10-11.

[97]王南湜.社会时空问题的再考察[J].社会科学战线,2009(03):225-233.

[98]陈永杰.改革开放30年与新的社会阶层的兴起——关于新的社会阶层的若干分析[J].福建省社会主义学院学报,2008(04):12-16.

[99]黄少华.青少年网络信息搜寻行为研究[J].淮阴师范学院学报(哲学社会科学版),2008,30(05):681-686.

[100]吕莎.网络"客"族的勃兴及意义解读[J].浙江传媒学院学报,2008(04):34-36.

[101]姚俭建,高红艳.关系性思维模式与社会分层研究——关于布迪厄阶级理论的方法论解读[J].上海交通大学学报(哲学社会科学版),2008(04):56-61.

[102]胡智锋,周建新.从"宣传品"、"作品"到"产品"——中国电视50年节目创新的三个发展阶段[J].现代传播(中国传媒大学学报),2008(04):1-6.

[103]何海巍.大学生网络视频现象与青年文化[J].当代青年研究,2008(05):13-15.

[104]恽如伟,史慧敏,王旭杰,等.青少年健康数字娱乐状况研究——2007网络游戏调查研究报告[J].开放教育研究,2008(01):102-108.

[105]蔡朝辉.网络文学的青年亚文化意义研究[J].求索,2007(11):154-156.

[106]林克雷,李全生.广义资本和社会分层——布迪厄的资本理论解读[J].烟台大学学报(哲学社会科学版),2007(04):63-68.

[107]杨修菊,杜洪芳.文化成就区隔——布迪厄阶层理论述评[J].池州师专学报,2007(04):67-70,85.

[108]薛永康.从文化分层看电视媒体文化属性[J].声屏世界,2007(06):9-10.

[109]傅才武.中国近现代文化娱乐业的发展与公共领域的生成——以汉口为中心的研究[J].文艺研究,2007(06):72-81,167-168.

[110]宫留记.场域、惯习和资本:布迪厄与马克思在实践观上的不同视域[J].河南大学学报(社会科学版),2007(03):76-80.

[111]朱伟珏.文化资本与人力资本——布迪厄文化资本理论的经济学意义[J].天津社会科学,2007(03):84-89.

[112]彭涛,杨勉.网络游戏与现实互动中的人际关系[J].四川师范大学学报(社会科学版),2007(02):43-48.

[113]才源源,崔丽娟,李昕.青少年网络游戏行为的心理需求研究[J].心理科学,2007(01):169-172.

[114]童星,严新明.制度、文化与社会时空——中国消费社会问题研究[J].江西社会科学,2006(10):7-11.

[115]李强.试析社会分层的十种标准[J].学海,2006(04):40-46.

[116]徐睿.网络对青少年角色社会化的影响——透析网络文学《成都,今夜请将我遗忘》的相关"跟贴"[J].青年研究,2006(06):44-49.

[117]D.罗宾斯,李中泽.布迪厄"文化资本"观念的本源、早期发展与现状[J].国外社会科学,2006(03):36-42.

[118]朱伟珏.超越社会决定论——布迪厄"文化资本"概念再考[J].南京社会科学,2006(03):87-96.

[119]黄少华.论网络社会的结构转型[J].淮阴师范学院学报(哲学社会科学版),2005(06):764-768,839.

[120]叶涯剑.空间社会学的缘起及发展——社会研究的一种新视角[J].河南社会科学,2005(05):73-77.

[121]孙玮.人类将会娱乐至死吗?——波兹曼《娱乐至死》引读[J].新闻记者,2005(10):64-67.

[122]金振邦.新媒体视野中的网络文学[J].东北师大学报,2005(05):121-126.

[123]哈瑞·柯林斯(Harry Collins).社会时空中的真理、专业知识与科学[J].科学技术与辩证法,2005(04):73-78,101.

[124]朱伟珏."资本"的一种非经济学解读——布迪厄"文化资本"概念[J].社会科学,2005(06):117-123.

[125]匡文波.论网络媒体的娱乐化[J].国际新闻界,2004(01):52-55.

[126]郭景萍.消费文化视野下的社会分层[J].学术论坛,2004(01):59-63.

[127]刘欣.阶级惯习与品味:布迪厄的阶级理论[J].社会学研究,2003(06):33-42.

[128]戴维民.有序与混乱——网络空间的矛盾与冲突[J].津图学刊,2003(04):5-9.

[129]周怡.文化社会学的转向:分层世界的另一种语境[J].社会学研究,2003(04):13-22.

[130]黄少华.论网络空间的社会特性[J].兰州大学学报,2003(03):62-69.

[131]谢俊贵.凝视网络社会——卡斯特尔信息社会理论述评[J].湖南师范大学社会科学学报,2001(03):41-47.

[132]张明仓.社会时空·科学技术·人的自由——从马克思的视角看[J].自然辩证法研究,2001(03):57-61.

[133]景天魁.中国社会发展的时空结构[J].社会学研究,1999(06):54-66.

[134]萧俊明.文化与社会结构——文化概念解读之二(上)[J].国外社会科学,1999(04):3-5.

[135]李成琳.休闲一种本性的养生[J].城市技术监督,1999(02):59.

[136]李泽厚,王德胜.文化分层、文化重建及后现代问题的对话[J].学术月刊,1994(11):88-95,33.

[137]施康强.一九三六年五月二十一月,上海[J].读书,1994(02):41-46.

[138]詹姆斯·鲁尔,姚平,王建刚.世界文化中的家庭与电视[J].国际新闻界,1990(02):6-41.

B.专著

[139]中国国务院办公室.习近平谈治国理政:第3卷[M].外文出版社,2020.

[140]李泽厚.李泽厚哲学美学文选[M].长沙:湖南人民出版社,1985.

[141]帕森斯.社会行动的结构[M].张明德,译.南京:译林出版社,2003.

[142]西尔维亚·阿加辛斯基.时间的摆渡者[M].吴云凤,译.北京:中信出版社,2003.

[143]罗钢,王中忱.消费文化读本[M].北京:中国社会科学出版社,2003.

[144]李强.社会分层十讲[M].北京:社会科学文献出版社,2011.

[145]德雷克·格利高里,约翰·厄里.社会关系与空间结构[M].谢礼圣,吕增奎,译.北京:北京师范大学出版社,2011.

[146]曼纽尔·卡斯特.网络社会的崛起[M].夏铸九,译.北京:社会科学文献出社,2003.

[147]安德烈·内埃.文化与时间[M].郑乐平,译.杭州:浙江人民出版社,1988.

[148]林南.社会资本———关于社会结构和行动的理论[M].张磊,译.上海:上海人民出版社,2005.

[149]克劳斯·布劳恩.延森.媒介融合[M].刘君,译.上海:复旦大学出版社,2012.

[150]鲍德里亚.消费社会[M].刘成富,全志刚,译.南京:南京大学出版社,2001.

[151]尼古拉斯·克里斯塔基斯.大连接:社会网络是如何形成的以及对人类现实行为的影响[M].简学,译.北京:北京联合出版有限公司,2017.

[152]朱莉娅·克里斯蒂娃.符号学:符义分析探索集[M].史忠义,译.上海:复旦大学出版社,2015.

[153]许慎.说文解字[M].江苏:江苏古籍出版社,2001.

[154]辞海[M].上海:上海辞书出版社,1990.

[155]李红雨.一本书读懂中国古代休闲娱乐[M].北京:中华书局,2014.

[156]赫尔嘉·诺沃特尼.时间:现代与后现代经验[M].金梦兰,张网成,译.北京:北京师范大学出版社,2012.

[157]黎鸣.问人性——东西文化500年的比较[M].上海:上海三联书店,2011.

[158]D.泰普斯科特.数字化成长:网络世代的崛起[M].陈晓开,译.大连:东北财经大学出版社,1999.

[159]景天魁,何健,邓万春,等.时间社会学:理论和方法[M].北京:北京师范大学出版社,2011.

[160]荆学民.中国政治传播策论[M].北京:中国传媒大学出版社,2017.

[161]王辉.中国古代娱乐[M].北京:中国商业出版社,2015.

[162]刘江华,张晋锋.百年电影娱乐眼[M].安徽:安徽教育出版社,2006.

[163]乔治·古尔维奇.社会时间的频谱[M].朱红文,高宁,范璐璐,译.北京:北京师范大学出版社,2010.

[164]魏白蒂.上海:现代中国的熔炉[M].英国:牛津大学出版社,1987.

[165]忻平.从上海发现历史——现代化进程中的上海人及其社会生活(1927—1937)[M].上海:上海大学出版社,2009.

[166]李泽厚.批判哲学的批判[M].北京:人民出版社,1984.

[167]尼尔·波兹曼.娱乐至死[M].章艳,译.广西:广西师范大学出版社,2004.

[168]张振华.中国电视史[M].北京:中国广播电视出版社,2007.

[169]尼葛洛庞帝.数字化生存[M].胡泳,范海燕,译.海南:海南出版社,1997.

[170]W.J.米切尔.伊托邦:数字时代的城市生活[M].吴启迪,译.上海:上海科技教育出版社,2001.

[171]钟敬文.民俗文化学:梗概与兴起[M].北京:中华书局,1996.

[172]陈少峰,赵磊,王建平.中国互联网文化产业报告2015[M].北京:华文出版社,2015.

[173]D.德克霍夫.文化肌肤:真实社会的电子克隆[M].汪冰,译.河北:河北大学传版社,1998.

[174]Patricia A.Stokowski.休闲社会学[M].吴英伟,陈慧玲,译.台北:五南图书出版公司,1996.

[175]海德格尔.存在与时间[M].陈嘉映,王庆节,译.北京:三联书店,1987.

[176]列维·施加特劳斯.野性的思维[M].李幼蒸,译.北京:商务印书馆,1987.

[177]米歇尔·福柯.规训与惩罚:监狱的诞生[M].刘北成,杨远婴,译.北京:三联书店,2007.

[178]黄少华,翟本瑞:网络社会学:学科定位与议题[M].北京:中国社会科学出版社,2006.

[179]伯特.结构洞:竞争的社会结构[M].上海:格致出版社,2008.

[180]爱德华·W.苏贾.后现代地理学:重申批判社会理论中的空间[M].王文斌,译.北京:商务印书馆,2004.

[181]爱德华·W.索亚.第三空间:去往洛杉矶和其他真实和想象地方的旅程[M].陆扬,译.上海:上海教育出版社,2005.

[182]齐格蒙特·鲍曼.流动的现代性[M].欧阳景根,译.上海:上海三联书店,2002.

[183]丹尼尔·贝尔.资本主义文化矛盾[M].赵一凡,等译.北京:三联书店,1989.

[184]马克·波斯特.信息方式——后结构主义与社会语境[M].范静哗,译.北京:商务印书馆,2001.

[185]丹尼尔·贝尔.资本主义文化矛盾[M].赵一凡等,译.北京:三联书店,1989.

[186]亨廷顿.第三波——二十世纪末的民主化浪潮[M].上海:上海三联书店,1998.

[187]曼纽尔.卡斯特.千年终结[M].北京:社会科学文献出版社,2006.

[188]杰夫·贾维斯.google将带来什么[M].陈庆新,赵艳峰,胡延平,译.北京:中华工商联合出版社,2009.

[189]史蒂芬·霍金,罗杰·海菲尔德.时空本性[M].杜欣欣,吴忠超,译.长沙:湖南科技出版社,2002.

[190]孙隆基.中国文化的深层结构[M].桂林:广西师范大学出版社,2004.

[191]段永朝.互联网:碎片化生存[M].北京:中信出版社,2009.

[192]宋元林.网络文化与人的发展[M].北京:人民出版社,2009.

[193]T·帕森斯.社会行动的结构[M].张明德,夏遇南,彭刚,译.南京:译林出版社,2003.

[194]欧阳谦.人的主体性和人的解放性[M].济南:山东文艺出版社,1987.

[195]克劳福德·格尔茨.文化的解释[M].韩莉,译.南京:译林出版社,1999.

[196]佚名.韵鹤轩杂着(卷下)·听说书[M].清道光元年(1821)刊刻本.

[197]迪克·赫伯迪格.亚文化:风格的意义[M].陆道夫,胡疆锋,译.北京:北京大学出版社,2009.

C.专著/会议中析出的文献

[198]贾伟.冲突与融合:近代上海娱乐文化的现代性思考[C]//孙逊.都市文化研究(第7辑)——城市科学与城市学.上海:上海三联出版,2012:11.

[199]大卫·哈维.时空之间——关于地理学想象的反思[M]//包亚明.现代性与空间的生产.上海:上海教育出版社,2003.

[200]列斐伏尔.空间:社会产物与使用价值[M]//包亚明.现代性与空间的生产.上海:上海教育出版社,2003.

D.论文

[201]方师师.中国社会网络中的动态媒介过程:关系、结构与意义[D].上海:复旦大学,2013.

[202]姚涛.基于延伸的计划行为理论的网络游戏持续使用研究[D].杭州:浙江大学,2006.

[203]张亚婷.清代上海岁时节日活动时空间研究(1750—1900)[D].上海:复旦大学,2009.

[204]张东.中国互联网信息治理模式研究[D].北京:中国人民大学,2010.

[205]秦其文.近代中国企业的广告促销研究[D].天津:南开大学,2005.

[206]陈旭.品味、分类与社会再生产[D].哈尔滨:哈尔滨工业大学,2013.

[207]周宇豪.作为社会资本的网络媒介研究[D].武汉:武汉大学,2014.

[208]徐红曼.制度变迁背景下企业劳动时间管理与秩序重构[D].吉林:吉林大学,2013.

[209]夏德元.电子媒介人的崛起[D].上海:复旦大学,2011.

[210]吴惇.从笔墨到光影[D].广州:暨南大学,2006.

[211]邹宇.丹尼尔·贝尔"资本主义文化矛盾"理论研究[D].哈尔滨:哈尔滨师范大学,2012.

[212]武晋维.吉登斯结构化理论研究[D].山西大学,2012.

E.报告

[213]艾瑞咨询.2015年中国在线娱乐行业研究报告[R].艾瑞咨询,2015.

[214]CNNIC.第46次中国互联网络发展状况统计报告[R].CNNIC,2020.

[215]艾瑞咨询.2015年中国游戏用户行为研究报告简版[R].艾瑞咨询,2015.

[216]CNNIC.第39次中国互联网络发展状况统计报告[R].CNNIC,2016.

[217]CNNIC.第37次中国互联网络发展状况统计报告[R].CNNIC,2015.

[218]艾瑞咨询.2016年中国移动游戏行业研究报告[R].艾瑞咨询,2016.

[219]艾瑞咨询.2016年中国网络文学行业究报告[R].艾瑞咨询,2016.

[220]艾瑞咨询.2015年中国在线视频用户付费市场研究报告[R].艾瑞咨询,2015.

[221]艾瑞咨询.2015年首屏媒体行业发展白皮书[R].艾瑞咨询,2015.

[222]艾瑞咨询.2016年中国网页游戏行业研究报告[R].艾瑞咨询,2016.

[223]艾瑞咨询.2016年中国电竞内容生态报告[R].艾瑞咨询,2016.

[224]艾瑞咨询.2016年中国粉丝追星及生活方式白皮书[R].艾瑞咨询,2016.

F.电子文献

[225]汉青的马甲.宋代的公共节假日[EB/OL].[2015-03-26].http://www.360doc.com/content/15/0326/23/2369606_458341219.shtml.

[226]199IT.GWI:"千禧一代":网络行为调查报告[EB/OL].[2015-03-03].http://www.duozhishidai.com/article-58897-1.html.

[227]新华娱乐.《琅琊榜》播放量破亿爱奇艺打通泛娱乐IP产业链[EB/OL].[2015-09-24].http://www.xinhuanet.com/ent/2015-09-24/c_128264384.htm.

[228]微视听CIBN.微视听首播《魔兽》,为开工的你提提神[EB/OL].[2016-10-09].https://www.sohu.com/a/115650983_422349.

[229]百度贴吧.老队友!我们一起看魔兽吧!!!![EB/OL].[2016-05-29].https://tieba.baidu.com/p/4576862143?pid=90579822572&cid=0#90579822572.

[230]新榜.坐拥1亿玩家,《魔兽》还需要做营销吗?[EB/OL].[2016-06-08].https://www.sohu.com/a/82061383_108964.

[231]作文网.魔兽世界-致青春,那些年一起下过的副本[EB/OL].[2016-06-04].https://www.zww.net/.

[232]白姗.历尽艰辛见芳华——记网络作家、农民"大V"宁学明[EB/OL].[2015-9-25].http://ncws.china.com.cn/txt/2015-09-29/content_36710861.htm.

[233]参考消息网.郭广昌:中国中产阶级娱乐支出提高坐大商机[EB/OL].[2015-06-22].http://www.pinchain.com/article/38434.

[234]罗东.对话李春玲"中产"虚幻而焦虑,你是那个高薪穷人吗?[EB/OL].[2016-10-31].https://www.ssap.com.cn/c/2016-10-31/1042690.shtml.

[235]汪冰.弹幕:90后00后永不落幕的狂欢[N/OL].中国青年报,2016-01-19.

[236]快科技.万达35亿美元收购传奇影业后者曾打造《侏罗纪公园》.[EB/OL].[2016-01-12].http://www.techweb.com.cn/finance/2016-01-12/2257942.shtml.

英文文献

A.连续出版物

[237] Oakley Jared, Bush Alan J., Moncrief William C., Sherrill Daniel, Babakus Emin. The role of customer entertainment in B2B sales strategy: Comparative insights from professional buyers and salespeople [J]. Industrial Marketing Management, 2021, 92.

[238] ResearchAndMarkets. com. Adds Report: In-flight Entertainment and Connectivity Market [J]. Food and Beverage Close-Up, 2020.

[239] Sarah Bushey. Musical Theater in Eighteenth-Century Parma: Entertainment, Sovereignty, Reform [J]. Music Library Association. Notes, 2020, 77(2).

[240] Crailsheim Dietmar, Romani Toni, Llorente Miquel, et al. Assessing the sociability of former pet and entertainment chimpanzees by using multiplex networks [J]. Scientific Reports, 2020, 10(1).

[241] Promotional Greek screen industries: Branded entertainment in the digital age [J]. Journal of Greek Media & Culture, 2020, 6(2).

[242] Court of Appeals affirms conviction against entertainment industry business manager who defrauded celebrity clients [J]. Department of Justice (DOJ) Documents / FIND, 2020.

[243] Basch Charles E, Basch Corey H, Hillyer Grace C, et al. The Role of YouTube and the Entertainment Industry in Saving Lives by Educating and Mobilizing the Public to Adopt Behaviors for Community Mitigation of COVID-19: Successive Sampling Design Study. [J]. JMIR public health and surveillance, 2020, 6(2).

[244] Siyi Chen, Fangxin Cheng, Ruizhe Li, et al. The Effect of Digital Platform and Digital Transformation on Offline Entertainment Industry [J]. Frontiers in Economics and Management, 2020, 1(8).

[245] Keerty Goyal. Animation and entertainment industry [J]. Mass Communicator: International Journal of Communication Studies, 2019, 13(3).

[246] Belinda Prakash Mehra, N K Chadha. Media and Entertainment

Industry with online casting platforms: An advent of technology [J]. International Journal of Research in Social Sciences, 2019, 9 (7).

[247] The Nigerian Entertainment Industry (Nollywood) Culture and Society Being [J]. Sociology and Anthropology, 2018, 6 (8).

[248] Vinícius Carvalho Cardoso, Gabriel Bouhid Barradas. Creativity, Production Engineering and entertainment industry [J]. Brazilian Journal of Science and Technology, 2016, 3 (1).

[249] Media and entertainment industry: The world and China [J]. Global Media and China, 2016, 1 (4).

[250] Marco Platania, Silvia Platania, Giuseppe Santisi. Entertainment marketing, experiential consumption and consumer behavior: the determinant of choice of wine in the store [J]. Wine Economics and Policy, 2016, 5 (2).

[251] Paolo Bizzozero, Raphael Flepp, Egon Franck. The importance of suspense and surprise in entertainment demand: Evidence from Wimbledon [J]. Journal of Economic Behavior and Organization, 2016, 130.

[252] Jared Oakley, Alan J Bush. The role of suspicion in B2B customer entertainment [J]. The Journal of Business & Industrial Marketing, 2016, 31 (5).

[253] Frank M. Schneider, Carina Weinmann, Franziska S. Roth, et al. Learning from entertaining online video clips? Enjoyment and appreciation and their differential relationships with knowledge and behavioral intentions [J]. Computers in Human Behavior, 2016, 54.

[254] Zahid Halim, Abdul Rauf Baig, Ghulam Abbas. Computational Intelligence-based Entertaining Level Generation for Platform Games [J]. Taylor & Francis, 2015, 8 (6).

[255] Murat Ertan Dogan. A Theory for Knowing in the Network Society: Connectivism [J]. International Journal of Information Communication Technologies and Human Development (IJICTHD), 2014, 6 (4).

[256] Leonard Reinecke, Peter Vorderer, Katharina Knop. Entertainment 2.0? The Role of Intrinsic and Extrinsic Need Satisfaction for the Enjoyment of Facebook Use [J]. Journal of Communication, 2014, 64 (3).

[257] Arne Freya Zillich. Watching television with others: The influence of interpersonal communication on entertainment [J]. Communications-The

European Journal of Communication Research, 2014, 39(2).

[258] Deng Yun, Hou Jinghui, Ma Xiao, Cai Shuqin. A dual model of entertainment-based and community-based mechanisms to explore continued participation in online entertainment communities. [J]. Cyberpsychology, behavior and social networking, 2013, 16(5).

[259] Ruth Festl, Thorsten Quandt. Social Relations and Cyberbullying: The Influence of Individual and Structural Attributes on Victimization and Perpetration via the Internet [J]. Human Communication Research, 2013, 39(1).

[260] Anne Bartsch. As Time Goes By: What Changes and What Remains the Same in Entertainment Experience Over the Life Span? [J]. Journal of Communication, 2012, 62(4).

[261] Alice Hall, Lara Zwarun. Challenging Entertainment: Enjoyment, Transportation, and Need for Cognition in Relation to Fictional Films Viewed Online [J]. Mass Communication and Society, 2012, 15(3).

[262] Alexandros Ph. Lagopoulos. Subjectivism, postmodernism, and social space [J]. Semiotica, 2011, 2011(183).

[263] Jie Zhang, Yongjun Sung, Wei-Na Lee. To Play or Not to Play: An Exploratory Content Analysis of Branded Entertainment in Facebook [J]. American Journal of Business, 2010, 25(1).

[264] Dumreicher Heidi, Kolb Bettina. Place as a social space: fields of encounter relating to the local sustainability process. [J]. Journal of environmental management, 2008, 87(2).

B. 专著

[265] Li Qiang. Social Stratification in Contemporary China: Definitive Survey and Analysis [M]. Abingdon: Taylor and Francis, 2020.

[266] Catherine Brennan. Max Weber on Power and Social Stratification: An Interpretation and Critique [M]. Abingdon: Taylor and Francis, 2020.

[267] Xueyi Lu. Social Structure and Social Stratification in Contemporary China [M]. Abingdon: Taylor and Francis, 2019.

[268] Pierre Bourdieu, James S. Coleman, Zdzislawa Walaszek Coleman. Social Theory For A Changing Society [M]. Abingdon: Taylor and Francis, 2019.

[269]Mrutyunjaya Panda, Ajith Abraham, Aboul Ella Hassanien. Big Data Analytics: A Social Network Approach[M].Boca Raton: CRC Press, 2018.

[270]Honthaner Eve Light. Hollywood Drive: What it Takes to Break in, Hang in & Make it in the Entertainment Industry[M].Abingdon: Taylor and Francis, 2017.

[271]Linton C. Freeman. Research Methods in Social Network Analysis[M].Abingdon: Taylor and Francis, 2017.

[272]Xiaoming Fu, Jar-Der Luo, Margarete Boos. Social Network Analysis[M].Abingdon: Taylor and Francis, 2017.

[273]Greenfield Steve, Osborn Guy. Contract and Control in the Entertainment Industry: Dancing on the Edge of Heaven[M].Abingdon: Taylor and Francis, 2016.

[274]Larry Wacholtz. Monetizing Entertainment[M].Abingdon: Taylor and Francis, 2016.

[275]Harold L. Vogel. Entertainment Industry Economics[M].Cambridge: Cambridge University Press, 2014.

[276]Manuel Castells. Technopoles of the World: The Making of 21st Century Industrial Complexes[M].Abingdon: Taylor and Francis, 2014.

[277]Pierre Bourdieu. Distinction[M].Abingdon: Taylor and Francis, 2013.

[278]Richard Cadena. Electricity for the Entertainment Electrician & Technician[M].Abingdon: Taylor and Francis, 2012.

[279]Marsden Christopher. Regulating the Global Information Society[M].Abingdon: Taylor and Francis, 2005.

[280]Anthony Giddens. Sociology[M].London: Palgrave, 1986.

[281]Manuel Castells. City, Class and Power[M].London: Palgrave, 1978.

后　记

　　这本书是以博士论文为基础，在融入全新思考与时代观察后修改而成。选择这个议题的初衷是个人喜好，我对"娱乐文化"总有一种难以忘怀的情愫。从二十多年前，1997年开始，每周末我都会像过年一样等待着收看综艺节目"快乐大本营"。那种愉快和翘首以盼的感觉串联起儿提时代所有的记忆。"快乐大本营"的播放成为我记录时间的重要符号和情感印记。

　　虽然不是追星族，但是每一部热播剧我都要追，每一场口碑电影我都要买票坐进影院观看，每一档新上线的娱乐节目我都要细细品味，每一个新爆发的娱乐现象我都习惯性地用专业知识进行解读。"娱乐"给予我的不仅是观看时的"哈哈一笑"，观看后的身心放松，而是更深层次的能量补给，关乎知识、关乎心态、关乎三观。

　　进入工作岗位，成为一名教师，尤其是在电影学院的那段任教经历，让我有更多的机会感受"艺术"，接触"娱乐文化"。在与文化艺人接触的过程中，感受到他们身上由内而外散发出的自信与快乐；在和年轻的艺术生交谈时，能够明显体会到网络娱乐对他们日常生活乃至价值观念的影响；在教授《文化市场营销》《媒介经营管理》《娱乐营销传播研究》课程时，我也有意识地积累了很多网络娱乐的现实素材，洞察到网络娱乐产业的存在价值远不止在经济领域，而是更深层次的社会结构渗透。

　　在这本书里，我希望能够不仅从社会学视角审视娱乐，也能从娱乐哲学视角审视娱乐社会学。通过翻阅大量跨学科书籍，梳理古代至今娱乐文化发展的脉络，通过案例论据和实证调查，不断验证我对"文化分层在互联网时代已发生蜕变，新的网络文化结构已经出现"这一假设。当然，这本书还有许多不足的地方。正如结语中所说：虽然整本书是以网络娱乐作为观测点，但并非就娱乐说娱乐，而是透过不同形态的娱乐传播模式，去解析传统力量、市场力量、行动者力量、技术力量对传统文化分层的冲击,去思考网络社会结构再生产化对人类未来生活的持续影响。

在写作过程里,我曾以读者的身份给《走进社会学:社会学与现代生活》的作者美国学者詹姆斯·M.汉斯林发过一封邮件,询问他对我课题的看法。他对课题予以充分肯定的同时,也给我做了提醒:Keep in mind that theory can be intellectually stimulating, but sociology's value is in the trenches.(请记住理论是能够依靠智力的推演获得,但是社会学的价值正在于实践,在于走进生活场景里,在实践的前沿阵地里发现价值)。

这样的提醒,在我一次次走进装修工地,接触到新生代农民工时,才能深刻体会其中内涵。我很庆幸我选择了这个具有现实意义和社会价值的课题。我更希望这本书只是一个开始。在今后的学术研究里,我能够深入研究网状传播在社会结构、经济产业中的意义,关注不同阶层群体的娱乐文化需求,窥探娱乐与社会的关系。

这本书的成功出版要感谢我的导师黄芝晓。从2007年考入复旦,有幸成为"黄门弟子",就不断触发我在学术道路上前行。黄老师既有着学者大师的严谨治学态度,又有着超越年龄限制的活跃思维和创新能力。在他的教导下,做学术总是饶有趣味!同时,要感恩所有家人对我的支持与关爱。当然,还要感谢我教授过的每一位学生,他们是我长期进行田野观察的对象。在每一次教学与科研的互动中,我都在不断加深对议题的认知,激发我的学术灵感。

当翻阅着书稿,每一个字符都是思想的沉淀。唯愿这份思想延续,不断碰撞出新的知识火花,学术生命常青。唯愿在功利主义甚嚣尘上的当下,自己能坚守住追求真理的使命,成长为一名优秀的人民教师和有社会担当的科研工作者!